Public Administration and

Public Management Classics

CLASSIC TEXTBOOK SERIES

CLASSIC TEXTBOOK SERIES

经典教材系列

公共行政与公共管理经典译丛
Public Administration and Public Management Classics

公共组织理论

（第五版）

Theories of Public Organization

(Fifth Edition)

[美] 罗伯特·B·登哈特（Robert B. Denhardt） 著

扶松茂 丁 力 译
竺乾威 校

中国人民大学出版社
·北京·

《公共行政与公共管理经典译丛》
总　　序

　　在当今社会，政府行政体系与市场体系成为控制社会、影响社会的最大的两股力量。理论研究和实践经验表明，政府公共行政与公共管理体系在创造和提升国家竞争优势方面具有不可替代的作用。一个民主的、负责任的、有能力的、高效率的、透明的政府行政管理体系，无论是对经济的发展还是对整个社会的可持续发展都是不可缺少的。

　　公共行政与公共管理作为一门学科，诞生于20世纪初发达的资本主义国家，现已有上百年的历史。在中国，公共行政与公共管理仍是一个正在发展中的新兴学科。公共行政和公共管理的教育也处在探索和发展阶段。因此，广大教师、学生、公务员急需贴近实践、具有实际操作性、能系统培养学生思考和解决实际问题能力的教材。我国公共行政与公共管理科学研究和教育的发展与繁荣，固然取决于多方面的努力，但一个重要的方面在于我们要以开放的态度，了解、研究、学习和借鉴国外发达国家研究和实践的成果；另一方面，我国正在进行大规模的政府行政改革，致力于建立与社会主义市场经济相适应的公共行政与公共管理体制，这同样需要了解、学习和借鉴发达国家在公共行政与公共管理方面的经验和教训。因此无论从我国公共行政与公共管理的教育发展和学科建设的需要，还是从我国政府改革的实践层面，全面系统地引进公共行政与公共管理经典著作都是时代赋予我们的职责。

　　出于上述几方面的考虑，我们组织翻译出版了这套《公共行政与公共管理经典译丛》。为了较为全面、系统地反映当代公共行政与公共管理理论与实践的发展，本套丛书分为四个系列：（1）经典教材系列。引进这一系列图书的主要目的是适应国内公共行政与公共管理教育对教学参考及资料的需求。这个系列所选教材，内容全面系统、简明通俗，涵盖了公共行政与公共管理的主要知识领域，内容涉及公共行政与公共管理的一般理论、公共组织理论与管理、公共政策、公共财政与预算、公共部门人力资源管理、公共行政的伦理学等。这些教材都是国外大学通用的公共行政与公共管理教科书，多次再版，其作者皆为该领域最著名的教授，他们在自己的研究领域多次获奖，享有极高的声誉。（2）公共管理实务系列。这一系列图书主要是针对实践中的公共管理者，目的是使公共管理者了解国外公共管理的知识、技术、方法，提高管理的能力和水平，内容涉及如何成为一个有效的公共管理者、如何开发管理技能、政府全面质量管理、政府标杆管理、绩效管理等。（3）政府治理与改革系列。自20世纪80年代以来，世界各国均开展了大规模的政府再造运动，政府再造或改革成为公共行政与公共管理的热点和核心问题。这一系列选择了在这一领域极具影响的专家的著作，这些著作分析了政府再造的战略，向人们展示了政府治理的前景。（4）学术前沿系列。本系列选择了当代公共行政与公共管理领域有影响的学术流派，如新公共行政、批判主义的行政学、后现代行政学、公共行政的民主理论学派等的著作，以期国内公共行政与公共管理专业领域的学者和学生了解公共行政理论研究的最新发展。

总的来看，这套译丛体现了以下特点：（1）系统性。基本上涵盖了公共行政与公共管理的主要领域。（2）权威性。所选著作均是国外公共行政与公共管理的大师，或极具影响力的作者的著作。（3）前沿性。反映了公共行政与公共管理研究领域最新的理论和学术主张。

在半个多世纪以前，公共行政大师罗伯特·达尔（Robert Dahl）在《行政学的三个问题》中曾这样讲道："从某一个国家的行政环境归纳出来的概论，不能够立刻予以普遍化，或被应用到另一个不同环境的行政管理上去。一个理论是否适用于另一个不同的场合，必须先把那个特殊场合加以研究之后才可以判定"。的确，在公共行政与公共管理领域，事实上并不存在放之四海而皆准的行政准则。按照建设有中国特色的社会主义的要求，立足于对中国特殊行政生态的了解，以开放的思想对待国际的经验，通过比较、鉴别、有选择的吸收，发展中国自己的公共行政与公共管理理论，并积极致力于实践，探索具有中国特色的公共行政体制及公共管理模式，是中国公共行政与公共管理发展的现实选择。

本套译丛于1999年底由中国人民大学出版社开始策划和组织出版工作，并成立了由该领域很多专家、学者组成的编辑委员会。中国人民大学政府管理与改革研究中心、国务院发展研究中心东方公共管理综合研究所给予了大力的支持和帮助。我国的一些留美学者和国内外有关方面的专家教授参与了原著的推荐工作。中国人民大学、北京大学、清华大学、厦门大学等许多该领域的中青年专家学者参与了本译丛的翻译工作。在此，谨向他们表示敬意和衷心的感谢。

《公共行政与公共管理经典译丛》编辑委员会

2001年8月

中文版序言

　　我非常高兴《公共组织理论（第五版）》即将与中国的学者与行政实务者见面。该版本关注当前公共行政领域里围绕着"新公共管理"和珍妮特·登哈特与我所说的"新公共服务"之间的差异所进行的争论。新公共管理源自对公共行政主流理论的诠释，其中利用市场模式和公共选择经济学进行的解释尤其引人注目。它关注的是减少繁文缛节和提高政府的效率和生产力。新公共服务则更多地源自公共行政中民主的人文主义传统，它关注公民和社区等问题。在我看来，这两种思想流派为试图建立一种个人的公共行政哲学观的学者提供了一些重要的选择。我了解到推广民主公共服务的观念正在中国受到大量切实的关注，因而我们非常高兴能有助于澄清当前正在发生的一些争论。

　　这是一本关于理论的书，也是一本关于实践的书。本书旨在向公共行政学者和那些打算投身于以公共目标为宗旨的组织的人介绍公共组织理论方面的知识。更重要的是，本书意在批判那种主流的公共行政理论，这种理论与公共组织的工作人员以及与公共组织打交道的人的实际经验是脱钩的。

　　为达到这个目标，我先回顾了公共行政领域以往的许多研究成果，但这种回顾不是对公共组织理论进行泛泛的历史叙述，而是重点考察那些有代表性的著作（它们体现了不同时代、不同学派的使命和观点）。在这样的回顾之后，我接着思考了当代一些对公共组织的研究，并提出一些我们可以更好地理解公共行政真实状况的方式和方法。当然，一些对公共行政的研究作出了持续贡献的较一般的组织理论家也在本书的叙述之列。

在回顾这些著作的过程中，我发现不同理论家之间的一致性比我想象的要多。这种发现让我得出了以下不言而喻的结论：

（1）尽管有许多不同的公共组织理论，但主流的公共行政理论致力于论述所谓的理性行政模型和无疑是建立在政治—行政二分法之上的民主责任观。

（2）作为一种学习理论，这一主流研究方法把自己局限在对知识学习的实证主义理解中，没有认识到或采用一些可替代的方式来观察组织，尤其没有将公共组织理论中的批评、理解和解释联系起来进行观察。

（3）作为一种组织理论，这一主流研究方法把自己局限在由等级制结构表现出来的工具主义关怀中，没有认识到或寻找一些可替代的组织设计，尤其没有将交流、一致同意和控制问题结合起来。

（4）因而，对行政实务者而言，一些公共组织理论看来似乎与他们的工作没有关系，尤其是这些理论不能为公共组织中的个人行动提供道德说明。

（5）尽管主流观点在公共行政领域仍处于优势，但也始终存在着与之针锋相对的观点。这些不同观点近来集中在新公共管理和新公共服务的争论上，这场争论为学者和行政实务者提供了有关公共行政理论与实践未来发展的重大选择。

罗伯特·B·登哈特

2010 年 4 月 26 日

校译者前言

在美国的行政思想史上，历来存在着管理主义和宪政主义两种倾向。前者关注效率，后者则关注社会公平、平等、民主、回应性等。亚历山大·汉密尔顿和托马斯·杰弗逊分别作为两种倾向的代表，开创了美国历史之先河。自汉密尔顿，中经威尔逊（其行政学研究具有里程碑式的意义）、威洛比、古立克、西蒙至奥斯本和盖布勒（他们的《重塑政府》是新公共管理的代表性著作），形成了一种管理主义的思想传承。而从杰弗逊，中经沃尔多、戈尔姆比斯基、奥斯特洛姆至本书的作者登哈特，则是一种宪政主义的思想传承。

因此，本书作者对以管理主义为主旨的新公共管理的批评，表明钟摆在宪政主义和管理主义两者之间的摆动再次摆向宪政主义。这种情况在美国历史上已经发生了多次。强调社会公平、公正的新公共行政（按作者说该理论是非主流的）曾经对占据了多时的管理主义发出过迅猛、但却短暂的一击。本书的批评针对的是甚嚣尘上的新公共管理，因为新公共管理的钟摆可能过分地摆向了管理主义。

我们对铺天盖地而来的新公共管理运动可能已不陌生。奥斯本和盖布勒在《重塑政府》中提出的十大原则构成了新公共管理的核心。事实上，在新公共管理推行后不久，对它的批评也接踵而来。本书只是这种批评的一部分。新公共管理认为政府不仅应该采用企业管理的技术，而且也应该采用某些企业的价值观。这一点，尤其是后者，在作者看来是不能接受的。作者引用乔纳山·波士顿的话指出，公共选择理论（这是新公共管理的理论支柱）的中心原则是所有的人类行为都受到自我利益的驱使，它"总是抵制一些类似于'公共精神'、'公共服务'的概念"。

因此，本书作者试图以公共服务来取代新公共管理。那么这一公共服务的核心是什么？一言以蔽之：民主治理。但什么是民主治理？既然是治理，就离不开（在现行条件下）官僚制组织，以及由官僚制组织引发的一系列被认为是不民主的命令、控制、官僚主义等。令人遗憾的是，正像许多对新公共管理，尤其是对官僚制的批判拿不出取代官僚制的结构形式一样，作者的新公共服务除了告诫人们注意对民主、公正、回应性等社会公共价值的追求外，也没有提供一种具有替代性的东西。主流的理论尽管受到了登哈特的批评，但是，登哈特在中文版序言中也承认，主流观点在公共行政领域处于优势，这是登哈特的一个重要修正，这表明传统的公共行政以及建立在传统公共行政之上的主流理论至少在相当程度上还是具有它的生命力的。

这或许是一种命定。自工业革命以来，整个人类社会就变成了一个有组织的社会。官僚制（一种最重要的公共组织形式，几乎所有的政府管理问题可以说都是由它引发的）作为工业社会中的一种相对来说最有效的组织体制，在没有被一种新的组织体制取代之前，还会存在。在还无法用一个全新的体制来加以取代的今天，一个现实的问题就是对官僚制加以改进，使之适合新的时代需要。新公共管理实际上也是在这方面所作的一种努力。但是，它对管理主义的过分偏重（就像美国历史上曾经出现过的那样，美国一些中等城市今天仍然保留的市经理体制就是20世纪20年代进行的政府企业化管理的产物之一）引发了另一种忧虑：如何在管理中不丧失社会的一些公共价值？因而，也就出现了另一种将钟摆再次拨向宪法主义的努力。本书作者的努力事实上也是美国历史上出现过的数次此类努力的一部分。

一个一直困惑人们的问题是：民主和效率难道一直是对立而无法调和的吗？在宪政主义和管理主义之间能否找到一个中间地带，从而将两者融合起来？在美国这样一个自认为民主的社会体制架构中，再三呼唤政府的民主治理是否有些令人费解？问题在于，完美的制度结构并不存在；同样，完美的政府治理也不存在。这取决于你从哪个角度去理解。美国历史上交替出现的宪政主义和管理主义之争至少表明了两种不同的理解。尽管完美不存在，但是对完美的追求却是一种值得肯定的人类精神。这种追求体现着一种崇高的情怀，从这个意义上讲，本书的批评尽管是一家之言，但作者的这种精神和责任感是值得肯定的。

事物总是在不断地受到批评和改进中成长起来的，政府治理也一样。在新公共管理扑面而来的今天，倾听一些不同的声音，不管怎样都是有价值的。我们很高兴将此译稿奉献给读者，不当之处，敬请批评。我们同时非常感谢刘晶编审的努力，是她促成了本书中文版的面世。

竺乾威

2010年10月

序 言

自《公共组织理论（第四版）》出版以来，公共行政领域和公共行政理论都出现了许多重大发展。这一新版本增加了近来发表的一些看法，尤其是对公民参与、后现代主义以及公共服务伦理的看法。不过，我还是着眼于当前关于公共行政的争论，争论的焦点是新公共管理和珍妮特·登哈特与我所称的新公共服务之间的差异。新公共管理源于对公共行政的主流诠释，尤其是通过交易市场模型和公共选择经济学得到了扩充。它关注的是减少繁文缛节、提高政府的效率和生产力。新公共服务更明显地出自公共行政中民主的人文主义传统，它关注公民和社区的问题。在我看来，这两种思想流派为试图构建自己的公共行政哲学观的学者展现了重要的选择机会。

在其他方面，本书的这一版继续探讨了一些在较早版本中已确立的重要主题。这既是一本关于理论的书，也是一本关于实践的书。撰写本书是为了向公共行政学者以及本领域外、希望加入致力于公共目的的组织的那些人介绍公共组织理论。更重要的是，本书意在批判那种主流的公共行政理论，这一理论与公共组织的工作人员以及与公共组织打交道的人的实际经验是脱节的。

近年来，公共行政领域中理论与实践脱离的传统变得更加明显了。学者和实务者一向相互猜疑，现在似乎到了完全敌视的边缘。这种情况的出现实在是一种不幸，这不仅限制了我们对公共组织的理解，也制约了我们在公共组织中的行动。本书的一个主要目的就是要厘清理论和实践相分离的原因并弥合两者之间的差距。

为达到这个目的，我先回顾了公共行政领域以往的许多研究成果，但这种回顾不是对公共组织理论进行全面的历史叙述，而是重点考察那些体现了不同学派与不同时代的使命与观点的代表性著作。基于这种回顾，我接着对当代公共组织的若干研究进行了仔细思考，并提出了我们可以更好地理解公共行政的真实状况的方式和方法。当然，若干对公共行政研究作出了持续贡献的较一般的组织理论家也在本书的叙述之列。

在回顾这些著作的过程中，我发现不同理论家之间的一致性比我想象的要多。这种发现让我得出了以下不言而喻的结论：

（1）尽管有许多不同的公共组织理论，但主流的公共行政理论致力于论述所谓的理性行政模型，以及那种无疑是建立在政治—行政两分法之上的民主责任观。

（2）作为一种学习理论，这种主流的研究方法把自身局限在对知识学习的实证主义理解中，没有认识到或采用一些可替代的方式来观察公共组织，尤其没有将公共组织理论中的批评、理解和解释联系起来进行观察。

（3）作为一种组织理论，这种研究方法把自己局限在由等级制结构表现出来的工具主义关怀中，没有认识到或找到一些可替代的组织设计，尤其没有将沟通、一致同意与控制问题结合起来。

（4）因而，公共组织理论在实务者看来似乎与他们所关心的事务没有关系，尤其是这些理论不能为公共组织中的个人行为提供道德说明。

（5）尽管主流观点在公共行政领域仍处于优势地位，但一些相反的观点始终存在。这些不同的观点近来集中在关于新公共管理和新公共服务的争论上，这一争论为学者和实务者提出了有关公共行政理论与实践未来发展的一些重大选择。

为了达到公共行政理论要达到的目的，我们现在需要转变研究该领域的方式，这种转变将引导我们不仅关注政府的行政活动，而且关心一种更为广泛的管理变革过程，以谋求公众的社会价值。依据这种研究视角（我们将在第 1 章作详细论述），我们会更多地关注公共组织中行政工作的性质（这种关注不仅涉及效率和效益的要求，而且涉及民主责任的理念）。这种研究视角的转变对政府行政以及更广泛的管理领域都有重要的意义。就大型复杂组织主导社会和政治活动而言，有必要问一下，对这些组织的治理是否应当以我们对自由、正义和平等所承诺的方式进行。问题不在于我们如何看待政府机构的运作，而在于如何使所有这类组织更加公开，在于如何使这类组织更有助于表达我们的社会价值。

将近一个世纪以来，私营管理或企业管理一直是公共行政的表率。我在这里要指出的是，公共机构以及那些支撑这些机构的理论和研究方法都可以成为按更民主的方式重构各类组织的典范。公共行政的传统包含着对所有机构来说都是非常重要的组织变革因素。如果民主要在我们的社会中存在下去，我们就不能迷信等级制和独裁统治的虚伪承诺；我们必须相信，民主的结果需要民主的过程。

理论与实践的结合对实现组织民主化的重构这个目标有着十分重要的意义。一种脱离实践、脱离蕴涵在实践中的价值和意义的理论只能使我们对自己的实践作些小步修正，而不会支持我们的社会所需的民主行政理念的发展。然而，在我看来，理论与实践的结合只有在个人的学习过程中才能发生。只有当个体对自己的经验进行反思，并进行抽象概括时，行动的理论才会形成。也只有这样，个体才能够将自己的观念融入一种个性化的公共行政实践哲学中。

与这种看法相一致，我在本书的附录中增加了行政日志这一部分。该日志通过从四个不同角度考察人们的行政经历，为我们提供了一种理论联系实践的方法。细心利用行政日志会使本书中的材料更生动（除了导论部分外，本书没有案例研究。我们要求读者通过续写行政日志来自己进行案例研究）。仅仅阅读或思考不联系实践的理论对我们的行动不会产生重大影响。为了让理论影响我们的实践——这才是真正有意义的学习——我们必须在日常生活中证明理论的相关性及其意义。这样，我们就会发现，理论最终是一个非常个人化的问题。

因此，这也是我谈谈自己理论学习感受的好时机。通过这本书，我更加坚定地相信思想在人的行动中意义重大。人的行动需要思想指导，没有思想指导，行动就是盲目的。但当我们认识到思想会引发行动时，我们也必须认识到那些理论创造者的责任。建立思想和行动之间、理论和实践之间的联系都要求那些理论的思考者和创造者与那些公共组织中的行动者遵守共同的道义职责。这种责任（即理论家的责任）在很大程度上被我们轻描淡写地一笔带过去了。在我们这个学科领域（当然包括所有社会科学领域），深入彻底地理解理论家这个职业及其职责是非常必要的。

最后，我要对那些影响我学习公共组织理论的人表示由衷的感谢，对那些为我的研究以及对这本书的出版（包括原版和修订版）提供了大量帮助和支持的人致以特别的谢意。这些人首先是我在密苏里大学哥伦比亚分校、科罗拉多大学丹佛分校、特拉华大学和亚利桑那州立大学的同事们。他们是：Maria Aristigueta、Stan Botner、Michael Diamond、Ed Jennings、Jay White、Linda de Leon 与 Peter de Leon、Jeff Raffel、Dan Rich、Tom Catlaw、Joe Cayer、Janet Denhardt、Barbara McCabe 和 John Hall。我也从与全国其他的公共行政理论家的密切交往中获益匪浅，他们是：John Nalbandian、Orion White、Cynthia McSwain、George Frederickson、Bob Backoff、Sloane Dugan、Barry Hammond、Astrid Merget、Larry Kirkhart、Michael Harmon、Naomi Lynn、Brint Milward、Charlene May、Frank Marini、Bayard Carton、Guy Adams、Jim Wolf、Frank Sherwood、George Frederickson[①]、John Forester、Cam Stivers、Cheryl King、David Farmer 和 Ralph Hummel。同时，我还想感谢过去多年来一直关注我的著作和研究的行政实务者，他们为我的研究提供了非常有益的帮助。最后，就个人而言，我非常感谢在整个研究过程中给予我支持和鼓励的人，特别是 Janet，她既给我的研究注入了新的活力，也使我放松自如，还有 Michael 和 Cari，她们也一如既往地让我充满活力和快乐！

---

① 这里两次提到 George Frederickson，不知是否为同一个人，为尊重原著未作删除一个的处理。——译者注

目 录

第 1 章

认识公共组织

　　五十多年前，德怀特·沃尔多（Dwight Waldo，1955）对公共行政在我们日常生活中的重要性的评价在今天显得更为贴切。这段时间以来，联邦、州和地方层级的公共组织已经得到了极大的发展。现在，美国已有超过 2 300 万人受雇于政府。更重要的是，政府机构所关注的问题的范围和复杂性都已经大大扩展，远远超出了几年前我们所能预见的程度。公共组织极大地影响着我们的生活，所以，当谈到行政管理时，我们最好如沃尔多所说的那样，要"琢磨琢磨"。

　　但是，正如切斯特·巴纳德（Chester Barnard）所指出的，我们也必须对组织生活的性质有所了解。尽管人们常常认为公共官僚组织是非人格化的机构，但实际上，我们每次与公共组织发生冲突的背后——就像我们每天的生活一样——都有人们一连串复杂的行为、事件及其理解。确切地说，组织就是个人行动的产物——对于行动者而言，这些行动是重要而富有特殊意义的。所谓的非人格化的组织正是人性化世界的活动形式和背景。

　　由于这个原因，根据我们各人的理解，公共组织的差别看起来非常大。例如，我们常常谈论互相推诿和繁文缛节给组织带来的无尽的混乱，这似乎成了公共组织的特征。某些机构，尽管声称关注服务、讲求效率，但它们的设立好像是特意用来阻挠令人满意地解决问题。一方面，官僚机构似乎过于程式化，毫不体谅人情世故；另一方面，它似乎又如此独断专行，以至于有些残忍。

因此，许多美国人对公共官僚组织的评价相当低，就不足为怪了。

但是，随着对官僚组织及其成员的了解的加深，我们对官僚组织的认知图景就会有所改变。官僚组织的绝大多数成员是富有工作能力和忧患意识的，他们上班、拿工资，并力求有效地处理一些他们所面临的复杂问题。然而，大多数人仍然没能摆脱对公共机构的成见。实际上，为政府工作并不是一个什么特别的工作，它只不过使你有机会参与解决一些棘手的公共问题。政府工作是一个"活生生的世界"，身处其中的人们感受着荣耀与痛苦、失望与喜悦，这实际上是一个非常人性化的领域。

从一定意义上讲，本书虽然关注"琢磨琢磨"公共组织意味着什么，但也关注怎样利用我们的知识来充满情感地处理人的问题。我们将关注一些非常基本的问题：我们怎样才能更好、更系统地理解公共组织？为了使公共组织更具回应性，我们必须知道些什么？为了提高我们的生活品质，我们要如何利用已经学到的知识？

知识的学习

以下这些问题具有理论和现实的重要意义。任何行政实务者必须经常（虽然不必有意识地）探求新知识，并考虑如何运用这些知识。需要了解公共组织的哪些情况？怎样寻找和利用有关的信息？无论在何种情况下，管理者首先必须有选择地积累知识，然后以这些知识为基础作出决策、采取行动。实际上我们可以认为，知识的学习是行政管理的核心问题。

当然，人们以许多不同的方式获取知识。甚至在我们与公共组织打交道之前，我们对于公共组织的理解就受到了一些已经发生的事件的影响。家庭生活中的经验潜移默化地教给了我们大量关于权力、权威和沟通的知识；而在教会和学校里的经历展示给我们的组织信息则更具结构化特征。到我们真正开始与更大的公共组织打交道时，我们（不管是作为组织成员还是作为其顾客）基本的行为方式已经完全被社会化了。尽管如此，我们仍然必须获取大量的组织信息，而且有多种获取这些信息的方式：我们能够通过传闻或道听途说，或者通过仔细研究组织的惯例和规章来了解组织信息；我们也能够通过听取其他组织成员的意见，或者通过效率专家和组织发展专家的指导来获得组织信息。

理论来自实践

在上述每一种获取组织信息的方式中，我们都在建构自己的公共组织理论或研究方法，都在寻求一些使我们能系统地审视公共组织、公共组织成员及其顾客的解释或理解。我们对公共组织所做的大量观察与评价可以说是在建构一种不明晰的组织理论，从这种意义上说，虽然我们可能很少具体阐明或者有意识地去思考这种不明晰的组织理论，但是这些观察和评价形成了我们对公共组织运转方式的一系列看法。最重要的是，理论不能脱离实践而存在，组织理论完全与我们作为组织成员或其顾客的行动方式相联系。我们在我们所秉持的理论框架内行动，更确切地说，我们的行动只是我们理论观点的表达。在行动中，理论和实践是不可分离的。这种说法似乎很简单，但与之相反的理论和实践相分离的状况在当前的公共行政管理理论探讨中则并不鲜见。行政实务者常常抱怨行政理论家（从行政学之父到当前的行政学者）都生活在象牙塔中，他们离行政实务如此遥远，以至于他们的原理和观点难以与现实世界相适应。然而，即使那些最关注行政理论与行政实务相联系的学者们，也抱怨公共机构的行政实务者总是过于关注行政管理的具体细节，而不能从理论的视角对行政管理进行综合考察。理论与实践之间的鸿沟如此之大，以至于似乎难以弥合。

比行政学者和行政实务者的争论更重要的是，正如我们将要看到的，理论—实践的问题对于形成一种通情达理地研究公共组织的方法是至关重要的。有鉴于此，本书的主旨就是促进人们对公共组织的理解，从而使我们能够将理论融于实践、思想寓于行动。为达到这个目标，后续的章节将概述那些关于个体、组织和社会的理论，这些理论一度成为解释公共组织行动的指南。我们要进一步具体探讨的是，这些公共组织借此得以建立的理论和观点是如何引导我们自己的理论建构过程的——这个过程导致我们形成了不明晰的行政理论。在回顾这些理论著作的过程中，理论和实践之间的关系会受到批评性的审查，这一关系最终将围绕个人行动这一理念重新确立。

> 本书的主旨就是促进人们对公共组织的理解，从而使我们能够将理论融于实践、思想寓于行动。

认识组织的不同方式：案例一

我们已经提到，行政学者和行政实务者都在寻求解决获取公共行政知识的问题。为了以一种实际的方式理解他们提出的问题，我们通过考察两个案例来具体阐述公共行政理论方面的一些核心主题。在每一个案例中，你可以这样开始：先问问自己，作为一个观察者，你如何描述案例中不同角色的典型特征、如何去分析他们之间的关系；再看看，你掌握了什么信息（完整的或不完整的，主观的或客观的，等等）。在案例研究中，学者通常总是认为他们需要更多的信息，而案例并未充分地反映这些信息。当然，那些进行案例研究的人也会有同样的抱怨，看起来似乎永远得不到充足的信息。在案例研究中，你总是需要更多的信息，然而这是否意味着，如果拥有更多有关组织的信息，你对组织的某些看法就能更全面？如果你的问题只是反映了关于公共组织生活的一系列设想，那你如何描述这些设想的特征？

接下来，你可能要从那些进行案例研究的人的立场来分析思考案例。尽量从他们的观点和立场去了解到底发生了什么。具体说来，你可以尽力再现他们对事实情况的分析。他们的行动是基于一种对组织生活的怎样的认识和了解？他们掌握了什么信息？缺乏什么信息？他们如何描述处理公共组织生活的一般方式？他们对人的行为有什么样的期待？他们怎样看待组织的基本任务？他们怎样理解政府机构及其工作人员的作用？他们的行为和处事原则之间有什么关系？

我们的第一个案例说明了我们看待组织生活的方式和我们在公共组织中行为方式之间的关系。

凯恩·韦尔奇是一个暑期实习生，在一个很大的联邦装备部门的管理服务处工作。在3个月的工作安排中，凯恩要承担各种不同的工作任务，这些任务涉及实验中心各个实验室的管理工作。管理服务处是人事部中的一个部门，但由于管理服务处的人经常为高层管理活动扮演纠纷调解人的角色，因而管理服务处在人事部享有相当的威望，同样也受到人事部主管的特别关注。

大概过了两周，凯恩对实验中心、人事部和管理服务处的工作有了总体的了解。一位叫瑞克·阿诺德的常任分析师要求凯恩帮助他研究一个计算机实验室的人事招聘程序。这正是凯恩曾经希望做的那种工作，尽管这项工作超出了他暑期实习的工作范围，但他还是欣然接受了这项工作。让凯恩特别高兴的是，瑞克已经向他求助了，因为瑞克显然是最受处领导欢迎的干将之一，而且他还被同事戏谑地尊称为"超级分析师"。除了获得一些这方面的工作经验外，凯恩也有机会看到精力充沛的管理分析师如何工作。而且，瑞克与处领导关系极好，因此凯恩至少有机会观察到那个层次领导之间的一些互动关系，或许甚至有机会参加实验中心最高层次的管理会议。从各方面来说，这都是一份富有吸引力的工作，也是凯恩愿意立刻开始着手的工作。

然而，结果并不如凯恩所愿。瑞克是首席分析师，他显然想主导这项看上去非常适合凯恩去做的工作。由于瑞克手头上还有其他正在进行的工作，因而在相当长的时间内，凯恩发现自己在招聘策划中几乎无事可做。因此，当一位叫艾迪·巴塞的资深职员问凯恩是否愿意帮助他整理高层主管需要的组织图表时，凯恩很爽快地答应了。艾迪是一个小型技术师团体中的一员，他们曾经组建了一个部门。几年之后，这个部门与另一个部门被合并组建为管理服务处。凯恩很快发觉，制作组织图表是一个高度专业化的过程，当由这些技师来处理这些图表时，情况更是如此。这个过程不仅要没完没了地申请批准，而且图表设计和修改的复杂程度都远远超出了想象。凯恩对这项工作的兴趣当然没有他对招聘项目中所遇到的更人性化的问题的兴趣大。但是，艾迪总是很友好，而且似乎很高兴有人能够给他帮忙。因此，凯恩就帮他画起了图表。这样，凯恩就同时做起了两份工作。但是，过了几周之后，凯恩意识到他的工作总是不太顺利。有一次，一个和凯恩同在一个办公室的实习生在大厅里无意间听到有人在谈论聘用的实习生，说他们的工作有些积极过头了。其中一个秘书说，她觉得凯恩该"站在一边凉快凉快"了。凯恩并不觉得自己工作得积极过头，也没有恃宠自傲，因此，他认为这些批评显得特别奇怪，他想或许他们是在议论其他什么人。

然而，几天之后，凯恩被叫到吉姆·皮尔森的办公室。吉姆也是一位资深职员，按凯恩的想法，吉姆可能曾经是技术部的头。在凯恩刚开始在中心工作的几个星期，吉姆对他不是很热情，但也说不上不友好。其他人对凯恩都很友善，邀请他参加聚会，并请他参加人事部的棒球队。吉姆看起来总是独来独往，显得很冷漠。那时候凯恩与吉姆几乎没有什么工作联系，因此，凯恩认为他那样对自己根本没什么可奇怪的。于是，凯恩把这次即将到来的面谈看作是吉姆表示友好的一种姿态，并希望和他熟悉熟悉。但是，凯恩的这些想法很快就破灭了。凯恩一走进吉姆的办公室，吉姆就开始了对凯恩的说教，说一个人要如何安排自己的时间，并特别指出，一个人同时做许多工作就意味着没有一项工作会做好。尽管吉姆没有具体指明什么，但他非常明显是在批评凯恩一直在同时做两项工作。

这次面谈让凯恩感到目瞪口呆。在这之前，还从没有人以任何方式对他的工作质量说三道四。何况，这两项工作根本就不存在时间上的冲突，而且即使曾经有的话，凯恩也不明白，为什么吉姆如此自作主张地来训斥他？那天下午晚些时候，凯恩和另一个实习生谈起了吉姆和他的谈话。这个实习生说，自从两个机构合并之后，吉姆就一直非常窝火，因为他不能再做部门主管了。

事隔一天，凯恩在和瑞克谈话时，间接提起了他和那个实习生对吉姆的议论，瑞克并没有什么特别的反应，只是随便说了说以前处里同事的情况。这时凯恩惊恐地感觉到，他成了部门权力斗争中的一只"小卒"，并决意尽快从中摆脱出来。当凯恩找到一个机会见到处长时，就迫不及待地向处长说明了他的处境，以及自己的感受，凯恩认为，实际上根本不存在什么问题，他只是被利用了而已。处长听得非常仔细，但并没有提出实质性的建议，只是说他会关注这个情况。

那个星期晚些时候，在一次棒球比赛后喝啤酒时，人事部主任问起了凯恩实习的进展情况。在随后的谈话中，凯恩说了发生在他身上的事情。这时，人事部主任接过凯恩的话题，说起了他在人事部内进行机构重组时遇到的困难。但他也指出，将以前的两个机构合并为一个管理服务处实际上减少了他的控制幅度，并使整个人事部的工作运转得更顺畅了。很明显，人事部主任更喜欢利用处长和"超级分析师"之间的平衡来控制管理服务处。人事部主任还指出，这种机构重组在某种程度上掩盖了一些他所要面临的主要问题。凯恩后来想，主任的意思或许是重组搞得太快了吧！

这个案例反映了一系列的问题：人们在公共组织中工作的动机是什么？如何解释公共组织中沟通方式上的缺陷？如何更好地理解官僚机构和官僚之间的关系？如何应对或引导组织的发展变化？面对这些问题，那些希望更好地了解公共组织的人会感到头痛。但是，本案例更为重要的作用在于它反映了获取信息是我们行动的基础这个核心问题。本案例涉及了每个人都要面对的问题，即在特定环境中，如何进行知识和信息的积累；如何利用这些信息调整或修正自己的行动准则，进而利用这些信息来完善自己关于人们和组织如何行事的不明晰的组织理论。为了理解公共组织，每个人都必须解决以下三个基本问题：（1）行动所需要的基本知识是什么？（2）这些知识的最好来源可能是什么？（3）如何利用这些知识应对眼前的问题。每个人只有在（至少在私底下）解决这些问题之后，才能采取行动。

就拿本案例的主角凯恩·韦尔奇来说，本来有许多知识范畴有助于他理解周围发生的事情，但是凯恩恰好选择了有关权威和权力方面的知识。正是对权威和权力的关注（或迷信）使得凯恩戴着一副特殊的眼镜去观察世界，这副眼镜会过滤掉一些事件，同时也会聚焦凸显出其他一些事件。凯恩获取了一些信息就断定他只不过是"部门权力斗争中"的"小卒"，并试图求助于组织中的权威人士来解决问题。但是，如果凯恩注意到组织中的其他主题（比方说，经常发生在复杂组织中的沟通障碍问题，尽管组织试图通过沟通寻求合作），他就有可能采取完全不同的行动。他可能会试图找出产生这种混乱情况的原因，并力求和同事建立一种更有效的关系。不管怎样，凯恩对组织生活的观察和他所构建的不明晰的组织理论显然是指导他行动的决定性因素。

认识组织的不同方式：案例二

接下来再看看另一个案例，它再次说明了人们所持的理论和所采取的行动之间的关系，也反映了公共组织研究中的其他几个核心主题。

约翰·泰勒和卡洛·兰勒都在一个地方社区发展局工作，在一次大规模的机构重组之后，社区发展局承担了许多新的工作项目。约翰被分派去监管一个新的住房贷款项目，而卡洛则被派去协助他。这项工作是为一些人提供低息贷款，帮助他们在城市的特定区域重建住房。虽然约翰和卡洛都在相关领域工作过，但两人都不熟悉这个特殊项目。更加糟糕的是，帮助推进这项工作的培训班早在几个月前就举办过了。约翰和卡洛在仅仅拿到了一些贷款项目介绍手册后，就被告知要开始工作了。

贷款项目涉及一些全新的活动，并要用相当长的时间做准备工作。比如，必须培训新的房屋质检员，以使房屋质检活动与市政府的要求一致；还要与许多机构建立工作关系，以了解申请人申请贷款的进展情况。

约翰很快就感到工作压力相当大，他必须在非常短的时间内处理完第一批申请材料。第一批申请大概就有 40 人，他们原先申请的其他资助项目都遭到了拒绝，加上他们的申请材料在社区发展局已积压了一年之久，所以他们非常急切地希望申请材料能尽快得到审批。其中最先几个人的登门造访和电话咨询已使约翰强烈地感受到他们的这种心情。另外，约翰意识到这个特殊的贷款项目对社区发展影响重大，也意识到在这样困难的条件下有效工作不仅对社区发展局，而且对他本人在政府机构中的前途都有重大影响。

卡洛意识到有必要尽可能快地开展工作，同时也感到自己对那些申请人负有特殊的责任。她非常认真地对待局领导对这项工作的指示，局领导认为应该利用这个机会"教育教育"申请人，让他们了解这些工作涉及的复杂程序。在工作中，卡洛认为定期与申请人接触并让他们知道工作的进展情况非常重要，这样可以让申请人知道在申请过程中到底发生了什么事，比如说，申请审查、成本估算、贷款额度、财产信息，以及贷款条件和期限等情况。与约翰把大部分时间花在办公室不同，卡洛经常出去与申请人谈话，许多申请者是她以前在局里任职时就认识的。

约翰和卡洛要收集每一个申请人的所有财产状况信息以及他们对重建计划的想法，并将这些材料整理存档。按工作程序规定，这些存档材料都必须要申请人签字确认，再提交给联邦住房和城市发展部的地区办公室，贷款程序方能启动。

约翰认为，如果卡洛在办公室里让申请人在空白表格上签字，那么，审批程序就能更快完成。这样，当收到有关贷款的信息后，就能直接在申请人已经签字的表格上填写相关条款，而不必花时间和申请人一起复核每份表格了。同时这种程序安排还可以避免申请材料经常在不同的办公室之间"旅行"，缩短协调各个办公室联合审批的冗长过程。

当约翰要求卡洛根据这种程序安排让申请人先在空白申请表上签字时，卡洛拒绝了。卡洛不仅考虑到申请人在签字之前必须要看到并理解申请材料的内容，而且担心让申请人在空白表格上签字可能是非法的。但是，当卡洛向约翰的上司汇报并质疑这种要求时，她被告知这种程序安排并非非法的，而且以前地方机构就是这样处理的。

从这个案例，我们可以看出，约翰和卡洛显然对现代社会中公共行政作用的定位有不同的认识。同样，他们对如何作为一个有效率的行政人员也有不同的理解。因此，碰到这种特殊情况时，他们就立刻据此调整自身行政行为的参照原则，而且这种调整后的参照原则就成了他们行动的基础。约翰似乎更加关注高效率地完成工作，这正是他已经表达的观点；卡洛则似乎更倾向于及时地回应"顾客"，并帮助他们理解贷款程序。

正如我们所看到的那样，在这个案例中，一些看起来使约翰和卡洛意见相左的问题是普遍存在的。确切地说，这些问题是公共行政理论的核心问题。一方面，政府机构要以可能达到的最高效率提供服务，尽可能地打破繁文缛节；另一方面，政府机构的运作应该以公共利益为目标，因此，政府机构又必须对顾客的需求和愿望作出回应。甚至有人认为，政府机构有责任教育公民更有效地处理社会问题。

> 一方面，政府机构要以可能达到的最高效率提供服务；另一方面，政府机构又必须对顾客的需求和愿望作出回应。

这个案例也对另一个在公共组织研究中时常会遇到的问题，即立场会影响看法作了有意思的说明。具体来说，局内人和局外人对一个人的行动的看法是不一样的。例如，我们可能会认为约翰的行为是自私的，他只考虑给影响他将来提升的人留下好印象。说得好听一点，也可以认为约翰非常关心社区发展局的顾客，确实非常急切地想帮助他们尽可能快地获得贷款许可，以缓解他们的财务困难。约翰自己可能会以上述两种理由之一解释他的行为，也可能作出完全不同的说明。比如，他可能会说，他感受到来自组织内外的人要求其做好工作的强大压力，因而，他忍受了极大的精神折磨，特别是与卡洛的冲突。尽管我们很容易描述组织中的个人行为，但却很难评价他们的行动对其自身的意义。然而，要通情达理地理解公共组织，客观的行为描述以及合理的评价都是必要的。

正式的公共组织理论

我们在前面提到了一些理解公共组织的方法和途径，不管我们是有意识地还是无意识地确立我们的看法，这些看法还是形成了，并指导着我们的行动。作为公共组织的成员或其顾客，如果我们希望提高（以更通情达理的方式）应对我们所面临的状况的能力，就有必要更仔细地思考自己还不明晰的理论。一种方法是将自己对于公共组织的一些不明晰的理论与那些理论家和实务家所提出的更加明确的理论相比较，以更好地理解我们身处其中的组织世界。我们也可以将一些正式的组织理论和自己的看法相比较，然后进行调整和提炼，这样就能使我们更清楚地理解自己和他人的行动。

为什么要研究一些正式的理论

研究一些正式的理论显然是有益的。一些建构理论的人与其他人一样，旨在更好地理解组织生活，但他们的思考更严谨、更仔细、更成熟。这并不是因为他们比其他人更聪明、更具洞察力——只是他们有更多的时间来这样做。一些正式的理论是谨慎地建立起来的，所以它们所反映的问题不仅比我们通常所考虑的要广泛，而且通常也是一些极其重要的问题。因此，可以说正式的理论为我们提供了理解公共组织生活的基本衡量标准。为了增进对组织的理解，建议大家最好学习学习其他理论和实务者建构理论的方法。这样，我们就会获得一种有关我们应当考虑的问题的想法，就会去审视那些一直被反复争论的问题（我们不可避免地要在这些争论中作出选择），并对公共组织所面临的一些重大问题形成自己的立场。

当然，对于是什么构成了理解公共组织的适当理论基础这个问题，理论家之间也存在着争议。然而一般来说，大多数人都同意，理论的目的通常是为了使我们能够更有条理、更全面地理解世界。理论旨在超越对事实的简单观察，破除对某些价值观的盲目追随，以提供一种更普遍的解释。理论不是事实的堆砌，它是从事实中提炼出来的；理论也不仅仅是认可某些价值观念，而是对它们进行重构。这样，理论就给我们的经验添加了符号化的审视维度。理论并非仅是事实和价值观的罗列，而是重构我们认识自身及其周围世界的方式。它是一种理解某种情境的思想方式。因而，可以根据理论是否有助于我们更清楚地审视世界，是否有助于我们在这个世界上采取更有效的行动来评价。

正如我们已经看到的，行政实务者们不仅必须选择他们所需要的知识，而且还要选择他们能够真正成功地学到和应用这些知识的方式。理论家们在其他一些问题上也必须作出选择——他们必须追问什么类型的知识是他们希望创造的；怎样才能保证知识成果的精确性和完整性；如何应用最新获取的知识。对研究什么以及如何研究，理论家们必须作出明确的选择。一旦作出选择，他们就受到了这些选择的限制。

基于上述原因，我们应该对公共组织理论保持一定程度的怀疑态度（对其他的理论也一样）。我们必须认识到，这些公共组织理论就像公共组织本身一样，是人类活动的产物，而且，特定理论的建构多多少少是为了适合不同的目的。所有的理论都强调了某些事物，而忽略了其他事物，因而，理论是特定文化深层本质的反映。所以，当我们思考不同的理论时，会看到其所反映的不同生活，但是，我们必须认识到，这种反映是不完全的，它经过了大众的文化视角和理论家们的具体研究视角的过滤。因而，理论有时可能会遮蔽现实，有时可能会呈现现实。

理论模型的功能

上述事实能通过思考理论模型在传播知识过程中所发挥的作用而得到说明。公共行政理论家常常说，他们的研究任务就是建立组织模型或行政模型。**"模型"**这个词在这里不是指一种理想的组织形式或行政类型，而是现实生活的再现（在这种情况下，指文字层面的再现）。例如，我们可能会将组织看作类似物理学上发现的分子结构模型，认为组织中的不同部门是分子，而组织中的权力系统是分子键。无论怎样，公共组织理论家们所构建的模型具有一般模型的某些共同特征。

为了进一步说明模型的作用，可以看一下特定的汽车模型。汽车模型旨在代表真正的汽车。它与较大的真汽车的造型大体一样，有汽缸、车窗，甚至滚动的车轮。在这些方面，汽车模型相当好地反映了实际情况。但是，从另一种意义上说，汽车模型与真正的汽车又完全不同——例如，它只有橡胶弹力驱动的发动机而不是真正的燃油发动机。在这一方面，汽车模型扭曲而不是反映了现实情况。然而这种扭曲是有意的，汽车模型制造商只是希望用模型来说明这样一个事实：即汽车能在地上跑，而且他认为说明出厂汽车的性能比精确描述汽车的驱动装置更重要。从汽车模型可以看出，模型既反映了现实又扭曲了现实。因此，虽然理论模型对我们来说是有意义的，但我们必须认识它到底要表现的是什么。

因此，在深入研究公共组织理论时，我们应该始终意识到理论家们在建构其理论时所作的选择，以及这些选择可能对事实造成的扭曲。从语言表达的角度来看，我们应该不断追问他们到底说了些什么，还有些什么没有说，以及他们将要说些什么。将要说的内容尤其重要，因为像前面的讨论所表明的那样，理论会引发行动。所以，我们不仅要研究理论是如何说明我们自身以及组织是什么的，也要研究我们以及组织可能会成为什么。

建构公共组织理论

现在，让我们转向探讨理论家们为了建构公共组织理论而不得不作出的选择。在此要特别指出的是，理论家所做的选择是有局限性的，这使得我们借助这一理论形成的对公共组织活动的理解是不全面的。但我们也应该看到，尽管全面而完整的公共组织理论仍然未能形成，可是，一些相关的重要主题已经得到了深入的研究。而且，现在存在着一种发展全面的公共组织理论的可能性，即将这些已经深入研究的主题加以综合，以此来建构公共行政理论。这将有助于理解我们与公共组织的复杂关系，继而提高公共服务的总体质量。

尽管建构组织理论的讨论会贯穿全书，但在这里，回顾过去关于公共行政理论建构问题的一些观点和研究方法，并在此基础上勾画更缜密的行政理论研究方法是颇为有益的。就公共行政理论的范畴而言，至少可以指出三个趋向。第一，公共行政被看作是政府过程的一部分，因而是政治学研究的一个分支。在这一观点看来，公共组织理论就是政治理论的一部分。第二，公共组织被看作与私人组织相近。在这一观点看来，公共行政理论只是组织理论的一部分。第三，公共行政被认为是一个专业领域，就像专业性极强的医学或法学一样，它吸收了不同的理论观点来解决实际问题。在这一观点看来，公共组织既不可能建立，也不值得去研究。

公共行政与政府

许多早期研究公共行政的学者认为，公共行政的特点在于它与政府管理过程相联系，很多后来者也秉持这一观点。在这一观点看来，公共官僚机构不仅是政府的臂膀，而且在政府管理过程中发挥着重要的作用。公共组织以不同的方式影响公共政策的制定和执行，因而也影响着社会中的价值分配。但是，如果情况确实如此，那么这些组织必须与政治过程中的其他参与者一样，接受同样的评价标准。一些适用于行政机关、立法机关和司法机关的价值观，诸如**"自由、公平、公正和回应性"**等也同样适用于公共官僚机构。因此，根据这种观点，最能说明公共官僚机构运作的主要理论是政治理论，理论家所提出的最重要的建议是那些指导公共政策制定和执行的建议。

许多早期的理论家认为，公共组织是政治过程的中心。政治学学者尤其这样认为（令人奇怪的是，公共行政和政治理论这两个学科分支之间的关系显得相当矛盾，虽然两者通常被看作是实践和理论的极致，但是由于两者都关注一种有效和民主的治理，因而共享一种同样重要的历史传统）。虽然一些理论家常常忽视公共行政源于政治学理论，喜欢更直接地关注公共行政的技术层面，但还是有一些理论家对公共组织的政治理论研究保持着兴趣。我们会在后面，尤其是在"新公共服务"以及最近公共政策研究强调的某些方面发现这种兴趣。

公共行政与私营组织

与从政治学的范畴来研究公共组织相对，其他一些理论家认为，如果不考虑组织类型，那么组织中的个人行为和组织行为本身是一样的。这种组织分析的研究方法也吸引了许多研究者，并且事实上也开创了一种跨学科的研究方法，它汲取了工商管理、公共行政、组织社会学、工业心理学和其他学科的研究成果。这种研究方法的支持者认为，不管是管理公共机构还是私人团体，管理的基本思想是相同的，也就是说，这两类组织的管理者都必须处理权力、权威以及沟通等一系列问题。如果真的如上所述，我们就可以认为，在一个特定环境中得到的经验教训可以很容易地适用于另一种情形。更重要的是，在任何特定情况下获取的经验教训都有助于建立一种一般性的组织理论。比如说，对汽车企业中装配工人工作动机的研究和对公共部门中新的激励模式效果的研究都有助于全面解释所有员工的工作动机。

与主张进行一般的行政研究这一观点密切相关的是如下观点：这项研究的中心应当是效率。这种观点部分地来自早期科学与企业之间的联系，这种联系十分强调利用科学原理来促进组织的生产能力，但对效率的关注很快就波及了公共部门。伍德诺·威尔逊（Woodrow Wilson，1887）在他那篇通常被认为是公共行政学开山之作的论文中指出，公共行政理论研究可以借鉴那些私人部门中的效率研究成果。不管怎样，这种观点，即主张围绕促进组织效率展开一般性的组织研究，仍然是公共行政学者的一个研究主题，甚至是占支配地位的主题。

作为一种专业的公共行政

最后还有一种观点，即公共行政最好被看作是一种源自许多理论的专业，就像医学和法学一样。作为最受尊敬的公共行政理论家之一，德怀特·沃尔多（1975，pp.223-224）一直主张这种观点。他以医学领域的情况打比方说："对于疾病和健康，没有一个统一的理论，因为关于疾病和健康的理论和技术总是在不断变化，对于事关生死的医学问题总是存在着激烈的争论，总是存在广袤的未知领域。处理这些问题的'艺术'相当复杂，但又很重要。'健康'问题就像'好的行政管理'问题一样，只要我们仔细想想，都会感到无法对其进行界定。"然而，尽管表面上缺乏理论一致性，但医学院仍致力于培养医学领域的各类专家，而这样做正是利用了许多不同学科的理论。同样，人们也可以认为，公共行政实践者的教育也可以遵循相同的策略，与其关注某些观念和技术的学科背景，还不如关注这些观念和技术的实际运用问题。既然当前没有一门单一学科能给公共部门的行政人员提供各种必需的知识，我们就只能指望各个学科尽其所能了。

令人失望的是，将公共行政看作是一种专业的观点，也许比这里提到的其他一些观点更多地排除了产生一种全面而完整的公共组织理论的可能性，排除了这一理论可以完全适合于行政实务者的可能性。如果说公共行政人员只能从组织分析或政治学等传统学科中汲取理论观点，那也就是说，公共行政人员必须遵从一些与他们不直接相关的理论的指导。从行政人员的立场来看，政治理论仍然是不全面的，因为它不涉及管理的一些基本问题；同样，组织分析理论也是不全面的，因为它不涉及民主责任问题研究。不管怎样，行政人员面临着协调上述两种观点的理论问题，这是连天赋极高的理论家至今都无法解决的一个难题。

复杂组织的研究

　　在进一步考察公共组织理论的范围之前，注意公共行政理论的另外两种发展趋势是非常重要的，这两种趋势限定了公共行政领域研究问题的范围。

　　第一，大多数（虽然不是全部）公共行政理论家已经将主要的研究重点聚焦于大型复杂组织上。这样（举例来说），对**"组织"**这个词的定义就会围绕着一些与传统官僚制结构相连的特征进行。组织被定义为为了实现某种目的聚集起来的一群人；被看作是指挥许多人的活动，以实现某一特定的目标，这种指挥活动通过一系列上下级相互作用的权威关系得以贯彻实施，其特点是在这些上下级互动关系中，权威是自上而下的。也有人从结构体系或者层级制度等方面来定义官僚组织，这种定义是分工和明确的权威关系（每个人只有一个上司）的反映。

　　尽管大多数组织定义都是由研究大型复杂组织的学者提出来的，而且都结合了权威和结构化等因素，但仍有可能以更开放的方式来定义**"组织"**。例如，切斯特·巴纳德（1948，p.73）将组织描述为"一个有意识地协调两个或更多人的活动和力量的系统"。必须注意的是，巴纳德的定义不仅拓展了组织研究的群体范围，而且指明了要注意研究组织的协调活动而不仅仅是其正式的运作机制。尽管本书审视的大多数理论都集中于大型复杂组织，但范围广泛的公共机构则提醒我们去接受一个对研究主题限制较少的定义。而且，我们应该意识到，将大型官僚组织的结构特征作为公共组织的特性，会使我们的研究不知不觉地陷入官僚组织结构的束缚中。如果公共行政实务者和理论家只选择研究官僚组织，那么，他们就极不可能考虑组织的替代模式。他们会倾向于将其他组织纳入官僚组织模式中（如我们后面将要看到的，变通处理这个问题是大有裨益的）。

公共行政等同于政府行政

　　第二，大多数（虽然不是全部）公共行政理论家往往将公共行政等同于政府行政——也就是说，认为它们都执行政府的命令。公共行政学者也只注意那些政府中正式的组织部门：地方、州和联邦层次的局处、部委和委员会。保罗·阿普尔比（Paul Appleby，1945，Ch.1）认为，既然"政府不同于"私人企业，那么，公共行政也不同于企业行政。当然还有很多理由可以说明公共行政领域与其他相似领域不同。但是，公共行政仅仅因为与政府相联系就显得不同吗？当问及那些公共机构的工作人员如何看待他们的工作的特征时，他们都能清楚地将自己的工作与私人企业的工作区别开来。例如，他们注意到，政府机构特别注重服务，而不是生产或利润。因此，与私人企业相比，政府机构的目标要模糊得多，而且经常被笼统地说成是服务而不是可计算的生产利润，于是也就很难衡量政府机构的目标了。所以，他们认为，政府机构的内在因素限制了其所能达到的效率水平。此外，行政实务者指出，公共机构的决策过程要考虑各方面因素，也就是说，它们不仅需要注意本部门的环境因素，而且，它们的决策能力会受到政府系统中其他部门决策的强烈影响。另外，在政府决策过程中，一个明显而恰当的限制因素就是必须要考虑全体公民的利益。最后，行政实务者也注意到，他们的活动与在企业中工作的人相比，更多地受到公众关注。正如常言所道，公共行政人员生活在鱼缸中，他们的一举一动经常受到公众的监督和批评。

对美国的许多行政人员来说，这些机会和限制确实使公共行政领域与众不同。然而，也有迹象表明，公共行政的这些特征并不仅仅牵涉到政府活动的结果。人们当然可以说，缺乏民主的政治制度和体系反而有更明确的目标、更单一的决策过程，更少公开性和责任性。我们可能很快想到极权体制下的行政活动就没有民主体制下的那些显著特征。此外，如今许多所谓的私人企业也正在侵入公共领域，并感到有必要改变传统的管理方式和制度。许多私人或准公共组织日益转向以服务为目标，更多地致力于关注不确定的环境因素的影响，同时这些组织的经营运作也越来越受制于政府和公众的密切审查和监督。

虽然这一发展趋势并不意味着政府和企业变得越来越相似了（尽管它们可以达到这样的程度），但是一个组织致力于民主化的程度决定了其管理过程的公开性和公共性。那些在政策设计和执行过程中致力于遵循公开与公众参与程序的组织确实会遇到一些特殊的、通常与公共组织相联系的限制和机会。

公共行政的重新界定

一种观点认为，可以通过重新界定公共行政的研究领域来构建公共组织理论。为超越过去定义的限制，取而代之的公共组织理论应有以下特征：它应当阐明公共行政理论的政治学的、一般的和专业化的早期研究方法；应当指出公共行政是一个过程而不是在特定结构（如层级结构）中发生的事情；应当强调这一过程的公共性而不是它与正式政府体制的关系。本书将会在后面进一步阐述这种替代性的公共组织理论。在此首先需要界定这一理论得以建立的公共行政领域。

民主政治理论通常被描述为关注公共机构增进社会价值观的方式，这些社会价值观的界定和应用都在于公民的高度参与，以及对全体公民利益与需求的高度回应。因此，民主理论关注自由、公平、公正等问题。相对而言，组织理论关注个体如何管理变化的过程，以实现自身或群体的利益，在一个大型组织中更是如此。这些组织理论重点研究权力与权威、激励与领导，以及群体行动的动力机制等问题。

通过综合民主理论和组织理论的研究成果和方法，本书认为，公共行政是指**为谋求实现公众的社会价值观而对社会变革进程的管理**。这个定义表明，公共行政理论不仅仅只是几种不同的研究方法和实践方式的结合，它包含着一个根本的、一以贯之的鲜明主题。如果这样理解，我们的新定义就将容纳**公共行政的一些理论**，而不是与**公共行政相关的一些理论**。只要能以非常明确的方式界定研究对象，我们就能建立一种完整而有条理的公共组织理论。而且，一旦将定义与实践相结合，我们的理论——与到目前为止提出的其他理论相比较——就能更好地适用于公共行政人员。当然，这一理论也认识到公共管理者工作的极度复杂性。

公共行政是指为谋求实现公众的社会价值观而对社会变革进程的管理。

这种对公共管理者的看法表明了一种个人对于结构化的人际关系对组织稳定发展或其变化形式、对那些能够意识到组织的微小变化过程以及对此作出反应的人的影响的敏感性。它也认识到，公共管理者处在一种产生并贯彻社会价值观的特定关系（这种关系为公共管理提供了道德基础）之中。"公共管理者处在政治领域和行政领域的连接点上，因而他既不是一个独立的行动者，也不是政治系统中的一个工具。由于这种独特的地位，公共管理者会接受、诠释并影响一些指导公共管理者的知识和技术应用的价值"（Denhardt and Nalbandian，1980）。

随着对各种理解公共组织生活的方法的考察，我们对公共行政的定义——也就是为谋求实现公众的社会价值观而对社会变革进程的管理——会变得更加明确。然而，重要的是，我们必须认识到这一定义仅仅为一种综合的公共行政理论的形成和发展提供了可能，而不能保证该理论的产生。为了实现这种理论并阐述其对行政实践的意义，就需要研究并调和许多不同的理论观点。这样，公共组织理论的确立对理论家和实务者来说，都是一项重要而艰巨的任务。

结　论

带着这些思考，我们现在可以转向研究哪些因素塑造了我们对现代社会中公共组织功能的理解。正如前文所述，我们所有人都在建构一种不明晰的、指导我们在公共组织中活动的理论。为使我们的理论变得更明确，并提高其指导行动的有效性，一个途径便是研究一些更正式的公共行政理论。这样，我们能够通过与其他人的理论进行比较来检验自己的理论，能够更仔细地思考我们的理论如何帮助我们——不管是作为组织的成员还是其顾客。

我们所有人都在建构一种不明晰的、指导我们在公共组织中活动的理论。

以下几章将考察公共行政的理论家和实务者如何确立一些对公共管理更加正式的看法。这一考察的目的不是为了对公共行政理论进行历史回顾，而是探讨究竟哪些理论与最终构建一种综合而完整的公共组织理论有最为密切的关系。尽管我们会指出政治学和组织分析学等学科对公共行政理论的贡献，但是，我们会更多地关注那些专门研究公共组织的学者的研究成果。他们为现代公共行政研究奠定了基础。

我们的讨论从思考公共组织研究对现代社会中的个人的深远意义开始。正如本章已经阐明的。建构公共组织理论的问题并非仅仅是搜罗一些能应用于特定情况的技巧，而是要研究我们实际经验的丰富含义以及这些经验对社会价值观的影响，当然，这是一种相当复杂的研究。这种研究表明，我们不仅应该注意到与复杂系统中的变革管理有关的经验性问题，而且还要留意公共组织赖以存在的社会、政治和伦理这个宏大的背景。

参考资料

Appleby，Paul. *Big Democracy*. New York：Knopf，1945.

Barnard，Chester. *The Functions of the Executive*. Cambridge. Mass.：Harvard University Press，1948.

Denhardt，Robert B.，and Nalbandian John. "Teaching Public Administration as a Vocation." Paper presented at the annual meeting of the American Society for Public Administration，1980.

Waldo，Dwight. *The Study of Public Administration*. New York：Doubleday，1955.

Waldo，Dwight，"Education in the Seventies" In *American Public Administration*，edited by Mosher，Frederick C.，pp. 181-232. Tuscaloosa：University of Alabama Press，1975.

Wilson，Woodrow. "The Study of Administration." *Political Science Quarterly*（June 2，1887）：197-222.

第 2 章

思想传承：马克思、韦伯和弗洛伊德

公共组织理论家就像其他的社会理论家一样，必须注意特定的话语传统，这些话语传统至少在一定程度上可以界定其工作的性质。前辈学者所思考的问题要么被接受、要么被重新论述，要么被证明与现实毫不相关。当然，他们研究的缺陷也必须加以指正。不管怎样，理论必须适应当时不断变化的社会和文化状况。只有这样，才能说理论改变了我们对生活的理解——不管是公共组织的生活，还是其他方面的生活。

显然，专注于公共组织研究的理论家们必须考虑到以往公共行政研究的成果。但是，他们的研究工作也必须密切联系更为恢弘的思想文化传统，并力求使其研究成果成为该思想文化传统的一个组成部分。如果公共组织理论家为了证明他们的研究是致力于人文关怀的重要工作，那么他们就必须避免以狭隘或僵化的视野来研究问题。像其他的社会理论家一样，他们也必须反躬自问：他们的研究如何与当时的思想文化成果相协调，如何提出一些涉及人类现状的宏大问题。如果做不到这一点，那么他们的研究本身肯定无益于人类的整体进步。

因此，本章将考察三位理论家——马克思、韦伯和弗洛伊德——的著作，他们的著作勾画了 20 世纪西方世界思想发展的方向，并对现代工业社会生活的特征做了最清晰和最有影响力的阐述。总而言之，在过去数十年间，这三位理论家的思想基本上影响了社会理论的发展方向。尽管他们的研究工作没有直接影响早期公共行政理论的发展，但是他们确定了至今所有的社会理论家都必须提出的研究议程。因此，在审视更为明确的公共行政理论之前，有必要回顾这三位理论家的基本思想取向，以及他们影响现代社会理论发展的方式。此外，我们试图结合他们的研究成果形成一种批判的标准，并以此来评价本书后面要讨论的一些关于公共组织生活的研究成果。

卡尔·马克思

卡尔·马克思（Karl Marx，1818—1883）最闻名于世的成就莫过于为 20 世纪社会主义和共产主义的发展奠定了理论基础。此外，他对现代工业社会中人们的社会生活状况提出了一种重要的、根本性的观点。马克思对现代社会制度给人的能力、发展带来的限制深表关注。不管你是否同意马克思的理论分析所具有的革命含义，我们都不能忽视他的理论对我们的社会组织生活提出的挑战。

马克思和黑格尔

马克思的成就很大程度上是以黑格尔的历史观为基础的。黑格尔认为，历史是理念的展现，是理念逻辑发展的自由展现。根据这一历史观，现存的状况（被看作是自由演进的一个稍纵即逝的阶段）为确保自由和理念的持续发展必然会消亡。然而，就现实占据我们的注意力，从而使我们偏离拓展自由的历史使命而言，现实是具有强制性的。因此，被遮蔽的现实比显现出来的现实更重要。社会理论的任务是揭示现实的伪装，以使自由在未来得到发展。只有通过批判，我们才能超越现实的局限性，并使未来的发展成为可能。

为了说明观念在现实发展过程中的展现方式，黑格尔运用了辩证法，这种思维方法认为，观念是在持续的冲突和妥协中产生的。按照其经典解释（尽管黑格尔本人不时偏离这种解释），辩证法包含一个本原的观念，即**正命题**，它受到其对立面即**反命题**的反作用。正命题和反命题的相互作用最终产生一个**合命题**，合命题不只是两个相反命题的调和，而是一个超越二者的高级阶段。合命题接着又成为一个新的正命题并受与之相对的反命题的反作用，如此循环不止。观念就是在这样一个冲突过程中发展的。

马克思的一个特别贡献在于他将黑格尔对辩证过程的理解与经济组织方式（或"生产力"）的历史分析结合了起来。马克思认为，历史在很大程度上是不同的经济形态竞争的产物，这种竞争导致了各经济阶级之间的冲突，"所有的历史都是阶级斗争的历史"（Marx，in Tucker，1978，p.699）。例如，根据马克思的观点，社会发展的辩证过程是从古代奴隶社会发展到封建主义，封建主义后来又让位于资本主义社会，而资本主义和社会主义的竞争最终将使人类社会走向共产主义。

分工与资本积累

根据马克思的观点，所有的生产制度都需要建立一组社会关系，以进行产品和服务的交换与分配，有些生产制度明显比其他生产制度更"发达"。当生产任务开始在不同的生产者之间进行划分、专业化生产开始出现时，也就有了阶级关系产生的可能。这时，一个少数人集团（即控制集团）就能从人数众多的生产者的剩余生产中获取利润。由于处在控制地位，这个少数人集团统治并剥削着生产者。当然，这种利润的积累依赖于私有财产的观念。在财产公有的地方，政治经济关系更具有集体主义特征。而在财产归个体、小团体或法人组织占有的地方，就不再有集体主义特征。现代的法人无须证明其对社会的贡献，它的存在就是为了谋取利润。

这样，所有时代的意识都反映了这个时代基本的生产力状况。每个人和每个社会都会形成自身对世界的理解，但这种理解都是由具有鲜明时代特征的社会和经济条件决定的。此外，那些控制生产资料的人对知识在社会上的传播也有巨大的影响力，由于这种影响力，可以说他们指导着社会意识。只有那些与统治阶级的利益和观点相一致的观念才会在社会上得到阐发和传播。这样，许多社会成员就会慢慢地接受一种实际上与他们自身的最大利益相矛盾的社会意识或世界观。生产者可能会逐渐相信，他们的生产应该为那些私人财富的积累作贡献，他们认为那些人比自己更幸运、甚至更值得享受这些财富。如果一个集团所表达的社会意识到了与其本来要自由表达的利益相冲突的程度，那么这种意识就可以说是一种欺骗和虚伪了。

向社会主义的过渡

马克思认为资本主义社会存在着最终向社会主义过渡的内在趋势。资本主义建立在两个阶级（一个是所有者，或叫**资产阶级**，一个是生产者，或叫**无产阶级**）之间不稳定的关系之上。这种不稳定的关系会导致经济危机，在危机来临时，无产阶级会意识到他们被社会异化了，并开始进行革命斗争以推翻现存的社会制度。他们革命斗争的终极目标是建立共产主义社会。

具体地说，正是财产的不断集中为私有财产制度的废除和生产资料的共同占有奠定了基础。在这个阶段，所有的生产者都是所有者，他们从国家那里获取与其对社会的贡献相当的所得。但是，这种**"无产阶级专政"**本身是不完善的，因为人们仍然根据他们对完成一定生产任务的贡献程度受到区别对待（Marx, in Tucker, 1978, p. 538）。虽然生产者处在控制地位，但他们仍然是被物化、被异化和非独立的生产者。只有当劳动分工被最终取消，生产者的异化才能被克服。到那时，我们就不再是对与我们相分离的产品作出了部分贡献的生产者，而是作为一个独立自主的人而存在，并投身于我们认为有意义的工作。

工业组织与个体的发展

20 世纪 90 年代初，我们见证了东欧和前共产主义阵营的历史剧变，因此，马克思对 20 世纪社会发展的预言显然存在问题。然而，关于现代工业组织对个人发展的影响，马克思的分析依然是最具影响和最重要的观点之一。在现代社会经济发展的辩证运动中，生产力似乎需要一个越来越复杂的、日益压制人的组织形式，这种组织形式是官僚资本主义的缩影。在这种组织形式中，个人面对着越来越严重的异化，人性也日益遭到解构。人们失去了自我，也失去了与他人的联系。

> 在马克思看来，生产力似乎需要一个越来越复杂的、日益压制人的组织形式，在这种组织形式中，个人面对着越来越严重的异化，人性也日益遭到解构。

这个重要的论点来自于马克思对生产过程与人的状况之间的本质联系的基本理解。马克思认为，个人都拥有一定的自然能力，即**自然力、生命力**，这些可以称之为人的本能。与此同时，个体又是一个"遭受痛苦、受环境制约以及能力有限的生物"，这个生物依靠外在的力量得以存在（Marx, in Tucker, 1978, p. 115）。我们本能目标的实现需要外在条件，因此，我们必须力求控制外在世界，让它为我们的利益服务。"历史的首要活动就是财富的生产，以满足我们的需要。"（Marx, in Tucker, 1978, p. 56）这样，从最根本的意义上说，人是由他所从事的劳动规定的。

异化的扩展

马克思在讨论异化问题时认为，在资本主义社会，伴随资本家财富积累的是工人的贫困。那些土地和资本的所有者只对个人利润感兴趣，付给工人的只是仅够维持其继续生产的工资。单个工人在生产过程中所创造的财富被那些处于统治地位的资本家剥夺，以增加他们的财富。因此，资本家和工人之间会就工资与利润的分配展开斗争，当然，在这场斗争中，资本的所有者占有明显的优势。

在官僚资本主义社会，个体的劳动被吸纳到不再具有个体劳动烙印的、标准化的生产过程中。手工业者能自豪地用手指着他的劳动产品，说它是世间独一无二的创造物，而站在工厂生产流水线旁边的工人则不同，他们只能以一种非常程式化的方式处理前面传送过的产品。在这种生产过程中，劳动的质量不再重要，只有产量才是重要的。在这种大批量的生产中，个体劳动只是在这里拧拧螺丝或在那儿转动转动机器！

在这种情况下，我们不再把劳动产品看作自己个性和创造力的体现，而把它看作是一件与我们毫不相干的物体。我们开始冷冰冰地看待这一生产过程本身。于是，我们与自己的劳动异化疏离了。在马克思看来（in Tucker，1978，p.74）：

> 事实是，劳动成为工人外在的东西，也就是说，劳动不再属于他的本质属性；因而，他在自己的劳动中不是肯定自己，而是否定自己；不是感到幸福，而是感到不幸；不是自由地发挥自己的体力和智力，而是使自己的肉体受折磨，精神遭摧残。因此，工人只有在劳动之外才感到自己的存在，而在劳动中却感觉不到自己的存在，他在不劳动时感到放松，而在劳动时则感到压抑紧张。

然而，更重要的是，如果劳动是我们的本质规定，而那种劳动又与我们分离，成为一个客体，那么我们便丧失了自我归属感。我们不仅与劳动过程相异化，而且也与我们作为人的本质特征相异化。我们的劳动再也不是那种为了满足人类最基本的需求而进行的生产。相反，我们把劳动看成是要尽量避开的东西。我们是被迫劳动，是为了工资而不得不出卖劳动。总之，我们的劳动是非自愿的。我们开始将劳动看作是我们为了满足他人的需求而进行的活动，劳动不再是目的本身，它成了一种达到目的的手段。

我们与劳动和自己的本性相异化，同时我们也与他人相异化。随着我们的劳动日益与我们相分离和客体化，随着我们将劳动工具化，我们也开始把他人看作是工具化世界中的一个物体。由于这种转变对人们之间的交往互动的影响越来越大，因而这种交往互动也变得越来越没有人性，人变得越来越像机器（工业社会的一种主要的比喻说法）。随着我们将自己视作工业生产系统中的客体，我们也以同样的方式看待他人，这样我们自己和他人之间的距离就日益疏远了。总之，官僚资本主义创造了人与其劳动、与其自身以及与同类不可避免的异化的条件。

我们不断地屈从于这种状况，一部分原因就是我们受他人统治。这些人控制了生产资料，为了其私利侵占了我们的劳动成果，使我们的劳动客体化。就一些非常实际的理由来说，奴隶必须服从主人，劳动者必须服从管理者。但我们的屈从可能更加微妙。与我们遭受限制和异化的状况相伴的是一种特殊形式的社会辩解，这一辩解把现状说成本来就应该如此，是一种自然秩序。在这种秩序中，总得有人领导，有人服从；有人富足，有人贫穷。就我们成了这一意识的俘虏而言，我们不再质疑生活现状。尽管我们会不时地对工作条件或工资收入发发牢骚，但是我们忽视了苦难的根源，没有去探究遭受统治和剥削的根本原因。

作为一种行动推动力的社会理论

我们仍然深陷于苦难之中。有时我们的苦难如此深重，以至于我们不得不采取行动。马克思认为，社会理论的任务就是要使人明白，我们对现状的理解是如何被社会意识形态和其他形式的神秘主义遮蔽的，就是要阐明那些束缚我们的统治条件，并指明社会自由解放的通途。从这种意义上说，社会理论的批判功能是至关重要的，我们有必要从一些更为广阔的历史过程和个人争取未来更多的自主性和责任性角度来审视现状。批判产生行动。

最后一点尤为重要。马克思的社会批判理论试图帮助我们认识复杂的官僚社会对个人自由的限制，并要求我们采取行动改变自身的处境。反思与行动的联系，以及理论与实践的联系是非常密切的。对现实生活状况的理论性认识会迫使我们采取行动来改善自身处境，对社会强加于我们的限制的认识会促使我们作出反应。理论与实践应当统一［马克思用一个希腊词**"实践"**（Praxis）来描述两者的关系］。通过实践，我们将对自身状况和社会现状进行批判性的反思，从而揭示社会统治的基础，揭露这种统治所带来的社会苦难；接着认清我们的现实状况（超越我们虚伪的意识）并采取行动，为我们自身、也为社会增强我们的自主意识和责任意识。

马克斯·韦伯

　　德国社会学家马克斯·韦伯（Max Weber 1864—1920）对社会科学产生了广泛的影响，而公共行政学者最熟悉的是他对理性官僚制的分析。韦伯认为，社会学是人的客观思考与对人的行动意义的理解相结合的产物，当然，这种结合是极难实现的。实际上，韦伯在许多著作中都试图解决这个难题，而他的阐释者则采取截然不同的立场去理解这个难题。不管怎样，在本章考察的三位理论家中，韦伯对公共组织理论的影响显然是最直接的，虽然这种影响直到公共组织领域研究较晚的阶段才得以体现出来。下面我们仔细地研究一下韦伯的著作及其发展。

新教伦理与资本主义

　　马克斯·韦伯最著名的著作就是《新教伦理与资本主义精神》（*The protestant Ethic and the Spirit of Capitalism*）（1930）。该著作研究了社会思想和经济活动之间的关系，尤其探讨了加尔文教派的新教对资本主义经济生活的影响。与卡尔·马克思强调经济条件决定社会发展方式不同，韦伯认为，社会发展可以有其他推动因素，例如传统和信仰。更重要的是，这些推动力并不必然与个体的阶级地位相联系。实际上，可以认为这些推动力超越了阶级关系。因此根据韦伯的观点，社会发展变化的利害关键并不仅仅是经济因素，而且也与理想和观念因素相关。

　　例如，韦伯认为，宿命论信仰使加尔文教派的信徒如此困惑，以至于他们努力寻找命运的出路（一种保证他们进入天国选民之列的路径）。他们命运的出路就是"现世的成功"，这种成功被视为天宠的征兆，是被列入上帝选民的保证。因此，他们勤奋地劳动，以求增加财富。在韦伯看来，这导致了资本的积累，确立了世界上独一无二的资本主义制度。这一例子表明，正是信仰体系而非其他因素推动了经济制度的发展。

　　虽然作为一个社会科学家，韦伯并不赞同或支持某一种经济制度，但是他非常谨慎地指出，从技术理性的角度来看（即形式上的效率），资本主义制度的优越性很明显在于对生产资料的私人占有、管理和控制的依赖，在于对市场价格竞争机制的遵循。特别是与社会主义制度的计划体制相比，韦伯认为资本主义制度保证了理性计算的可能性，是最具理性（有效率的）的生产组织机制。但是韦伯并没有忽视这种制度的缺陷，尤其是对个人创造力和人性发展而言，资本主义及其集中反映的理性形式是一种祸福参半的制度——它能够极大地推动物质生产进步，但却缺乏对人作为特殊个体的关怀。

社会理论的理性化："理想模型"的概念

在韦伯关于新教伦理的著作和他后期关于理性官僚制的著作之间有一种显而易见的联系。韦伯将禁欲主义的生活方式（它是近代文明的一个时代特征，也是他身体力行的一种生活方式）与一种随处可见的神秘主义精神相对比。在禁欲主义者看来，宗教体验通常被看作是达到目的一种手段，例如，加尔文教徒之所以工作（谨奉禁欲主义生活）就是为了确保其灵魂得到上帝的拯救。而神秘主义者则强调宗教体验本身就是宗教信仰的目的。从工具主义的角度来看，人的行动包括其劳作是否是人达到目的的手段，这个问题是韦伯分析理性化社会的核心。

但是，为了理解韦伯对这个问题的论述，我们必须先理解其建立社会理论的方法。尽管韦伯的兴趣在于确立客观的社会科学的正统性与合理性，但他也很清楚社会科学家与自然科学家的研究工作的差别。他主张通过规范一定的研究程序来消除研究中的个人偏见，从而保证社会科学研究的客观性。根据韦伯的观点，尽管科学能够告诉我们"是什么"，但它们不能告诉我们"应该是什么"；尽管科学能够确定我们采取特定行动有效地实现目标的可能性，但不能说明我们的目标"应该是什么"。这些问题必须通过不同的讨论加以澄清，并在研究中谨慎地避开这些问题。但是，韦伯也认识到价值观在社会科学中发挥着重要作用，因为一些个体社会行动者的价值观会影响社会关系，社会科学家也会选择他认为最有价值和最有意义的研究课题。显然，所有的行动者总是带着各自影响其行为的偏好和考虑与他人交往。不考虑相关行动者的内在意图就无法理解他们的行动。因而社会科学家（与自然科学家不同）必须时常警惕文化价值观对个体行动的影响。此外，由于社会科学家也是一个社会行动者，他们自己的价值观既影响他们的研究主题，也影响研究本身的范围。在很大程度上，社会科学家是在对研究对象进行文化意义的评估之后确定其研究课题的。一些对特定社会有意义的问题极可能是社会学家关注的问题。韦伯认为，社会学"是一门对社会行为进行阐释性理解并进行因果解释的科学"（Giddens，1947，p. 328）。社会学家关注互动的行为主体如何建构一种意义结构体系，并以此指导他们进一步的行动。

意义结构体系的建构对于社会科学有重要的意义，原因在于，当社会科学家在研究中寻求对社会现象进行客观解释的时候，他们不可能像自然科学家那样按自然法则进行解释。实际上，在社会科学领域，一个解释的好坏不在于其理论认识的全面性，而在于有助于我们理解人类使命独特性的解释力。我们致力于理解那些影响我们生活的不同寻常的方面。即使我们寻求建构一般的理论框架，其原因也在于理解这种独特性。

这就直接把我们引向了韦伯的"理想模型"的概念（一种理解社会的方式）。韦伯认为，通过对理想模型的深入研究，社会学家能够客观地分析社会事件对个体和社会的影响。这种理想模型既不是一种规范意义上的理想模型，也不表明哪种特定的社会形态是理想的、应当追求的。恰恰相反，它是对一系列特定因素（这些因素的结合传递着一种特定的文化意义）的抽象思考方式。这样，理想模型不只是对一系列事件的描述，它在经验层面上或许从未存在过。然而，就它包含着对社会重要组成部分的解释与说明而言，它具有重要的概念建构意义。不过更重要的是，理想模型来自对具体并可界定的问题的兴趣。

理想型的官僚组织

当然，公共行政学者最为熟悉的莫过于韦伯对理想型官僚制的分析了，韦伯是在探讨社会统治模式的背景下对此展开论述的。韦伯认为，每一个权威体系都必须建立并取得一种对其合法性的信任，这可以通过许多不同的方式来实现，在声称的合法性类型、谋求服从的形式、行政人员支持权威的方式以及权威的执行方式等方面都有不同的表现形式。韦伯具体提出了合法性权威的三种"纯粹的类型"：（1）法理型权威，它建立在对特定法律和规范的认同的基础之上，并承认处于法定权威地位的人的统治权力；（2）传统型权威，这种权威基于对持续性传统的重要意义的信仰，基于对按此传统进行统治的人的信任；（3）超凡魅力型权威，它源于对特定个人的情感依附和精神奉献。

法理型权威（它有赖于在一个群体内建立法律规范，而且有赖于群体内的成员同意受法律体系的约束）由官僚体系中的行政人员执行。在对纯粹的法理型权威的探讨中，韦伯通过官僚行政人员的任用揭示了官僚组织的主要特征。在这种权威模型中，行政人员根据以下标准进行活动：

（1）个人是自由的，对权威的服从仅限于非人格化的法定义务。

（2）职务等级界限明确。

（3）每个职务都有明确的职能范围。

（4）职务由自由契约关系确立，因此，人员选择原则上是自由的。

（5）人员的选择以技术资格为基础，在大多数情况下，通过考试来测定这些技术资格，或者通过技术培训证书来证明，或者两者兼用。职务候选人由任命而非由选举产生。

（6）报酬以货币化的固定工资支付，大多数人享有退休金。只有在特定情况下，聘用机构（尤其在私人组织中）才有权终止其任用。但除此之外，还要考虑职位的责任和现任官员的社会地位。

（7）职务是在职者唯一或至少是其主要的职业。

（8）职务是一种职业。职位晋升是依据资历、业绩，或者两者的结合，并加上领导的评价。

（9）行政人员的工作完全与行政资源的所有权无关，行政人员不得滥用职权。

（10）执行公务必须遵守纪律。（Weber，1947，p. 328）

韦伯指出，官僚制组织形式可以运用于各种不同的状况中。尽管**"官僚制"**一词经常被用于政府机构，但也可以在商业组织、志愿协会，甚至宗教机构中发现这种组织形式。官僚组织如此具有吸引力，是因为它能够用最有效率的方式来让众人为追求特定的目标而共同工作。韦伯这样说道："从纯技术的观点来看，经验无一例外地倾向于显示纯粹的行政官僚模型所能够实现的最高的效率，因而也是形式上已知的对人进行控制的最理性的方式。"（1974，pp. 333-334）正因为官僚组织规定了严格的权威结构（命令在这一结构中传递），所以它使那些掌权者可以在一定程度上把握行动的后果（p. 377）。

> 从纯技术的观点来看，经验无一例外地倾向于显示纯粹的行政官僚模型所能够实现的最高的效率，因而也是形式上已知的对人进行控制的最理性的方式。
>
> ——马克斯·韦伯

官僚制的扩张

由于现代社会的复杂性，韦伯看到了官僚制（作为近现代世界唯一最重要的发展）向人类所有活动领域的扩张。企业、政府和教会似乎都以同样的原则组织起来，都强调通过层级制结构来行使权威。在韦伯看来，这一发展尽管是由资本主义制度的兴起而推动的，但能起到推动作用的并不仅仅是这一制度。实际上，韦伯注意到，社会主义制度可能比资本主义制度需要更高程度的官僚化，以保持一种稳定的经济生活，"官僚行政组织，从正规的技术观点来看，一直是最理性的组织类型。就今天大规模行政管理的需要而言，官僚制行政组织是不可或缺的。在行政领域，选择只可能发生在严谨的官僚制和松散的管理体制之间"（Weber，1974，p. 337）。

从对官僚行政组织模型的这些分析中，我们很难判断韦伯是否赞同这种组织模型，或是否在提醒人们注意日益官僚化的不可避免的后果。赫伯特·马尔库塞（Herbert Marcuse，1968，pp. 223-224）认为，韦伯对官僚制的批判性分析最终会转变为对这一制度的"辩护"，这些辩护对于通过官僚制来扩张的资本主义统治是非常有利的。马尔库塞在韦伯那里看到了形式合理性和实质合理性的融合，这种融合是从这一意义上来说的——资本主义持续扩张的技术要求开始取代更广泛的理想概念，如自由、公正和公平的关注。最重要的是，马尔库塞认为，韦伯的这一观点（即韦伯将现代生活的不断理性化看作是现代人的"命运"）里暗含了官僚制的一种必然性。韦伯的这一观点给马尔库塞以极端宿命论的印象，在马尔库塞看来，韦伯没有认识到已经建构起来的社会、历史状况可以通过理性和富有进取精神的人类行动来加以重构。在韦伯看来，这一说法——人类不可避免的命运在于我们对僵化而教条的官僚政治秩序的服从——无助于推动在个人与组织之间创造一种更加令人满意的关系。

然而，韦伯并非没有注意到官僚制组织的负面影响，他不仅批评了官僚制的繁文缛节与缺乏效率，也指出了官僚形式主义的非人格化扩张所带来的长期的社会问题。韦伯的官僚制构想可以被看作是一种理想的类型，它描绘了社会图景中那些对社会发展具有独特影响的因素——不管是积极的，还是消极的。就这点而言，至少有些分析家认为韦伯考虑的问题基本上也是马克思所关注的问题——即人类精神发展不断受到官僚制迅速膨胀的限制。沃乐夫冈·J·莫姆森（Wolfgang J. Mommsen）就是一位同情韦伯的分析家，他对马克思和韦伯进行了以下比较：

> 马克斯·韦伯和卡尔·马克思同样都关注现代工业资本主义社会导致的非人性化后果。但韦伯没有从工人阶级客观上（或可能仅仅是主观上）受压抑的社会条件以及生产资料受剥夺的方面来体验这种非人性化的后果，他头脑中的非人性化后果是资本主义社会制度造成的。资本主义大体上依赖于社会生活各个领域中的形式合理性。此外，资本主义受到一股不可抗拒的力量的驱使，创造出了一种使生产力和效率最大化的社会状况。正因如此，资本主义越来越多地推行各种以个人为取向的社会行为。换句话说，资本主义的进一步发展不可避免地与效率更高的官僚制的兴起相联系，与以更加形式理性化的方式组织社会各层次的交往活动相联系。韦伯认识到这个进程最终可能导致出现"新的奴役铁笼"。在这个铁笼中，各种以价值为取向的社会行为会被威力巨大的官僚制结构所窒息，会被由形式合理化的法律和制度编织起的牢固网络所扼杀。个人没有任何反抗的可能！（1974，pp. 56-57）

韦伯在其著作中指出，从这种日益强化的社会控制中逃离的唯一希望，在于超凡魅力型领导的出现，他能够以不同的方式控制持续发展的官僚行政体系。超凡魅力型领导具有非凡的气质和能力，能够使其追随者对他有强烈的情感依附，并激励他们对组织作出更大的贡献。超凡魅力型领导不仅仅是激励性的，同时也是创造性的。这种领导焕发着社会成长和发展的活力。实际上，韦伯的梦想是通过直接民主选举产生超凡魅力型领导，从而使社会最终可能超越官僚控制的局限性。

西格蒙德·弗洛伊德

西格蒙德·弗洛伊德（Sigmund Freud，1856—1939）是强调潜意识观念影响人们追求更健康的精神生活的第一人。但是，弗洛伊德并未就此止步，他确立了一种对群体生活、组织生活与社会生活的全新理解。在本节，我们将专注于更加完整地阐释和理解他的研究工作。不过，在此之前，我们必须先了解一些关于个体心理疗法的基本概念。

心理治疗与人格理论

心理治疗专家与病人之间的关系始于病人模糊地意识到个人出了问题。但不论是治疗专家，还是病人都不十分清楚到底出了什么问题，更不清楚病源和可能的治疗方法。然而，治疗专家和病人能够通过某些线索发掘并探讨隐藏于病人记忆中的生活片断。随着治疗专家进一步解析病人梦到或者自由联想到的一些象征符号，其他线索会逐渐呈现，另外一些线索也会通过病人的个人癖好、行为——如失忆、口误——等显示出来。这些线索都可以看作是潜藏于病人人格表面之下的某种疾病的病症。

心理治疗过程的初始阶段是在病人提供的线索的基础上重现那些产生病症的条件，这需要了解病症与产生该症状的条件相联系的方式。换句话说，需要确立一种人格理论。弗洛伊德是以这样一个假设来建立自己的理论的——个人都有寻求某种快乐和满足的愿望，但只有少数愿望能实现，当这些个人愿望不能实现时，它们就会被压抑到潜意识中，尽管隐藏在潜意识中的愿望难以辨认，但却能极大地影响个人的成长。

用更专业的话语来说，**本我**是精神动力的源泉。它旨在通过快乐原则来缓解内心的紧张。**自我**旨在协调个体和客观世界，它的活动奉行现实原则。**超我**是社会价值和理想（包括对和错的判断）的内在体现。在本我、自我和超我的竞争中，**自我**发挥协调中介作用，它不仅抑制**本我**原初的内在冲动倾向，而且也防止人格受到过分的道德压抑。

自我以许多不同的方式对**本能**的目标选择作出反应（本能的目标选择既指用来满足需求的特定事物，又指所有保证实现那个目标的行为）。除了重要的压抑机制外，**自我**还可以发挥**移置作用**（即通过用一个新的选择代替原初的选择来变换目标）、**投射作用**（使内在的愿望或情欲外化）、**反向生成**（以一个相反的目标选择代替原来的目标选择）、**固恋**或**回归**（目标追求发展到某一阶段后受到阻碍而停止，或者实际上退回到早期阶段）。

压抑无法实现的愿望会给病人带来最大的痛苦。用弗洛伊德的话来说就是：

> 从治疗癔症患者和其他神经官能症病人的过程中，我们得出了这样的结论：他们没有能够成功地控制那些与他们的愿望不一致的想法，他们确实想把这种想法从意识和记忆中删除，以减少大量的精神痛苦，但是在潜意识中，这些被压抑的愿望仍然存在，只是等待时机来激活，并最终以一种伪装的、难以辨认的替代物，而不再是被压抑的愿望的形式成功地进入意识领域，但病人的身心痛苦是同样的。（1955，p. 27）

心理治疗专家的作用是根据病人显现于外部世界的病症追寻隐藏在其内在世界的压抑，接着与病人一起寻找一种比压抑机制所提供的更为令人满意的解决方法。

这种解决方法可以有许多表现方式。病人可能会意识到，要么本来一开始就应该接受这一愿望，并采取行动实现这一愿望；要么这个愿望本来就是不合适的，应该毫不犹豫地放弃它；要么可以将这种愿望的冲动转向更具创造性的目标。因此，治疗专家对病人的心理解析旨在让病人采取矫正行动来复原以前被压抑的历史状况。

<h2 style="text-align:center">理解群体心理行为及其影响</h2>

尽管弗洛伊德最先关注精神分析的治疗作用，但他后来开始更深入地研究精神分析对于理解社会团体、乃至整个文化系统的意义。在研究群体心理的过程中，弗洛伊德探讨了"群体的潜意识活动"——即隐蔽在群体表面之下，以一种直接和通常无法说明的方式影响群体活动和工作的形式或关系。弗洛伊德首先注意到群体行为时常与人们设想的理性成年人的行为不同（这些行为看起来更像出于幼稚的冲动），之后才开始其研究的。一些原初的本能冲动驱使群体做出不合常人逻辑、超出理解正常界限的行为。群体的"理智"既怪诞而又鲁莽，既紊乱而又糊涂。"群体是相当轻信和容易受影响的，它缺乏批判能力，却又无所不能。"弗洛伊德（1955，p.28）写道："群体在意象中思考，将想象中的东西随意地拼凑在一起，根本不考虑这种联系是否具有现实的合理性。群体的感觉既简单又夸张。因此，群体既不知道该怀疑什么也不知道该确信什么。"

再也没有比群体与其领袖之间的关系更为混乱和矛盾的了。群体成员十分希望能够找到一个人帮助他们，以成功地实现他们的欲望，因而群体成员非常需要领导者。领导者都被看作是能够使群体的"妄想"变为现实的人。但是，由于领导者和群体都是在他们不能控制的环境中活动的，因此，领导者不可能回避其所处的现实环境的压力，因而往往无法满足群体的期望。此外，领导者常常对群体行为的发展方向有自己的想法，而这些想法与群体成员的愿望又不尽一致。不管在哪种情况下，领导者的工作在群体成员看来都是注定要失败的，从而使他们（至少象征性地）迁怒于，甚至憎恨领导者。领导者必须忍受群体归咎于他的额外罪过，并准备很快成为群体成员怨恨和嘲讽的对象。赖斯（一位以研究群体关系而出名的学者）写道：

> 追随者依靠其领导者来指出他们的目标，找到实现这种目标的途径，并带领他们去实现目标。如果领导者不能按照群体成员的期望去行事，或行动不力、不果断，使得他们的愿望得不到满足，就会招致他们的怨恨……这种不可避免的相互依存关系增强了双方的这样一种需要：提防潜在的相互敌意对群体关系造成破坏。（1965，p.11）

弗洛伊德本人通过对原始部落的"科学假想"阐述了领导者与群体成员之间的关系。这个假想虚构了这样一个时期：那时候，一个父亲统治着几个儿子，这些儿子对他既尊重又惧怕。当他们对父亲的恐惧与憎恨到了不可忍受的时候，他们就合谋杀死了父亲。弑父行为给他们带来了沉重的罪恶感。经过一段没有父亲统治的生活后，其中一个儿子慢慢地成了领导者，但他是在承担了弑父的责任以及相应的罪恶感之后，才被其他兄弟承认为领导者的。

当然，这个假想包含了一种类似的状况，即人们一直在努力克服父亲那样的人——现实中强制性的权威——对其生活的影响。但我们也可以推测，社会群体和社会组织也是以同样的方式发展的。正如一些群体的形成就是为了控制他们周围的世界（不管是自然世界，还是社会世界），他们不可避免地会破坏那个世界，对此他们都会有某种罪恶感。但是当群体的一个领导人开始为群体传话、并认同这个群体时，群体成员就能把他们的罪恶感转嫁给这个人。这样，认识到领导者的罪恶以及他承担的罪责后，他们就会变本加厉地反对领导者，因而领导者和群体成员之间会不可避免地形成一种紧张关系。当这种紧张关系被压抑到群体的潜意识中，它就产生了一种表面上无法解释但却控制群体行为的形式。

根据这种理解，群体和组织对个体的人格与精神发展所具有的意义比它最初看起来的更加重要。个体加入组织与群体不仅是为了完成既定的目标，而且还将组织和群体作为一种直接的资源来满足其需求，从中获得一种安全感，并抵御世事的无常变幻。正如赖斯所言，"我们发明的许多组织以及在日常生活中所接受的控制，与其说是试图积极地解决我们的问题。倒不如说是为了压制我们稍做掩饰的原始冲动"（1965，p.84）。这一点极其重要，因为它表明不能脱离复杂组织在个体发展中的作用来谈论组织。组织不是某个个体或群体使用的一件工具或一种技术，过后可以传递给其他人；恰恰相反，群体和组织本身是人类发展不可或缺的一部分，是价值观和感化力的传播者，是希望与愿望、欲望与梦想的载体。个体、群体和组织，以及最终和社会本身的关系对于理解人的状况是至关重要的。

个人自主性与文化的约束

弗洛伊德精通这一问题。在《文明及其缺陷》（*Civilization and Its Discontents*）（1961）一书中，他将批判的眼光投向了考察文明对人类的满足程度的影响。文明的基础就意味着制约，它要求个人放弃一部分自由并服从群体的限制。虽然我们认识到了我们永远不可能享受一种完全幸福的社会生活，但我们还是迷恋于社会文化所带来的安全感和团结感。这在个人追求个性张扬、文化则追求服从和秩序之间导致了一种紧张关系。弗洛伊德指出这种紧张关系无处不在，"人类的大部分斗争都是围绕着这一任务进行的——即在个人自主性诉求和群体的文化服从诉求之间寻求一种权宜的调和，并在这种调和过程中获得快乐"（1961，p.43）。

> 人类的大部分斗争都是围绕着这一任务进行的——即在个人自主性诉求和群体的文化服从诉求之间寻求一种权宜的调和……
>
> ——西格蒙德·弗洛伊德

只要我们工作生活在一起，我们就无法回避与我们所处的文化环境之间的矛盾情结。我们再次在生活中发现了弗洛伊德根据生的本能和死的本能探讨的爱恨交织、魅力与反感共存的冲突现象。尽管我们通过文明来寻求生命，寻求文明所反映的延续性和统一性，但我们同时也必须屈从于死亡本能的威胁。弗洛伊德提醒我们说，"攻击倾向乃是人类的一种与生俱来的自我维护本能……这种本能对人类文明的发展构成了最大的障碍"（1961，p. 69）。由此，我们得到了这样的结论，文明代表了生之本能即爱神厄洛斯和死之本能即死神萨纳托斯之间的激烈斗争，这种斗争只能导致个体产生罪恶感和压抑感。

正如马克思所言，我们只不过是一个依赖外部世界来满足我们欲望的、"受苦受难、又受到制约的有限生物"（Tucker，1978，p. 115）。但是，又如弗洛伊德指出的，我们的文化压抑人们的欲望，制约我们的自由与独立。结果，我们面对着一个日益受到制约的社会现实，这种社会现实虽然给人提供了一些如身份和荣誉之类的外在象征，但却阻碍了人的个性张扬和发展。因此，为了我们个人的成长，必须按我们的愿望采取创造性的行动去改造世界，并最终超越这个世界所带来的局限性。然而，个体人格的创造性张扬和发展恰恰又是我们这个组织化的社会最为害怕的。

我们能学到什么

怎样用马克思、韦伯和弗洛伊德的洞见来指导我们的公共组织研究呢？当然，他们的著作并没有直接提出组织研究的指导原理，因为公共组织研究不是他们的研究重点。然而，我们还是可以从他们的研究成果中发现一些真知灼见，这些真知灼见有助于我们更全面地理解公共组织在我们生活中的作用。我们可以在他们的论著中发现一些可以用来指导公共组织活动研究的共同主题，而其中暗含的公共组织观点可以给我们提供研究公共组织相关问题的视角和方法。

显然，三位理论家都认为现代人的首要任务就是在个人与社会之间发现一种有效的互动关系。具体来说，鉴于社会日益复杂化，以及随之而来的理性化，马克思、韦伯和弗洛伊德将个体活动描述为对社会组织力量的抗争，特别是与大型复杂官僚机构——不管是公共的还是私人的——所代表的力量相抗争。本书对公共组织的研究也是要探讨同样的问题，尽管在论述个体和组织之间关系时会使用一些不同的术语，如**管理风格、顾客关系**等，但我们仍然必须重点考察个人与社会这一至关重要的关系。

马克思、韦伯和弗洛伊德给我们研究公共组织的重要启示（在今天看来）在于，我们需要一种理解这个世界以及我们身处其中的位置的观点，一种认识复杂组织对我们生活的影响、又不被这种影响所左右的观点。或许马克思、韦伯和弗洛伊德都打算指出这一点——只要我们工作和生活在一个大型复杂社会组织中，个人和集体的存在就有赖于我们建立一种基本的知识和情感意识。

只要我们工作和生活在一个大型复杂社会组织中，个人和集体的存在就有赖于我们建立一种基本的知识和情感意识。

控制我们的环境

为什么要提出这一观点？学习这方面的知识有什么目的？一个目的可能是控制自然环境和社会环境，以实现我们自身的利益。例如，探索能源的知识是为了生产热能，以防环境对我们造成威胁。研究气象知识以及低洼地区排水系统方面的知识是为了免受环境给我们带来的其他威胁。同样，如果我们知道人们如何应对可以改变的环境，那么我们就能够改变他们的行为。例如，如果我们知道提高一个人的社会威望可以影响其工作动机，那么我们就会以相应的方式行事。从这种意义上讲，我们寻求知识是为了解释事物的因果关系、预测事物发展的结果、控制人们的行为。

为达到控制的目的而追求知识意味着我们最感兴趣的是对知识的**工具性**描述——这种描述表明了一种达到特定目标的适当方式。如果目标是实现更大规模的生产，那么我们想知道的就是采取什么步骤来达到这个目标。当然，这种知识无法告诉我们应该追求什么样的目标（除非是那些本身被作为实现更大目标的手段的目标），但是这些知识能被用来有效地推动既定目标的实现。

诠释他人的意图

然而，控制并不是知识的唯一目的。我们寻求知识，也是为了理解或诠释他人的意图。从这种意义上说，我们认为，个人的行动总有其特定的意义，而且是以此意义为基础的。也就是说，所有的行动都存在于个体行动者的意识结构中。为了理解在任何情况下正在发生的事情，我们不仅要观察个体的行为，而且要理解支撑个体行动的内在动机和意图。一些理论家使用**"行为"**这个词来指可以看得见的外在表现，而**"行动"**这个词指个体打算做的事。依据这样的界定，很显然，旁人眼中的个体行为与行为者本身的意图存在着很大差异。回顾一下第一章讨论的约翰和卡洛的案例，可以发现，我们的观点深刻地影响着我们的感觉。

如果想理解他人的意图（意图赋予了行动的含义），我们就不能仅仅停留在行为描述上。我们必须诠释他们的行动，也就是说，我们必须致力于理解他们行动的意图，致力于**诠释性**的说明，这种说明可以使我们评价人们行动的意义和重要性。我们可以问，问题的实质是什么？他或她打算做什么？通过对行动的诠释，我们才能理解行动。诠释使我们得以重构个体对世界的看法，理解一个人就是知道他赋予其行动的意义。

摆脱观点的局限性

我们寻求知识或许还为了另一目的——从我们的思维定势和行动模式中摆脱出来。这种思维定势和行动模式我们已经习以为常，甚至依赖有加。然而，它们并没有反映我们真正的需要和利益。了解这种局限性可以使我们超越**"现实"**强加给我们的限制，并发现未来提供的机会。根据这种观点，我们的生活被认为依赖于我们所接受的特定世界观，即我们认为是自然发生的、从不变化的"现实"，而事实上，这种"现实"只不过是社会发展过程的结果，通过这种社会过程，我们才开始相信"现实"的真实性。如果现在这种社会发展过程遇到了某种偏见，以至于我们关注、诠释这些事件而非那些事件，那么我们的行动就会有局限性。尤其是在对现实的理解由掌权者强加的地方，也就是说，在我们简单地接受占统治地位的观点（即掌权者的观点）的地方，我们经常被误导。我们认为自身的潜力非常有限，而事实上这种潜力要大得多。我们或许沉迷于我们的信念，以至于再也不认为它们是信念，再也不知道它们的来源了，从而面对着一种最极端的控制形式——一种控制者再也认不出来的控制。

批判性的知识能够开拓我们的视野，使我们更准确地看到自身受到限制的条件；然后去挖掘并更加全面、更加充分地展现我们自身的潜力。正如弗洛伊德指出的，批判性的知识使我们有可能更全面地理解自身，而这是自我改造的基础。马克思也告诉我们，这种知识使我们能够更加深刻地理解社会现状，为社会发展变化提供可能性。不管是哪种情况，通过批判性反思所获得的知识不仅为我们采取更加自主和负责任的行动提供可能性，而且鞭策我们去采取这样的行动。

结　论

因此，我们有各种理由去学习知识，我们可以利用各种工具性、阐释性和批判性的研究。在后面的章节中，我们会看到这三种研究视角中的每一种都反映了一种实际的、科学的理解方法，这些方法以不同的方式指导着我们的研究。到目前为止，我们从马克思、韦伯和弗洛伊德那里学到的经验教训就是：现实遮蔽现象，现象同样也遮蔽现实。我们看起来似乎是客观的现实却可能是一种幻象，一旦参透这一幻象，就会揭示出一种我们自身和整个社会发展深受限制的状况。更重要的是，我们知道，现代社会总是诱导我们以工具性的眼光来看待这个世界，要抗拒这种观察方式很难，但又很重要。在这种情况下，我们希望从公共组织理论中获得什么样的理论指导呢？

参考资料

Freud，Sigmund. *The Origin and Development of Psychoanalysis*. Chicago：Regenery，1955.

Freud，Sigmund. *Civilization and Its Discontents*，New York：Norton，1961.

Giddens，Anthony，*Capitalism and Modern Social Theory*，Cambridge，England：Cambridge University Press，1947.

Marcuse，Herbert. "Industrialism and Capitalism in the Work of Max Weber. " In *Negations：Essays in Critical Theory*，translated by Jeremy J. Shapiro，pp. 201−226. Boston：Beacon Press，1968.

Mommsen，Wolfgang J. *The Age of Bureaucracy*. New York：Harper & Row，1974.

Rice，A. K. *Learning for Leadership*. London：Tavistock，1965.

Tucker，Robert C. ，ed，*The Marx-Engels Reader*. New York：Norton，1978.

Weber，Max. *The Protestant Ethic and the Spirit of Capitalism*. London：Allen & Unwin，1930.

Weber，Max. *The Theory of Social and Economic Organization*. New York：Oxford University Press，1947.

第 3 章

政治传承：从威尔逊到沃尔多

　　如果公共组织定位于追求社会公共价值，那么公共组织成员就在按照民主的规范行事方面承担了与他人不同的重负。不管是为了推动公共目标的实现，还是为了追求自身的成就感，公共组织成员都必须始终关注那些赋予了公共组织鲜明特征的社会价值。从这种意义上讲，公共行政人员必须尽力确保完成社会的主要政治任务，至少要以他们的工作为整个社会树立榜样。基于这些理由，公共行政研究不仅要包括社会理论，而且也要包括政治理论，即对公共组织如何推动民主社会发展的理解。

　　奇怪的是，尽管这一公共组织的政治理论似乎成了公共组织学者唯一最重要的论题，但是一些与民主政治理论不同的主题却总能得到优先考虑。自由与正义、公平与参与等问题让位给了效率、技术和控制等问题。即使这样，公共组织的政治理论还是建立起来了，或许这是由于学者的疏忽造成的，并不是有意发展的结果。

　　这是德怀特·沃尔多在他的著作《行政国家》（*The Admin-istrative State*）（1948）中向我们传递的重要看法。在该书中，沃尔多从思想史和政治理论的角度追溯了公共行政研究的发展。后来他经过反思认识到：

　　　　从政治理论的视角仔细地分析公共行政的研究文献，在我看来，有一点是明白无误的，即公共行政学令人费解地充满了政治理论。之所以令人费解，是因为那些公共行政文献的作者常常大言不惭地认定或声言他们正在摆脱不切实际的理论幻想，转而直面现实世界，思考现代政府如何管理其重要事务以及应当如何履行其职能的问题。（1965，p. 6）

正如沃尔多指出的，早期学者注重把这些高度理论化的问题归结为至善的生活、公共行动准则，以及谁来统治。他们面对着有重大理论意义的问题，而给出的答案则构建了一种政治理论，一种公共组织的政治理论。实际上，正如沃尔多指出的，政治理论可能是我们这个时代最重要的理论，因为它详细探讨了在一个组织化的社会中从事公共事务管理要承担的义务。

公共行政的早期著作不仅构成了公共组织的政治理论，而且也为后来的公共行政研究确定了基调。根据早期学者确定的公共行政研究内容，公共行政及其与更大的政治系统之间的关系也被确定了下来。因此，考察早期学者的著作及其对行政理论与实践的影响有助于我们更好地理解公共行政理论发展的主要线索，并以此更好地理解公共组织。

公共行政理论的发端

在 20 世纪初公共行政研究正式出现之前，就有许多理论家和行政管理实务者对行政机关执行国家事务的职能发表了看法。值得称道的是美国建国之初由亚历山大·汉密尔顿（Alexander Hamilton）和托马斯·杰弗逊（Thomas Jefferson）提出的观点。汉密尔顿的行政理论（《联邦党人文集》表达了他的观点，这些观点在他后来的行政生涯中得到了具体的体现）主张建立一个强大的中央政府，并主张赋予行政机关相当大的权力。莱昂纳德·怀特（Leonard White，1948a，p. 510）认为这种观点直接来源于普遍存在于联邦党人中的精英主义倾向："联邦党人偏爱行政机构是他们对人民缺乏信任的真实写照。在他们看来，对公共政策明智而合理的理解只能来自于受到良好教育并关心国家事务的人，这些人训练有素，经验丰富。简言之，只能来自于上层阶级。"

但汉密尔顿偏爱行政特权是有行政原理基础的，这一原理认为，行动要有效就必须有明确的指挥，这种指挥只能有一个来源，即统一的行政。争论和不同的意见在立法审议中是重要的，但是行政如果没有统一的指挥，没有其决定会被所有人接受的最终裁决者，就不能有效地发挥行政的功能。此外，一个首长会对他的行为负责，一个权力中心意味着一个责任中心。这种对强大的国家行政权的偏好并不排斥汉密尔顿在州和地方实行公权的思想，不过，对行政权的偏好已经在联邦的行政结构中体现了出来（Ostrom，1972，pp. 81-88）。

相比之下，杰弗逊则把行政和组织问题与拓展民主这一概念直接联系了起来。林顿·考德威尔（Lynton Caldwell，1944，pp. 23-30）指出了杰弗逊行政理论中的两个基本原则："政府必须实行分权，以使每位公民都可以亲自参与公共事务……政府必须训练人民的政治智慧，培养具有独立性的公民。"与汉密尔顿主张广泛的行政裁量权不同，杰弗逊强调通过宪法和法律严格约束行政机关的权力，以确保官员采取负责任的行动。尽管可以说杰弗逊党人实际上是肯定而不是反对联邦党人有关联邦行政制度的观点，但杰弗逊的观点为后来公共组织的发展确定了基调和精神理念。可以认为，杰弗逊与汉密尔顿的思想实质预设了今天公共行政理论的重大冲突。

民主的扩展

公共行政研究在此后的一个世纪[①]取得了一些重要的进展，但是对于公共行政的有意识的深入研究在 18 世纪晚期就开始了。当时的研究显然反映了那个时代政治制度的特征。在这一时期，杰弗逊党人推动民主的力量相当强大，甚至超出了开国之父们（汉密尔顿当然也是其中的一位）的意图。结果，一种政府高度分权的观点得以确立。地方政府（包括市、县和特区）拥有相当大的自主管理权。政府的各个部门也相互分立（比如，通过选举而不是任命产生法官），并相对独立地采取行动。尽管这种分权观点颇具吸引力，但也带来一些问题。这种分权常常导致自主变成自大，分立变成独立，独立变成肆意妄为。由于政党分肥制的推波助澜，政府不仅变得分崩离析，组织混乱，有时甚至到了毫无信用可言的地步。

早期公共行政学者基本上都是一些致力于恢复公共行政声誉的改革者。但从更广泛的意义上讲，他们认为，为民主在现代社会条件下的维系而奔走呼吁是他们义不容辞的责任。这些学者（不管是明确还是不明确地表明了其观点）实际上都是些政治理论家，他们热衷于设计一种可操作的民主制度理论。正因如此，许多早期的公共行政研究强调了规范问题的重要性。例如，莱昂纳德·怀特（1948b，p. 10）在《公共行政研究导论》（*Introduction to the Study of Public Administration*）一书（该书多年来一直是公共行政领域里的权威教科书）中指出："公共行政研究……需要与涉及正义、自由、服从和国家在人类事务管理中的作用等问题的政治学理论相结合。"同时，这些学者也都是讲求实际的人，热心于建立一些使他们能应对日益城市化和技术化的社会的具体机制，从而发现自身的价值。对政府不断增长的行政运作进行较为正式的研究可视为一种达到这一目标的方式。

威尔逊的"企业式管理"的方法

公共行政研究的总体方向是由威尔逊在 1887 年发表的一篇文章确定的。他认为，以前的政治学者把精力放在了宪政研究上，忽略了政府机构的实际运作。随着政府的发展，其运作成为了一个日益凸显的棘手问题。因此，威尔逊认为，"执行宪法要比制定宪法困难得多"（p. 200）。作为新的公共行政研究的一部分，威尔逊认为，行政管理一以贯之的原则，即"企业式管理"的原则，应该被用来指导公共机构的管理。"行政领域也就是企业领域"（p. 209）。为了在政府运作中达到一些效

---

① 这里指 19 世纪。——译者注

率标准，威尔逊建议我们参考利用私人部门的行政管理模式。

威尔逊的这一观点主要来自当时企业组织管理的经验，以及在企业中进行的科学管理研究。在企业迅速扩展其管理优势和巨大的社会影响力的初期，企业行政研究已经得到了发展。为了迎接科学主义时代的到来，企业完全信奉技术的魔力，不仅把技术运用于改进机器，同时也把技术运用于改造人。早期企业模仿机器来建构组织形式绝非偶然，机器成了效率的象征，因而也被认为是人类组织和生产的一种合适的模式。企业的这种机器式管理形式很快就扩展到公共部门。

威尔逊从企业的管理经验中得到了一个启示，那就是可以通过建立一个控制等级体制的单一权力中心来提高行政效率与行政责任。根据威尔逊以及许多早期学者的看法，政府权力需要有一种集中而整合的结构。威尔逊认为，公共行动的责任应该落实到一个权威身上，以确保公共行动的可信度与高效运作。威尔逊不认为这种观点与分权、公民参与这些民主原则不一致。相反，他认为：“当权力能够承担责任时，它并不危险……如果权力集中于政府机构的领导人和领导机构，那么这种权力就很容易受到监督和警戒”（pp. 213-214）。

当然，传统企业关注的是通过等级组织来提高生产效率；而公共部门既没有明确的目标，又要采取多元决策过程，还必须接受公众的监督。对此人们可能会问，企业管理模式是否真的很容易应用于公共部门？威尔逊对此问题的回答是明确的：政府在追求民主目标的时候，必须按照企业管理模式运作，尽管这种模式看起来很不民主。后来，沃尔多在总结威尔逊的观点提出之后出现的正统行政理论的发展状况时指出：“我们可以感受到当时大力宣扬的观点，即企业追求效率的方式和手段与各种行政管理是一样的，民主要持续发展，就不能忽视企业管理模式中的集权、等级制和纪律等方面的经验教训。”（1948，p. 200）

为了促使行政机构以企业管理的方式提高工作效率，必须使行政活动与变幻无常的政治过程相分离。这个观点是威尔逊提出的众所周知的政治与行政分离理论的基础，“行政应该处于政治领域之外，行政问题不是政治问题。尽管政治为行政确定目标，但是不应该操纵行政活动”（1887，p. 210）。政治领域涉及的是讨论问题，并作出有关指导公共政策的决定；而在行政领域，政策则由中立的职业化官僚来执行。威尔逊认为，通过这种区分，我们能实现民主的回应性和行政能力之间的恰当平衡。在他的著作中，我们发现了两个一直是公共行政研究焦点的主题：（1）政治（政策）与行政的分离；（2）寻求有助于实现组织效率的科学行政管理原则。正如我们看到的，直至今天，这些问题仍然是公共行政研究的主流问题或对公共行政的正统诠释。

> “行政应该处于政治领域之外，行政问题不是政治问题。尽管政治为行政确定目标，但是不应操纵行政活动。”
>
> ——伍德诺·威尔逊

政治—行政模式

对早期公共行政研究的考察揭示出两个引人注目、但彼此有些矛盾的思想流派。一个流派认为，公共行政因其与政府过程的关系而与众不同，这种关系要求公共行政更多地关注正义、自由和责任等规范性问题。另一个流派认为，以民主方式作出决定后，决策的执行有赖于与私人企业管理相同的技术和方法。（由政治—行政二分法作为表现形式的）后一种观点最终占据了优势，二分法的象征意义不能过分强调。

事情往往是这样，象征意义不知怎么超越了其现实意义。许多对公共行政早期著作进行评论的学者过分地强调政治—行政二分法，把它看作是早期研究的核心。例如，霍华德·麦科迪（Howard McCurdy，1977，p. 19）仍将过时的政治—行政二分法称为"美国公共行政的《圣经》"。早期不少学者确实都提到了政治—行政二分法原则，但很难将其称为"《圣经》"。此外，二分法从未像后来的一些评论者所认为的那样被明确地划分过。

政治—行政的明确划分看起来在地方政府（特别是那些实行市议会—经理管理形式的地方政府）颇为流行，它们通常将决策权赋予市议会，而将行政执行功能赋予市经理。然而，即便在这样的地方政府中，政治与行政的职责也常常重叠。令人吃惊的是，两本研究政治与行政互动关系的行政学正统著作——弗兰克·古德诺（Frank Goodnow）的《政策与行政》（*Policy and Administration*）（1900）和W. F. 威洛比（W. F. Willoughby）的《现代国家的政府》（*The Government of Modern States*）（1936）——常常被引证为倡导严格的政治—行政二分法，但是这两本书对政治行政二分所持的态度比人们通常认为的要谨慎得多。事实上，可以认为古德诺从根本上反对将政府功能划分为行政、立法和司法三个部门。

理论与实际的协调

古德诺的著作首先批评了对政府的一种形式主义观点，这种观点认为，只要研究宪法和法规就足以理解政府机构的运作。相反，古德诺则认为，美国宪法所蕴涵的严格分权原则已屡受挑战，且理由充分。因此，有必要重新思考这种形式上的分权理论，以使理论更加紧密地切合实际。具体来说，将政策制定职能赋予立法机构，而将政策执行职能归于行政机构的行政理论并没有在政府的实际运作中得到体现。

正如古德诺指出的，从分析的意义上讲，区分国家各项职能运作——即根本的职能是"国家意志的表达"，必要的职能是"国家意志的执行"（p. 15）——是不可能的，这一点没错。政治与在政策中体现国家的意志相关，而行政则与执行这一意志相关。然而，"尽管政府的这两种首要职能能够加以区分，但是受托执行这些职能的政府机构却很难对其进行明确界定"（p. 16）。立法机关作为一个政府部门，主要涉及国家意志的表达，但它并不是唯一的国家意志表达机构，也可能会采取行动影响国家意志的执行。同样，一些负责执行国家意志的政府部门通常拥有相当大的自由裁量权，因而也可以说是在表达国家意志。古德诺对中央与地方政府责任关系的论述也很有启发性。他注意到伴随立法集权而来的通常是行政分权。在这种情况下，地方行政机构可能会"改变国家立法机构所表达的国家意志，以使它适应地方社区的需要"（p.50）。尽管古德诺主张强化行政集权（与之相随的是使地方政府有更大的立法自主权），但是他对这一点的分析再次与严格的政治与行政相分离的观点相悖。他的观点是明确的：区分政府职责（不管是横向还是纵向）的法律基础实质上已被政府的实际运作所改变。

政府部门的膨胀

许多同样的评论也适用于 W. F. 威洛比对政府各种职能的研究。尽管威洛比在早期著作中指出，"执行机构的任务是执行和应用立法机构制定的、法院加以解释的法律"（1891，p.42），但是在 1919 年出版的教科书中（1936 年修订），他承认上述观点存在问题。在这本教科书中，他认为，政府并不像人们通常认为的那样只有三个部门，实际上政府的权力有五类：即立法、司法、执行、选举和行政。除了三个传统的政府部门外，威洛比认为选民部门应当得到确认，因为在民主社会中，权力的源泉应当从统治者那里回到人民手中。选民部门也有自己"明确划分的职能"（1919，p.217）。同样，行政部门也应该得到重视，因为在"看起来法律得到执行与法律实际上得到执行之间存在着差距"（p.219）。在威洛比看来，"执行职能本质上是政治性的，而行政的职能则是将其他政府机构的政策付诸实施"（p.220）。虽然威洛比反对传统的三权分立，但他还是承认政策制定与政策执行活动的区别，尽管这种区别不是绝对的。

"浑然一体的自由裁量权与行动"

路德·古立克（Luther Gulick）在《政治、行政和新政》（Politics, Administration, and the New Deal）（1933）一文中也承认政治与行政的分离有问题，尽管表达方式不同。他的讨论以行政人员在执行法令时拥有广泛的自由裁量权作为基础。在他看来，"政府工作人员的所有行为都是行动与自由裁量权的紧密融合"（p.561）。尽管自由裁量权的大小因机构不同而有所变化，但是组织上下都在使用它。那些直接与公众打交道的人更是在不时地运用大量的自由裁量权，尽管古立克指出，这种情况通常发生在"组织、指挥不力的行政单位"（p.562）。不管怎样，古立克看到行政的灵活性已变得日益重要。

> "政府工作人员的所有行为都是行动与自由裁量权的紧密融合。"
>
> ——古立克

古立克感到，在政党分肥时代，使行政远离腐败而低效的政治是恰当的，未来的政府将承担重要的新角色，联邦政府将成为一个超级实业公司，"为国家的生活设计一个宏伟的、一以贯之的计划，并加以执行"（p. 566）。这种高度组织化的社会不会为公民提供参与的机会。正如古立克所言，"民主的成功运转不能依赖于公民不断扩展的政治活动，也不能依赖于处理复杂问题的非凡知识与智慧"（p. 558）。显然，在未来组织化管理的世界里，通过将公民曾经拥有的权力赋予行政管理者，就能解决政治—行政二分的难题。

政策与行政的互动

怀特在其经典著作《公共行政研究导论》（1948b）中对政治与行政问题提出了一种更具理论和现实说服力的解释。尽管怀特承认，他的公共行政定义中隐含着政治与行政分离的意思，但他也认识到这两个领域之间的互动。他发现，尤其值得注意的是，行政人员在"公共政策执行中的主动性"有日益增强的趋势，这体现在行政人员为执行宽泛而不明确的法律而行使自由裁量权；也体现在政策制定过程中常任文官的政策性建议与意见常常得到充分考虑。重要的是，怀特指出了行政人员在政策制定过程中具有的特殊性，他们的中立立场、专业技能可以使他们提出极好的政策建议。在这一问题上，怀特甚至认为，行政官僚可能处于制定政策的最佳地位，"行政部门可能是最有资格制定真正的公共政策的政府部门，它不必偏袒某个特定的压力集团"（p. 13）。尽管怀特没有进一步详细讨论这个观点，也没有深入探讨提高官僚体系政治潜力的具体机制，但他确实开创了"民主行政"与"民主政治"并行的可能性，在许多情况下两者可能互相重叠。

行政人员：重要的政策行动者

不管怎样，正统的解释——行政人员全面介入政策过程——出现在 20 世纪 40 年代末保罗·阿普尔比的一系列文章中。阿普尔比（1949）提出他的观点是因为他注意到许多学者及行政实务者将政策和行政看作是相互分离的活动，行政人员在政策制定中几乎不发挥什么作用。阿普尔比认为，情况恰恰相反，行政人员是重要的政策参与者，他们以多种方式影响着政策制定的过程，最重要的是行使行政自由裁量权，"行政人员在不断地为将来制定规则，在不断地决定法律的内涵及其对行动的含义"（p. 7）。此外，行政人员也通过向立法机构提出建议来影响政策的制定。结果，在阿普尔比看来，"公共行政就是制定政策"（p. 170）。不过，阿普尔比论述此问题的最大特色在于他的哲学式论调——在一个民主社会，行政人员参与制定政策是绝对恰当的，因为民主社会"到处都是政治"（p. 27），民主社会期待着这种参与，但这需要再度探讨行政行为与民主治理之间的关系。

政治—行政二分法的持久影响

对古德诺和威洛比最初有关政治与行政相区别的论述的解读表明，他们的观点并不像许多人（包括今天一些人）认为的那样古板。事实上，他们都反对这一正式的、法律的观点——即政府按规定的三权分立原则运作。与此相对，古德诺与威洛比认为，像政策制定和政策执行之类的政府职能之间的关系远比之前已认识到的要复杂得多。实质上，他们关注的是政治与行政之间的关系，而不是两者的区别。他们不久就意识到行政官僚在整个政策制定过程中的作用，并对此作了强调。既然这样，有人可能会想，政治—行政二分法为何获得了如此巨大的象征性影响力？进一步说，二分法何以能够持续指导公共行政研究？

研究范围的限定

在我看来，有三个原因可以说明政治—行政二分法的持续影响力。前两个原因来自威洛比的《公共行政原理》（*Principles of Public Administration*）（1927）一书展现的行政研究范式的重要转换。早期行政学研究认为，行政是一种在政府不同部门（包括立法、司法）中发挥作用的功能，威洛比则将公共行政定义为"行政部门的运行"（p. 1）。这一区分至少在两个方面非常重要。第一，将行政与一个特定的政府部门相联系，这实际上意味着政治—行政二分，至少就人们可以脱离政治过程来研究行政而言，这意味着政治与行政的二分。第二，正如马歇尔·迪莫克（Marshall Dimock，1936）不久后指出的，这种研究方法进一步证实了这种说法，即行政研究只关注提高高度结构化组织的管理效率。

不管行政研究范围的上述特征（本章后面的内容将对此进行更加详细的论述）如何，也许正是因为这些特征，从过程或功能方面来定义公共行政转换到从制度方面来进行定义很快就得到了肯定。西蒙（Herbert Simon）、史密斯伯格（Donald Smithburg）和汤普森（Victor Thompson）在其合著的一本非常有影响力的教科书中针对公共行政的界定有如下说法，"公共行政一般是指联邦、州和地方政府行政部门的活动，以及由国会和州议会设立的独立机构和独立委员会、国营企业和其他特定机构的活动"（1950，p. 7）。后来的一些教科书虽然没有对行政部门作如此细致的区分，但都明确指出政府机构及其工作人员是公共行政的首要研究对象。公共行政开始变为政府行政，而且主要指行政部门的活动。

威洛比从制度角度来定义公共行政。从他开始，我们发现人们没有疑义地肯定了政治—行政二分法。20世纪上半叶所有有关这方面的学术和实践探讨都指出了政策与行政的依赖关系，也有许多著作一直严厉地批判所谓的二分法。作为一个理论问题，政治—行政二分法很快就过时了（或许可以更准确地说，政治—行政二分法从来就没有存在过），但作为一个实践问题，由于威洛比及之后的学者都将研究视角投向了特定对象（即行政人员）所面临的实际问题，所以政治—行政二分法仍然存在于公共行政的制度性定义中。就公共行政仍然以制度性的话语来定义而言，政治—行政二分法依然存在。

企业管理技术的应用

然而，求诸特定对象的愿望并不是政治—行政二分法持续影响公共行政领域的唯一原因，正如迪莫克（1936，p. 7）指出的，威洛比对公共行政的制度性定义确认了威尔逊和其他早期学者的观点——他们认为政府行政与其他任何组织的管理都是相同的，效率是其首要目标。从而人们认为公共行政领域可以从企业管理领域学到很多东西。威洛比就在 1927 年版的著作中表达了这一看法，他将政府类比为企业，认为"政府立法机构的运作就相当于一个经营企业的董事会"（p. 2）。这一观点当然与威尔逊的早期观点——政府行政与私人企业管理相类似——是相一致的，但它更直接地来源于弗雷德里克·克利夫兰（Frederick Cleveland）的观点——"民主制度实际上与私人企业制度是一样的……因而可以采用相同的组织形式，只是公民取代了股东"（1913，p. 452）。

正如我们将在下面看到的，这个观点——公共行政与私人管理在本质上是一样的——在 20 世纪二三十年代为一些研究组织和管理问题的学者所接受（在第 6 章可以看到，信奉政府可以像企业一样运作的观点在当代被称为"新公共管理"的方法中再次出现）。显然，这个时期公共行政理论的主要特征就是关注组织结构、科学管理和组织效率等问题，这使公共行政的制度性定义成为可能，也使政治（或价值）不进入公共行政领域这一假设成为可能。只有当行政研究可以脱离政治这一观点出现之后，才有可能在公共行政领域采用企业管理的方法和技术。

公共组织在民主社会中的作用

政治—行政二分法对公共行政研究具有持续象征性意义的第三个原因是，政治与行政的关系（而不是区别）对于公共行政领域的学者与实务者来说确实是重要的。公共行政是否包含着一些什么特别的东西？政府是否像阿普尔比（1945，Ch. 1）所说的有什么"不同"？所有这些问题事实上最终都取决于政治与行政的关系。更确切地说，政治与行政的关系已经成为民主社会中公共组织作用的象征性问题了。具体来说，就是在一个民主社会和一个与之相对的专制社会中，行政事务有什么不同，或应该有什么不同？

当然，克利夫兰阐明了一个被广泛接受的观点，即"专制政体和民主政体之间的区别不在于行政组织本身，而在于在政府之外是否存在一个有控制力的选民或代议机构，这些选民及其代议机构有权决定政府成员的意志，并要求他们在行政活动中贯彻这些意志"（1920，p. 15）。以这一观点看来，满足对民主政府的要求就是要对根据最好的企业原则组织起来的、中立而有能力的文官队伍进行法律指导和审查。然而，正如我们将看到的，即使是最好的企业管理原则，也并非一直与民主规范相一致，事实上，它们常常与民主的规范直接冲突。

许多学者质疑民主能否在非民主的公共组织中得以维系，沃尔多是这些学者中最突出的一位。他也注意到，肯定的观点是从关注民主政治与关注效率行政相分离出发的。沃尔多在回顾了 20 世纪前 50 年公共行政理论的发展之后指出："公共行政和私人行政对民主理想都抱有一种重要的不真实感。说它们不真实，是因为它们坚持认为，（尽管民主是好的、值得追求的）民主对管理来说是次要的。"（1952，p.7）早期的大多数学者在处理政治民主与公共组织的关系时都严格地将两者分开，认为公共组织中的专制统治可能是有效地实现一个民主社会所必要的。与此相对，另一种涉及政治与行政、民主与官僚关系的相反观点认为，不管政治与行政是否相分离，民主社会中社会事务的管理必须遵循民主规范和民主原则。然而，在确立这一观点之前，人们有必要对影响公共组织理论的企业管理原则进行透彻、具体的考察。

科学管理方法

如果政治可以与行政分离，那么这一观点——研究私人部门管理的学者所获取的经验教训同样适用于公共部门的行政活动——便是合乎逻辑的了。这样，除引发对政治和行政关系的思考之外，威尔逊早期的论文（1887）隐含了一种一般的管理方法，这一方法认为，不管背景如何，对管理的研究总是相同的。接着，公共行政学者开始接受与企业研究学者从本质上说相同的研究方式和流程——寻求有助于实现组织效率的科学的行政管理原理。同时，这为有关公共组织的大量研究确定了一个基调，今天的公共组织理论仍然反映了这一基调。

科学原理

新兴管理研究的基础就是试图从管理活动中提炼出一些科学原理，这些原理可以用来指导管理实务者设计或修改组织结构。这种对于科学的强调是至高无上的，尽管开始时这种强调的象征意义大于现实意义。管理研究者（就像一般的社会科学家一样）多少有些敬畏科学，尤其是在目睹了科学和技术对工业生产过程产生的不可思议的影响之后。物理学、化学以及生物学成为给个人与社会带来益处的学术活动的典范。但是，如果管理研究者想要模仿自然科学进行研究，那么他们的研究工作就会成为"真正的"科学的拙劣赝品。

这个问题一部分源于这一事实——社会科学家仍然没有彻底解决怎样理解社会生活才是科学的这个问题。对许多学者来说，科学就是严谨、精确地收集和解释资料；而对其他一些学者（他们正日益成为主流群体）来说，科学就是遵循一种特定的哲学观和认识论。早期公共行政学者对科学的理解难免有些幼稚和粗糙，但是后来批评他们的人也并不见得如何正确。具体来说，20世纪中期对科学的特定解释逐渐主导了管理研究，但是这种解释本身对于理解组织生活是有局限的。然而，不管怎样，确立一门行政科学过去是、现在依然是公共管理学者全身心投入的主题。

泰勒的"最好的方法"

早期管理科学家的天真幼稚在弗雷德里克·W·泰勒（Frederick W. Taylor）富有影响的著作中反映了出来。具体来说，泰勒认为，"最好的管理是一种真正的科学，它建立在明确的法则、规章和原理之上"（1923，p.7）。这种科学的基础是仔细研究个体劳动者的行为效率，以极大地提高他们的效率。除此之外，科学管理还意味着将这些科学管理原理扩展到所有生产活动领域。因此，泰勒的科学不仅是一种技术（或生产的机制），而且也是一种社会生活哲学。从技术层面上来看，泰勒认为，任何时期最好的工匠都知道怎样最有效率地完成工作；他们从实践经验中产生的民间智慧使他们能够确立一种最为有效的工作流程。对任何一项具体的工作来说，都存在"一种最好的方法"，一种可以通过科学研究发现并且他人可以运用的方法。泰勒所倡导的科学方法就是以彻底而严谨的（即科学的）方式来调查、研究工作的各个环节，然后将研究发现的工作方法向所有工人推广并运用，而以前只有少数人掌握这种工作方法。通过详细研究即使是最单调的工作所需要的时间和动作，泰勒力求表明这种管理能够极大地提高生产效率。

> "最好的管理是一种真正的科学，它建立在明确的法则、规章和原理之上"。
> ——弗雷德里克·泰勒

例如，为了表明"每个工人的每一个动作都能归结到科学"，泰勒研究了"用铲科学"（p.64）。这种研究建立在一个假设基础上，即对于任何一流的铲工来说，保持每铲达到一定的铲量会使日铲量达到最高值。为了发现这种最有效的用铲方法，泰勒精心设计了一个实验。在实验中，他要求参加实验的"一流"工人不断改变每铲的铲量。结果发现，当这些工人以每铲大约铲21磅的重量工作时，他们能够达到最高日铲量。

显然，科学管理建议管理者把工人当作机器一样对待，并将其调整到最佳工作状态，但科学管理也为管理者本身确定了一个新角色。管理者现在要设计和进行实验，以发现最有效的技术；还要制定能有效利用这些技术的工作程序，并训练和监督工人运用这些技术。管理者组织更有效地运作，他们的人数需求增加了，这样，他们在生产活动中获得了一种新地位。

"科学"的定义

这里有必要澄清一下科学方法在科学管理中的含义。泰勒本人曾经在一次国会委员会作证时对"科学"一词的用法作了如下解释：

> 有人非常强烈地反对使用"科学"一词。让我觉得十分可笑的是，这种反对竟然主要来自这个国家的教授们，他们讨厌使用"科学"一词来说明任何琐碎的日常生活事务。我想引用最近一位著名教授对"科学"的定义来恰如其分地回敬这种批评。那位教授说……"科学就是经过分类或组织的各种知识"。毫无疑问，把工人头脑中已经存在但未加分类的知识集中起来，然后将这些知识简化为规则、规章和习惯用语……就代表着对知识的分类和组织，尽管它可能得不到一些将其称之为"科学"的人的同意。（pp. 41-42）

上述关于"科学"的定义显然缺乏自然科学和社会科学使用"科学"一词时的严谨性和精确性。尽管它为仔细考察生产过程、并对那些考察资料进行系统地组织提供了基础，但它无助于对组织生活作更广阔的理论上的理解。此外，这个定义非常宽泛，它不仅描述了组织应该如何动作，而且还提出了建议，即一些看来赞同科学的建议。

泰勒著作的哲学内涵对公共行政学者有很大的影响力。尽管我们可能觉得泰勒对科学的不成熟的定义有些好笑，但是我们不能忽视他对用严谨的科学主义方法（一种不久就在管理科学界盛行的方法）研究组织这一想法产生的推动作用。此外，虽然科学原理起先只是用在生产层面，但是接着就"向上"扩展到组织的更高层次，"向外"扩展到一般社会领域。"现在迫切需要用实证主义的客观方法来研究越来越复杂的现象，实际上，这个进程已经开始，并且进一步的发展不仅从理论上说是合乎逻辑的，而且从现实方面来说也是必要的。"（Waldo，1948，p. 57）

科学在公共行政中的应用

对科学原理的关注扩展到了公共行政这一新领域。公共"行政学家"最初像其他社会学家一样，认为可以对其研究对象进行科学研究。在早期大多数有关公共行政的著述中，"科学"一词——或其他用来代替科学的术语如"原理"，是以很不严谨、很不正规的界定方式使用的。直到西蒙《行政行为》（*Administrative Behavior*）（1957）一书出版后，"科学"一词才在严谨的认识论基础上得到了明确的阐述。不过，人们对科学方法的追求和敬畏一直是毫无疑问的。

然而，关于公共组织研究的一次重要转型为西蒙的研究工作铺平了道路。威洛比看起来再次承担了清扫障碍的工作。在《公共行政原理》一书的序言中，他写道：

> 有人可能反对把行政作为一门科学。不管这种反对是否有效，我们的立场是：公共行政与各门科学共同具有某些普遍适用的基本原理，为了实现行政目标（即运作效率），就必须确立这些基本原理，并将科学方法严格地应用到公共行政研究中，这样，它的重要性才会为人所知。（1927，p. ix）

这一观点认为，科学能够为行政管理者提供一些有助于提高组织效率的原理、行动指南和解释说明。

早期观点：莱昂纳德·怀特

早期建立科学原理的努力主要集中在涉及分工与指挥链等的组织结构上。虽然这种努力遭到了猛烈的攻击，但重要的是，威洛比所阐述的科学原理的核心观点没有被摧毁：（1）科学方法能够用于公共行政研究；（2）科学能够提供行动指导；（3）这些指导原则会提高组织效率，并可作为判断组织运作状况的主要标准。没有人认为科学的解释不适宜用来研究人类组织；没有人质疑科学研究的结果是否能应用于实践；没有人认为公共组织的目标不是效率而是其他问题（如民主）。最终的结果便是，重新界定"原理"一词，使原理方法更能为人所接受、更具合法性。

怀特的《公共行政原则的含义》（The Meaning of Principles in Public Administration）（1936）是这一转变的第一步。怀特将公共行政中的"原理"一词称为具有"神秘力量"的"神奇字眼"，尽管他认为这个词或许不适合确立一项科学研究（p.13）。例如，物理学家就不使用这个词，人们不去寻求化学原理或物理原理。此外，在公共行政中使用这个词带来的模糊性既限制了对因果关系的解释，也制约了对指导行政行为的恰当原则的说明。将上述解释和说明结合起来的一排方式就是以实证（即先提出假设、再进行论证）的眼光来重新思考"原理"一词。怀特指出："限制使用原理这个词意味着需要先提出一个假设或命题，需要通过观察或（和）实验对它进行适当的检验，使这个假设或命题可以合理地作为一种行动指南或理解方式"（p.18）。（假设是指对要经受证实的一种关系的正式说明。）

早期观点：埃德温·O·斯滕

显然，这一解释将公共行政研究和确立一种人类行为的科学研究更紧密地结合了起来。埃德温·O·斯滕（Edwin O. Stene）在几年后发表的《行政科学方法》（An Approach to a Science of Administration）（1940）一文迈出了转变的第二步。他认为，在公共行政文献中被称为原理的东西充其量不过是一种臆想或者观点，因而很难用来建构人们所追求的公共行政科学。相反，斯滕提出把"确定因果关系"作为行政科学的基础（p.425）。通过一系列预设的定义、命题和定理，斯滕力图为经验研究（行政科学就建立在这一研究之上）寻找一个理性的基础。这样，行政科学便得以建立了。例如，一个假说认为，"组织内部的协调活动因已成为组织惯例一部分的基本职能和重复出现的职能的变化而异"（p.1129）。［我们可以注意到，这种假说与差不多 25 年后詹姆斯·汤普森（James Thompson，1967）有关稳定组织的"技术核心"的论述有着惊人的相似性。］

显然，斯滕推动了公共行政研究向一种更正式、更科学的研究方法迈进。然而，他在其他一些重要的方面则坚持了当时的看法。比如说，科学研究旨在提供行

46

动指导，以追求组织效率。除此之外，另一个问题也很重要——民主只是用来保证重要信息充分传播的一个手段，"一些有关原则表明了行政活动中某些民主程序的重要性，例如，决策时征询负责具体工作的下级官员的意见，他们的工作会受到预期决策的影响"（Stene，1940，p. 1137）。

沃尔多的警告

尽管组织研究中的专业术语和研究方法各不相同，但没有人怀疑，对组织的科学理解能为行动提供指导，带来更高的效率。然而，在追求建构行政科学的过程中，其他的考虑被日益忽视了。到 20 世纪 40 年代末，政治科学开始从早期关注道德哲学和政治经济问题转向一种所谓的真正的政治科学。但是正如沃尔多所言，当新政治学与行政效率的革新意识融为一体时，后果便有些令人担心了。他指出，"那些研究公共行政的政治学家过度偏离了传统观念即好政府就是有道德的人的政府，以至于到达了另一个极端，即政府与道德毫不相关，适当的制度和专业人员才是决定性的"（1948，p. 23）。现在回过头来看，沃尔多的警告还是显得犹豫不决，尽管当时看来并非如此。早期学者所追求的新的行政效率科学无助于推广民主制度，反而限制了这些制度；它没有解除我们的道义责任，而是把这一责任掩盖了起来。

行政管理与组织结构

当公共行政学者转向企业管理研究寻求建议时，他们不仅发现了科学管理方法，而且也发现学者和实务者都对行政管理有着浓厚的兴趣，更重要的是还找到了一些有关组织结构的著作。许多研究企业管理的学者关注的问题是如何最好地设计组织、特别是大型的复杂组织，以实现有效的运作。他们的理论假设是，可以确立一套适用于所有组织（不管是公共组织，还是私人组织）的组织设计原则。毫不奇怪，我们马上想到的是军队和天主教会的层级制模型。

> 当早期的公共行政学者转向企业管理研究寻求建议时，他们不仅发现了科学的管理方法，而且也发现学者和实务者都对行政管理有着浓厚的兴趣。

20 世纪 30 年代初，前通用汽车的执行官詹姆斯·穆尼和艾兰·C·瑞利（James Mooney and Alan C. Reiley，1939①）就如何建构抽象的组织原则提出了他们的建议。在他们看来，主要有四项原则。（1）统一命令的协调原则，即强调通过层级制的命令链来发挥强有力的行政领导的重要性。在这种组织结构中，每个人只

---

① "1939 年"似与"20 世纪 30 年代初"矛盾，但原文如此，疑有误。——译者注

有一个上司，每个上司只监督、指挥若干有限的下属，不存在不知该服从谁的命令这种混乱状态。（2）"梯状"原则，即不同组织层级之间的垂直分工。例如，军队中的将军和士兵之间的差别就反映了这一"梯状"原则。（3）职能原则，即通过横向分工整合组织的不同职能。还是以军队为例，步兵和炮兵之间的差别说明了职能原则。（4）直线职能和参谋职能原则：直线职能反映了直接的命令关系，领导权威就是通过这种组织结构自上而下行使的；而参谋职能，如人事部门或财务部门的职能，就是向行政首长提供建议，但不应该直接向直线职能部门发号施令。直线领导代表了权威，参谋人员代表了建议和观点。

集权与整合

穆尼和瑞利对组织结构问题的看法可以与公共行政领域中的几本重要著作的研究成果相提并论。在这些著作中，最重要的是怀特的《公共行政研究导论》（1948b），该书考察了公共组织理论和实践的几个重要的发展趋势，并指出了两个最重要的发展趋势——集权与整合。集权是指从地方到州、直到联邦政府的集权；整合是指不同层级的政府的管理权力不断向单一行政部门集中。怀特认为，集权趋势即向联邦政府的集权，是以联邦政府较高的行政能力为基础的，同时也是为了满足向公民提供统一服务与持续服务的需要。随着科学管理研究的出现，尤其是随着许多大学"当局"积极推进机构改革运动，"行政监督和统一领导原则"得到了进一步确立（p. 475）。尽管如此，怀特还是马上指出了民主社会中这种集权的潜在危险。行政机器越是高度集权，就越容易形成一个独立的权力中心，因而就越可能干涉民主机制对公共官员的控制。

怀特（1948b）进一步提出了反对中央不断集权的三个理由：（1）一些地方政府可以干得更好的事应该交由地方处理；（2）中央行政官员处理问题时可能会独断专行、反复无常；（3）最重要的是，中央集权会使公民无法通过承担公民责任来获得责任意识，因为"如果行政只是高度集权的官僚机构的运作，那么就不可能期待个人对好政府有责任意识"，这种责任意识可以通过公民参与地方机构的活动而获得（p. 96）。

第二个重要的问题是整合，怀特认为整合就是将政府部门的许多机构整合成一个由单一行政部门控制的大型机关。怀特注意到，这一趋势是以这样的假设为基础的，即实现责任政府的最好方式就是将行政权集中于一个部门，允许其官员对下属行使相当大的行政权力，并使他们对其行为结果负责。一些主张整合趋势的人声称，这样做可以解决大量政府机构重叠的问题，克服政府机构之间的独立性和缺乏协调的问题，加强对政府的监督和制约。然而，那些反对这种整合趋势的人则认为，由于权力过分集中限制了对权力的政治控制，这为权力的滥用打开了方便之门。怀特的立场介于这两种观点之间，他强调的是能使行政领导有效地监督公共机构运作的责任机制和控制机制。

追求更高的效率：W. F. 威洛比

对怀特来说，集权和整合问题显然是与坚持民主责任密切相关的。相比之下，威洛比和古立克更关注确立一些原则，并以此来指导行政人员寻求高效率的行动。他们也关注民主责任制，但更多地关注组织结构、控制和效率。

例如，威洛比一开始就把立法机关说成是指导、监督和控制政府行政部门的机构。立法机关就像一个董事会，监督行政部门的运作。但这种监督可以以各种方式进行，包括预先详细地规定该做什么和如何做，或者授予其广泛的自由裁量权，但要对其活动进行详细的汇报。在这些监管方式中，威洛比认为，好的管理原则有赖于后一种监管方式，但这又带来了谁为政策执行负责的问题，即行政责任应该由几个行政官员分别负责，还是由行政首长独自承担？威洛比认为，毫无疑问，行政权力只应该授予行政首长，他应该拥有适当的职权来执行赋予他的任务。这是使行政部门成为一个"单一的、整合的行政机器"的第一步。如果不这样做，就无法与"行政权力运用的适当原则"相一致（1927，pp. 37，51）。

在威洛比看来，依据行政管理原则创建整合的行政系统的第二步，是整合行政部门内部各个的机构及其活动，从而使性质相似和经常有工作关系往来的团队结合得更加紧密。这种整合技术可以简化行政工作、避免权限冲突，并使政府运转得更经济、更有效率。但是，将组织的各部分组合起来的工作有赖于"组合原则……是正确的……至于这项原则应该是什么，毋庸置疑，应该是将分属各个部门具有相同职能的业务集中起来的原则"（1927，p. 86）。威洛比的思路很明确：遵循行政管理的科学原则，行政部门就能更加有效率地运作。而这些原则基本上也就是私人或企业组织的原则——命令统一原则、层级制原则和分工原则。这里没有提及公民参与的问题。

追求更高的效率：路德·古立克

古立克在他著名的《组织理论评注》（Notes on the Theory of Organization）（1937a）一文（该文是 1937 年他在总统行政管理委员会工作时发表的）中也表达了相似的看法。古立克认为，政府组织的问题（像一般的组织问题一样）是一个涉及"企业各分工部门的协调机制的问题"（p. 3）。换句话说，是一个实现令人满意的分工、再形成适当的协调和控制机制的问题。例如，在设计一个旨在完成新任务的新机构时，古立克认为有四个步骤：（1）确定要执行的任务；（2）选择领导者；（3）确定执行任务所需部门的数量和性质；（4）建立一个权力结构，以使领导者能够协调和控制各机构的活动（p. 7）。但在组织设计中存在着一种紧张关系，即一方面是专业化和分工的需要，另一方面是通过权力结构进行协调的需要。"分工和组织整合都是人类在文明进程中不断提升自我的努力。"（p. 44）

分工劳动是工作过程的本质要求，由于人们的知识和技术各不相同，再加上时空的限制，一个人不可能完成一个现代组织的所有工作，但工作又能以不同的方式进行划分。由于这个原因，古立克提出了一套"部门化原则"，该原则可以用来分析每个部门的工作，从而实现合适的分工（1937a，pp.21-29）。具体来说，古立克认为可根据以下这些因素进行分工：

（1）目的，即根据机构所要达到的主要目的来划分组织，如提供教育或者控制犯罪。虽然这种划分方法有利于吸引公众的注意力，但缺陷是政府目标难以清晰地划分。此外，机构内不同的专业人士会寻求各不相同、甚至相冲突的划分方法。

（2）过程，即根据部门所采用的主要工作过程来划分组织，如工程、法律和医药。这样，法律部门的人都是律师，工程部门的人都是工程师，等等。这种组织方式强调技术、技能，但有时会忽视组织寻求的主要目标。

（3）人或事，即根据部门所处理的人或事来划分组织，如退伍军人管理局处理退伍军人的所有问题，包括医疗、法律和其他问题。尽管这种划分方式的优点是能够与"顾客"进行直接、方便的接触，但是它容易制约专业化优势。此外，当把政府作为整体来考虑时，很清楚，每个公民确实不能很清楚地属于这一类或那一类（例如，有的退伍军人同时也是罪犯）。

（4）地点，最后，可以根据机构服务的地理区域来划分组织。这种划分方式的优点在于能够因地制宜地采用一般性的规章，也能很容易地协调特定区域内的各个机构。然而，这会导致管理工作过于狭隘、缺乏远见，也会忽视公平的重要性。

分工与协调

不管分工的依据是什么，人们都有必要协调各种分工。古立克与大多数同代人一样，认识到需要一个单一的领导权威来监督组织工作。命令统一原则规定一位工作者只能服从一个人的命令。但除此以外，古立克感到有必要将更大的权力集中于行政部门和行政首长。"在变革时期，政府必须强化行政管理部门，也就是说，要强化协调、计划、人事、财务控制和研究等机构，这些机构形成了所有领域的核心与灵魂。"（1937a，p13）

古立克在这方面的讨论令人感兴趣的一点是他把政府看作一个实业公司。我们在前面曾注意到，古立克在描述政府因推行新政而增加一系列职能时曾使用过这个类比。不过，古立克在这里似乎已经认识到，这种类比意味着一种相当松散的协作关系，在这种协作关系中，其实每个机构都是拥有相当大的自主权的独立实体。当然，这一含义远非古立克的意图，他要强调的是中央协调的必要性。

正因如此，在批评了实业公司的类比之后，古立克马上转向探讨行政官员摆脱琐碎事务、避免过多法律干预的重要性，以使行政官员能够全神贯注于企业式的有效协调。行政长官不承担机构内的实际工作，而是有效地协调他人的工作。古立克的论文中让人印象最深刻、但可能又是文中最不重要的部分，在于这一部分确定了行政长官的主要工作，他以首字母缩写的形式将其表述为：POSDCORB——即计划（Planning）、组织（Organizing）、人事（Staffing）、指挥（Directing）、协调

（Coordinating）、报告（Reporting）、预算（Budgeting）。（1937a，p. 13）

虽然古立克研究的是组织理论，而不是公共组织理论，但他的目标是为政府机构如何实现更加有效率和有效益的管理奠定基础，记住这一点非常重要。正因为这样，古立克也顺带提到了民主责任等方面的问题。然而，他对这些问题的态度再次证明他的主要兴趣是扩展行政管理的权力。例如，他强调，"民主只是一种治理形式，在这种治理中，每个人都根据这种治理对自己是否有利而对它作出最终的评价"。紧接着，他又将"效率"规定为"对自身有利的事务之一"（p. 11）。这样看来，公民显然很容易作出选择，只要他们选择的是有效率的行政管理。

专制——民主的代价

我们在威洛比与古立克，而不是怀特的研究中看到公共行政理论探讨中开始出现行政管理的观点。在这里，行政理论被简化为一套设计行政结构的一般指导原则。人们认为，公共组织的问题在本质上与私人组织的问题相同，因此，解决的方式也大体相同：即在分工基础上建立层级制权威机构，并通过单一的指挥进行协调。行政机构按行政管理的原则来进行治理，这些原则与民主政府的原则相差甚远，但是如果能全面考虑二者之间的冲突，这两种原则之间的潜在冲突（已经有人注意到了这种冲突）就可以被限制在最小范围内。正如沃尔多后来指出的，"'专制'之后是'民主'之必然要付出的代价"（1948，p. 5）。

但这一观点是否有些言过其实？难道这些学者不能为公共部门管理者们面对的问题寻求解决方法么？我认为并非如此。不管是有意还是无意，行政管理运动的意义远远不仅限于对行政细枝末节的关注。相反，一种特定的哲学观（一种部分来自联邦政府由于承担许多新职能而迅速膨胀这一事实，部分来自将企业价值观移植到公共部门的哲学）将学者们统一了起来。政府的膨胀最好以提出一些有关变革问题的方式来看待：政府人员怎样应对迅速变化的社会状况？他们怎样改变和扩张组织结构，以对付这些变化的社会状况所预示的问题？政府的解决之道通常是更多的集权和从事更多的活动，而行政管理学者提出的解决方法则是寻求建立明确的直线行政责任和控制机制。这个观点蕴涵的哲学观表现了一种从通过政治来处理问题到通过管理来处理问题的转变。通过行政主管的计划、组织、人事和指挥，产生了一种全新的社会管理方法。这种整合方法会导致为公民（而不是由公民）制定更加理性、更可操作的计划和政策。并非巧合的是，这也会导致形成如古立克所说的"高级行政管理精英的高地"，而这种哲学观的另一面就是充分吸收了某些企业价值观念，最突出的就是效率标准。

效率：成功的主要衡量标准

政治与行政的分离，以及相伴的将公共行政等同于私人管理的观点，使行政管理理论有可能用于公共组织研究。这种研究方法和价值观念的转换（虽然很多人不理解）没有什么能比将效率标准作为衡量公共组织成败的主要标准更明显的了。在这里，重新关注早期公共行政学者的研究成果是非常有意义的。这些成果作为文化（一种为科技日新月异的进步而感到震惊的文化）的一部分正经历着一种技术变革。新的思想、发明和技术层出不穷，并在瞬间改变着我们的社会。其结果，产品有了价值，生产这些产品的工具和方法也有了价值。机器（一种精确、机械、理性和高效率解决问题方式）成了科学技术发展的象征。因此，毫不奇怪，当人们转而研究影响工业生产的人类组织方式时，用相同的象征寻找反映机器主要特征的组织模型（这种模型追求"效率至上"原则）便是顺理成章的了。

但是，在我们的社会中，推动效率原则的不仅是它与流行的机械化技术观的联系，而且也包括与资本主义社会企业价值观的显而易见的联系。资本积累的目标为人们提供了一个可以用来衡量一个人在市场中的成败的明确标准；损益报表为精确地计算经济收益和损失提供了基础；利润驱动机制使得整个企业得以运转。因此，效率不仅仅是科学技术产生出的一种文化价值，它更是一种个人性的考虑。这种观点与韦伯的新教伦理研究的观点相悖：就企业文化意味着最有效率的人也就是最成功的人而言，没有任何其他价值比它更个性化、更重要了。

早期对效率的接受

这样，早期公共行政学者在评价公共组织的运作时都采用效率标准就毫不奇怪了。公共组织理论就是那些使组织运转得更有效率的理论。比如，怀特写道："公共行政的目标就是最有效地利用由政府官员与雇员处置的资源。"（1948，p.2）古立克也对此表示赞同："在行政科学中（不管是公共组织还是私人组织的行政），最基本的'善'就是效率"（1937b，p.192）。效率无疑是公共行政的目标和指导原则。

> "在行政科学中（不管是公共组织还是私人组织的行政），最基本的'善'就是效率"。
>
> ——古立克

这样就提出了追求效率的问题，但是这些问题显然被忽视了。例如，马歇尔·迪莫克（1936）就对毫无保留地接受效率准则（特别是对效率准则的机械运用）提出了质疑。他描绘了一幅更符合人类本性的、更具人情味的管理图景。他认为机械式的效率只是"冷冰冰的、缺乏人性的算计，而成功的行政管理则是富有热情、生气和人性的管理活动"（p.120）。在他看来，在公共行政中，以人性的眼光敏锐地观察管理活动是非常重要的。对政府工作人员来说，"满足公众的共同需求就是对他们行动的最终检验和评价"。按照这个观点，公共行政"不是毫无生气的工具，而是为了推动社会发展进行的计划、谋划、思考、训练和建设等活动"（p.133）。

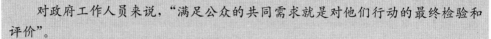

对政府工作人员来说，"满足公众的共同需求就是对他们行动的最终检验和评价"。

——马歇尔·迪莫克

显而易见，效率标准可能会与我们评价公共组织工作的其他标准——如正义原则和参与原则——相抵触。当然，有些学者意识到了这种潜在的冲突，其中一些学者试图拓展效率的范畴，以适应更广泛的社会需求。但对于像古立克那样主张行政管理的人来说，毫无疑问存在着终极的效率标准。"例如，一些非常无效的制度安排（如像公民委员会和小型地方政府的制度设计）在民主体制中可能是必要的。"但是，这种"与效率相冲突的制度安排"不应该被用来排斥效率，因为效率是行政科学得以建立的基本价值理念（1937b，p. 193）。

作为价值观念的效率

古立克的上述说法是相当值得回味的。与其他一些在他之前或之后的学者不同，古立克不同意将效率看作一个中立的概念、一个衡量社会绩效和公平客观的标准。他认为效率是一种价值观念，一种可能会与其他价值相冲突、因而应该给予优先考虑的价值观念。与之相反，沃尔多（1948）则认为，效率本身不能作为一种价值观念，因为它必须依据其所服务的特定目标才能得以说明。某种措施或行为对某一目标来说是有效率的，但对另一目标来说可能是无效率的。"比如说，猎杀一头熊，一杆大口径的步枪肯定比一大袋食物更有效率，但为了不使一头熊饿死，那么食物而不是步枪则更有效率。"（p. 202）因此，将效率置于优先位置意味着没有考虑一个实质问题，即要做的是什么——一种更为重要的东西。

民主行政

我们仍有两个问题要考虑：其一，早期行政研究学者提出的观点也包含着比人们通常所认为的更多的规范信条，即一种行政国家极力向其公民宣扬的政治哲学观；其二，尽管行政管理方法最终主导了早期公共行政领域的理论研究（实际上至今仍然主导着这个领域），但是其他非主流的观点也得到了表达。这两种不同的观点在沃尔多的著作《行政国家》（1948）及其随后的论文《民主行政理论的发展》(The Development of a Theory of Democratic Administration)（1952）中都有所反映。正如前面提到的，沃尔多认为，早期学者讨论了政治理论（他们自己也许还未认识到这一点），但是他自己著作中的内容也彻头彻尾是理论性的，把一种对民主理论的哲学理解运用到了对公共组织的研究中。

行政理论与民主治理

　　尽管许多学者试图将研究重点放在纯粹的技术问题上，但沃尔多则认为这是徒劳无益的。因为价值观问题（即行政实践和民主理论之间的关系问题）无可避免将会出现。虽然这些问题有时候会被明确地提出来，但大多数情况下是以错误的方式提出来的。不管哪一种方式，其结果都是一样的——一种公共组织政治理论。一旦这一理论形成，接下来就是探求该理论如何与民主治理这些更大的问题相联系了。

　　我们已经论述了公共行政的正统观点——行政与政治过程无关，它依赖的是行政管理的科学原理。这一正统观点正是这样一种政治理论。沃尔多在《行政国家》一书中确实演绎了公共组织的政治理论，认为毫无保留地接受一种行政理论观点就意味着摒弃了民主理论，这是一个社会问题，而不仅仅只是一个行政管理问题。沃尔多注意到管理思想（特别是科学管理）的济世救民倾向，那种"将客观实证主义的方法扩展到研究日益复杂化的社会现象"（1948，p. 57）的倾向。正如我们所看到的，在研究行政管理的公共行政理论家中，也有将权力观念和责任意识进行扩大的相同趋势。他们似乎也认为，将不可避免地出现一个新的监管阶层——公共管理者阶层，他们通过中央集权化的行政制度来指导社会发展。但是。以上两种情况都不是意识形态的扩张和权力的公开集中，而是管理优势的思想日益边缘化、弱化的表现。

　　当然，令马克思、韦伯和弗洛伊德感到恐惧的是这样一种可能性——官僚主义思想将扩展到整个社会，将群体生活日益理性化，直到个人丧失自主选择权和民主责任感。当然，我们没有必要像马克思、韦伯、弗洛伊德的追随者那样去理解复杂组织对我们个人生活和政治生活的侵犯，或者公开谴责这种侵犯所带来的过度控制和物化过程。官僚主义思想的扩张确实损害了个人和整个社会的自主意识和责任感。从这种意义上讲，公共组织的正统理论也包含着一种社会理论和政治理论，但它是一种消极的反政治的理论，一种试图将政治问题转化为行政问题的努力。

迈向民主行政

　　那么有没有一种替代性的理论呢？也许有。早期的公共行政学者中就有几位接受了戴维·M·利维坦（David M. Levitan）的观点，"民主国家不仅必须以民主原则为立国之本，而且还要有民主的行政，以及贯穿于行政中的民主理念"（1943，p. 359）。其他学者则赞同玛丽·帕克·福莱特（Mary Parker Follett）的观点，她认为，一种充满活力的行政必须植根于对"个人和群体的动机及欲望的理解"（Metcalf and Urwick，1940，p. 9）。

　　福莱特（她提出了一个与泰勒主义相反的重要观点）指出，群体的动机是理解组织生活和政治生活的关键，这两个领域的关键问题是协调，协调是群体生活的驱动力，它比权威和控制更重要。这样，理解组织或群体成员的立场和观点就变得至关重要了。在这里，领导不再是发号施令并要求人们奉行的，而是详细阐明组织目标，并创建一种机制来协调组织成员的各种活动。

尽管沃尔多看到了限制民主行政发展的障碍——特别是组织理论对专制的偏好（即强调等级制、控制和纪律），但他对民主行政寄予着厚望，这种民主行政将"抛弃倾向于主导行政理论的权威—服从、上级—下级等思想模式"。沃尔多的预测多少有些悲观，"人们很少乐观到对这样的未来社会抱有一种过于奢侈的梦想，在那里，教育和大众文化将与劳动世界——在那个世界里，所有的人都根据人所共知和'游戏规则'进行活动，大家既是'领导者'，也是'服从者'——相一致。这样的社会将是一个后官僚主义的社会"（1952，p. 103）。

结　论

从伍德诺·威尔逊的早期论文（1887）开始，公共行政研究领域出现了两个重要主题：第一，政治与行政之间的张力；第二，寻求行政管理的科学原理以提高政府组织的效率。正如我们已经看到的，政治—行政二分法很快就被行政学者和实务者所摒弃，尽管还有人怀疑这种二分法是否曾经真的对行政学研究产生过影响。同样，对行政管理原理的探求也受到了攻击，人们认为这样做既不合理，也不科学。然而，早期行政学理论中的其他一些因素仍然被保留了下来。早期的公共行政学者认为，公共组织与私人组织的问题基本是一样的，行政管理的科学原理可以解决这些问题。他们还认为，只有通过政府机构的有效运作，民主才能得到最好的维护，而高效率最有可能在合理的企业管理中产生。从这些方面来看，通过保留政治—行政二分法的本质关系以及对行政管理的研究，早期公共行政学者为后来几十年的公共组织研究设定了基调。人们确实可以这样说，过去理论的幽灵——行政与政治二分神话、科学原理和行政效率——仍然困扰着公共行政研究。在追求和发展新的方向时，我们仍然能看到这些"幽灵"的影子。

参考资料

Appleby，Paul. *Big Democracy* New York：Knopf，1945.

Appleby，Paul. *Policy and Administration*. Tuscaloosa：University of Alabama Press，1949.

Caldwell，Lynton. *Administrative Theories of Hamilton and Jefferson*. Chicago：University of Chicago Press，1944.

Cleveland，Frederick A. *Organized Democracy*. New York：Longman，Green，1913.

Cleveland，Frederick A. *The Budget and Responsible Government*. New York：Macmillan，1920.

Dimock，Marshall E. "The Meaning and Scope of Public Administration" and "Criteria and Objectives of Public Administration." In The *Frontiers of Public Administration*，edited by John M. Gaus，Leonard D. White，and Marshall E. Dimock，pp. 1-12 and 116-134. Chicago：University of Chicago Press，1936.

Goodnow, Frank. *Policy and Administration*, New York: Macmillan , 1900.

Gulick, Luther. "Politics, Administration, and the New Deal." *Annals of the American Academy of Political and Social Science*, 169 (September 1933): 545−566.

Gulick, Luther. "Notes on the Theory of Organization." In *Papers on the Science of Administration*, edited by Luther Gulick and L. Urwick, pp. 1−46. New York: Institute of Public Administration, 1937a.

Gulick, Luther. "Science, Values, and Public Administration." In *Papers on the Science of Administration*, edited by Luther Gulick and L. Urwick, pp. 189−195. New York: Institute of Public Administration, 1937b.

Levitan, David M. "Political Ends and Administrative Means." *Public Administration Review* (Autumn 1943): 353−359.

McCurdy, Howard. *Public Administration: A Synthesis*. Menlo Park, Calif. ; Cummings, 1977.

Metcalf, Henry C. , and L. Urwick, eds. *Dynamic Administration: Collected Papers of Mary Parker Follett*. New York: Harper & Row, 1940.

Mooney, James, and Alan C. Reiley. *The Principles of Organization*. New York: Harper & Row, 1939.

Ostrom, Vincent. *The Intellectual Crisis in American Public Administration*. Tuscaloosa: University of Alabama Press, 1973.

Simon, Herbert A. *Administrative Behavior*. New York: Macmillan, 1957.

Simon, Herbert A. , Donald W. Smithburg, and Victor A. Thompson, *Public Administration*. New York: Knopf, 1950.

Stene, Edwin O. "An Approach to a Science of Administration." *American Political Science Review*, 34 (December 1940): 1124−1137.

Taylor, Frederick. *Scientific Management*. New York: Harper & Row,1923.

Thompson, James. *Organizations in Action*. New York: McGraw-Hill,1967.

Waldo, Dwight. *The Administrative State*. New Yjork: Ronald Press,1948.

Waldo, Dwight. "The Development of a Theory of Democratic Administration." *American Political Science Review*, 46 (March 1952): 81−103.

Waldo, Dwight. "Administrative State Revisited." *Public Administration Review*, 25 (March 1965): 5−30.

White, Leonard D. "The Meaning of Principles in Public Administration." In *The Frontiers of Public Administration*, edited by John M. Gaus, Leonard D. White, and Marshall E. Dimock, pp. 13−25. Chicago: University of Chicago Press, 1936.

White, Leonard D. *The Federalist*. New York: Macmillan, 1948a.

White, Leonard D. *Introduction to the Study of Public Administration*. New York: Macmillan, 1948b.

Willoughby, W. F. *Principles of Public Administration*. Baltimore: Johns Hopkins University Press, 1927.

Willoughby, W. F. *The Government of Modern States*. New York: Appleton-Century-Crofts, 1936.

Willoughby, W. F. , and W. W. Wiloughby. *Government and Administration of the United States*. Baltimore: Johns Hopkins University Press, 1891.

Wilson, Woodrow. "The Study of Administration." *Political Science Quarterly* 2 (June 1887): 197−222. 39.

第 4 章

理性的组织模型

即使在威洛比、怀特、古立克和其他学者所处的公共行政学最辉煌的时期，他们的理论也因社会科学研究中的几次重大突破而受到了削弱。首先，政治学和其他学科都正在致力于人类行为的科学研究，试图建立一种像自然科学一样具有逻辑性的理论体系。其次，基于对公共行政与私人行政共同特征的认识，出现了建立行政理论研究一般方法的运动。这两股发展趋势都不是来自公共行政内部，公共行政实际上对这两股趋势还多少有些抵触，但是，这两股力量最终都对公共行政研究产生了巨大影响。最重要的是，这些新观点确实有效地取代了陈旧的、政治化的公共组织概念。

行为科学

至那时为止，席卷政治学和大多数相关学科的第一个也是最重要的一个趋势就是对建立人类行为科学的关注。为了与当时盛行的科学主义合拍，许多政治学家认为，他们早期对政府制度和政治运动的研究缺乏像物理学与化学那样"真正的"科学的严谨性（因而也缺乏学科尊严）。为了改变这种状况，他们主张科学研究方法应该以逻辑实证主义的世界观为基础，这种研究方法假定，人类行为的规律性——就像物理运动规律一样——能够通过客观仔细地研究其外显行为来确定，科学理论可以合乎逻辑地从这种观察中产生。正如可以通过观察分子结构的运动形成有关自然生活的理论一样，有人认为，通过观察人类的外显行为也可以形成有关社会生活的科学理论。

不过，人类价值观的作用成了一个大问题。分子运动既没有价值观也没有明确的行为意图，对被观察的事实也不会作出反应，而人类却不一样。换句话说，这种新的人类行为学面临着人类价值观渗入行为研究的可能性。对这一问题的回答是：应当将事实和价值作一合乎逻辑的区分。这种观点认为，虽然行政生活以及行政人员具备某些价值观是一个事实，仍然能够以不掺入个人价值判断的方式观察人类行为。这样就能保证研究过程的真实性（即"客观性"）。

为了进一步保证研究的客观性，必须采用一种具体的科学研究方式：首先，提出问题；其次，根据相关变量之间的关系提出假设；再次，通过制订、执行研究计划来检验这些关系；最后，使研究成果成为整个学科领域理论体系的一部分。举个例子来说，如果要研究分权决策与工作满意度之间的关系，我们可以提出这样的关系假设，即更多的工人参与决策会带来更高的工作满足感，接下来就可以通过实地调查或可控的实验来验证这种假设的关系。

不管怎样，科学研究必须经过严格的试验。这样，科学家才能相信通过试验所获得的解释是正确的（其他任何解释都是不可信的）。这种研究方法是经验性的，即科学研究只能建立在对客观现实的观察的基础之上，而不是凭主观臆测。理想的经验性研究是，任何科学家在相同的条件下进行相同的试验都会得出相同的结果，从而证实研究以及研究方法本身的客观性。

行政学的一般方法

第二个重要的发展趋势兴起于第二次世界大战后，它改变了公共行政理论的发展路径，并部分超越了第一种趋势。一些旨在寻找人类行为规律的科学家认为，这些规律性本身不依赖于其环境——例如，权力运用的方式基本上是相同的，不管是在家庭、工作场所还是在国家。同样，组织研究者认为，组织的行为也是一样的，不管在公共组织中还是在私人组织中。从某种程度上说，这种观点无论在过去还是现在都很有吸引力。当然，基本的行政过程（如领导与权威、动机与决策）都是很相似的，不管你是通用汽车公司的执行官还是国务院的副国务卿。因此，这个时期的一本重要的教科书指出的这一事实，即"在行政实践中，大小组织之间的差异通常远大于公共组织和私人组织之间的差异"（Simon，Smithburg，and Thompson，1950，p.8），也就不奇怪了。

于是就出现了一种一般的行政或管理研究。这种研究根本上就是一个大杂烩，它糅合了政治学、企业管理学、社会学、社会心理学和组织分析理论的不同分支学科的各具特色的研究成果。从企业管理学中获取了对效率和决策的关注；从社会学中借鉴了系统论和结构—功能研究方法；从社会心理学中汲取了认知模式和行为科学方法。从而，形成了一般的行政学派，创办了学术刊物，如《行政科学季刊》（*Administrative Science Quarterly*），来自不同大学的学者发现了他们对一般行政学的共同爱好。结果，政治学系的公共行政学者常常发现，与自己系里研究比较政府、国际关系和政治理论的同事相比，他们与商学院的组织分析学家有更多的共同点。

这样，公共行政学家在采用了行为科学的观点之后，开始强调事实而不是价值、强调方法而不是目标。由于一般行政研究趋势的推动，公共行政学长期以来与政治价值研究的传统联系被割裂了。这些趋势既摒弃了早期公共行政中被称之为非科学的研究，同时也建立了一种新的替代模式——理性行政模型。不管在哪种情况下，赫伯特·A·西蒙的影响力都极大地表现了出来。

行政谚语

尽管多年来，人们对确立一种更科学的方法研究公共行政的兴趣日益浓厚，但是，一直到 20 世纪 40 年代末，人们才听到两声响亮的、要诉诸行动的呼唤。1946年，赫伯特·A·西蒙，一位刚从芝加哥大学政治学系毕业的博士生，发表了一篇题为"行政谚语"（The Proverbs of Administration）的论文，他强烈批评了以前的行政理论研究，并提出了以科学方法为基础的行政理论研究的若干要求。随后，西蒙 1947 年出版的《行政行为（第 2 版）》（1957a）一书将这篇论文作为一章收录在其中。在这本书中（本书是他的博士论文），西蒙以当时经典的形式提出了理性的行政模型，这一模型对组织研究产生了巨大影响。同样也在 1947 年，罗伯特·A·达尔（Robert A. Dahl）获得了耶鲁大学的博士学位，并发表了题为"公共行政科学"（The Science of Public Administration）的论文。该文从另一个角度对早期行政学研究展开了批评，而且也隐含了对西蒙的研究方法的批判，并很快形成了一场短暂的论战。这场论战预示了多年后的一场关于公共组织的辩论。

西蒙对早期行政学理论的批评

西蒙对早期行政理论的批评相当尖锐。他认为古立克、厄威克及其他学者所阐述的"行政原理"不过是一些"俗语"，并存在与其他俗语一样的缺点，就是经常彼此矛盾。西蒙集中批评了其中的四个原则：即专业化，命令统一，控制幅度，以及目标取向、过程取向、顾客取向和区位取向的组织。尽管西蒙认为这些原则观念"可以作为描述和分析行政环境的标准"（1946，p. 62），但是，如果认为这些原则不可违背，则是不合适的，因为这些原则常常互相矛盾。接下来，他证明了这些原则之间的矛盾。例如，保持小的控制幅度就会产生较多的组织层次；而命令统一原则有碍发挥专业化领导优势。

在总结他的观点时，西蒙写道：

行政学研究正在遭受表面化、过分简化和缺乏现实性的侵害。这一研究仅局限于权威结构机制，没有涉及其他一些同样重要的影响组织行为的模型，也排除了对决策功能的实际配置这一令人厌烦的研究。它只满足于谈论"权威"、"集权"、"控制幅度"和"功能"等概念，而不愿意探讨这些术语的操作性规定。(1946，p.63)

西蒙批评的言语虽然很尖刻，但他的结论实际上并未脱离行政学研究的主流。在《行政行为》一书的第二版序言中，西蒙（1957a，p. xiv）发人深省地写道："我们现在用一些专业术语谈论组织，有点像乌班吉的巫师在诊病时念咒一样。说得好听些，我们只靠一些朴实的谚语为生……说得难听些，就是我们生活在自负的愚蠢中。"西蒙确实看到了早期学者局限于功能配置和权威结构研究所带来的问题，并适时地呼吁扩大行政学研究的范围。但是，他没有探讨构建一个合理的学科基础的重要性，而行政人员只有在此基础上才能对组织结构设计有充分的了解。他也没有研究效率这一核心问题。确切地说，西蒙认为行政理论的基础在于"它关注的是应当怎样构建一个组织，并进行运作，以有效地完成组织任务"（1957a，p.38）。

> "它关注的是应当怎样构建一个组织，并进行运作，以有效地完成组织任务。"
>
> ——赫伯特·西蒙

就创建公共组织理论而言，西蒙的贡献所隐含的意义远比其表面上看起来的更重要和深远。首先，紧扣逻辑实证主义的观点，西蒙主张在行政行为研究中事实和价值的分离，接着进行严谨的实验研究计划，以建构一种综合性的行政理论。然后，西蒙非常快地摆脱了与政治学和公共行政学的紧密联系，倾向于建构一种一般的研究方法。很显然，公共行政很大程度上就是在朝这个方向发展——而且得到了很大的发展，研究者越来越关注手段而不是目的、关注行政技术而不是行政原则。有意思的是，这种观点却成为达尔批判的"靶心"。

达尔：效率和人类行为的非理性特征

如果说西蒙对二战前行政理论的批评已相当尖锐，那么达尔的批评从许多方面来看显得更激进，而且从长远来说，更具说服力。像西蒙一样，达尔承认公共行政学者应该致力于建立一门真正的行政科学，但他强调了在这种努力的过程中所遇到的一些困难。首先，达尔（1947）注意到了对科学的实证主义解释，这一解释意味着社会科学（包括组织研究）能够也应该保持价值中立。然而，他认为公共行政领域的研究（尽管宣称价值中立）实际上是在价值偏好的基础上展开的，最明显的就是效率价值。正如我们已经看到的，早期的行政学者（包括西蒙本人）都认为效率是判断行政行为的价值中立标准。但达尔则认为效率本身就是一种价值观，因而不得不与其他价值观（如个人责任、民主道德）相竞争。

根据达尔的观点，在这种竞争中，效率并非总能占上风。例如，怎样把民众参与行政决策的需要与机构的有效运作协调起来？行政研究应该如何评价二战中德国集中营高效率的管理？或者，我们应该如何着手建立一种似乎与整体的效率要求有内在冲突的个人责任理论？从这些问题中可以看出，行政学者的研究涉及了手段，也涉及了目的，因此，有必要明确他们的价值理念。如果用所谓的科学事实来掩饰对效率信条的继续遵从，不仅会使行政学误入歧途，而且相当危险。达尔非常明显地倾心于公共行政而不是一般行政的研究。当效率与民主、尤其是与民主道德相关的价值观发生冲突时，他便发现了最严重的价值冲突。当然，可能有人会认为，私人企业中的效率准则有时会与其社会责任相冲突。不过，达尔只关注公共部门并最终认为，公共行政领域与其他领域的不同，在于它涉及伦理问题和政治价值。

其次，达尔认为，公共行政研究必须以人类行为研究为基础。他相信公共行政最重要的问题都是围绕人类产生的，因此，公共组织研究不能忽视人的因素。达尔（1947，p.4）甚至进一步推进了他的这一理论分析，认为资本主义驱使我们"试图以理性的方式组织生产过程"，这种理性方式已经为许多组织理论家所接受，他们认为创建理性而又合乎逻辑的组织结构是最理想的。可是，达尔认为坚持这种理性模型会忽视这样一个事实：人类行为并不总是理性的，甚至人类最有效率的行为也并不总是在理性结构环境中产生的。因此，达尔写道："我们不能通过造就一个程式化的'行政人'（它是18世纪理性人的现代子孙）来构建行政科学，这种'行政人'只存在于公共行政的书本上，其活动严格遵从行政学的一般规律。"（p.7）

毫不奇怪，刚刚提出"行政人"概念的赫伯特·西蒙（1947）立即对达尔进行了驳斥。西蒙的驳斥建立在对理论科学和应用科学进行模糊而混乱的比较的基础之上，并力图使理论科学摆脱达尔所批评的"效率崇拜"。然而，这种驳斥是相当无力的，尤其是西蒙宣称的行政理论等同于追求效率这一点，更显得苍白无力。西蒙一再否认他的理论行政学是"为公共政策开处方"，他也不承认关注效率的政治含义（即从某种意义上说，效率就是政策）（p.202）。因此在这场交锋中，西蒙败下阵来。但是，当时他贡献给公共行政学界的理性行政模型在未来很多年中成了行政研究的标准，这可以说是对他的失败作出了一些补偿。

理性行政模型

正如我们提到的，理性行政模型曾经在公共组织学说中占据显要地位。诸如"诱导—贡献"、"接受区间"和"满意"之类的术语已经成为当今公共行政学者使用的标准用语。这些术语之所以备受关注，不是由于其他原因，而是由于行政学家和行政实务者经常使用它们。然而更重要的是，这些术语及其所反映的深刻观念对我们思考公共组织的方式有重要的、尽管并非总是积极的影响。就理性行政模型被看作是研究组织环境中人类行为的模式而言，我们应该仔细考虑该模型所提供的指导意义。

西蒙（1957a）在《行政行为》一书中有关公共组织的论述首先提出了理性行政模型，并对此作了最有力的论证。接着西蒙在题为"人类的模式"（*Models of Man*）的论文集，以及在与唐纳德·史密斯伯格和维克托·汤普森合著的《公共行政》（*Public Administration*）（1950）一书中对理性行政模型作了进一步的论述，并在与詹姆斯·G·马奇（James G. March）合写的《组织》（*Organization*）一书中（1958）详细回顾了组织理论的发展。从 20 世纪 50 年代初开始，西蒙逐渐转向了决策的社会心理分析、信息技术与认知发展过程等方面的研究。结果，尽管他近来较少涉及公共行政领域，但他的著作依然有相当大的影响力。今天，他在公共行政方面的一些不经意的评价也往往是一言九鼎。

本章将描述西蒙在其早期著作、特别是《行政行为》（1957a）一书中提出来的理性行政模型。下面将考察两个相关的主题：即人类的决策过程（西蒙及后来的学者提出的观点）和封闭系统与开放系统的争论（这种争论至少部分地是对西蒙观点的回应，詹姆斯·汤普森的一篇总结性文章将这一争论推向了高潮）。

实证主义的观点

在《行政行为》（1957a）一书中，西蒙力图构建一种建立在实证主义认识论和对组织生活的工具性阐释之上的综合性的行政组织理论。西蒙从实证主义的观点出发，认为科学家的作用就是检验"事实"命题。这些命题要么来自于对外显行为的观察，要么来自对这些观察的逻辑推论。在这里，科学家的客观性是至高无上的。正是出于这个理由，科学家必须为可能得出的结论谨慎地确立一个事实基础。为了避免主观性介入研究过程，科学家必须严格排除人类的价值观对理论研究的潜在影响。科学家的价值观和被观察的行动者的价值观都不应该进入研究领域和理论建构过程。西蒙认为这是可以做到的，因为事实和价值在逻辑上是能够区分的。"事实命题就是对可观察的世界以及这个世界的实际运作方式的描述。"（1957a，p. 45）另一方面，价值表述涉及事情**应该**怎样，表明了对理想状况的偏好。与价值观念的模糊特性相反，事实陈述则是精确明了的。按照西蒙的说法，事实命题可以"通过检验来判断其真伪——可以判断我们正在研究的世界真正发生了什么，或者没有发生什么"（pp. 45-46）。

不过，西蒙虽然注意到**"好"**和**"坏"**是讨论行政问题时常用的两个词，但使用这些词并不损害他所倡导的科学方法的中立性。恰恰相反，就组织而言，**好事**指的是那些能够提升组织能力以实现其目标的事，而**坏事**则不能。只要提高效率就是好的，反之，就是坏的。当然，西蒙指出，持这种观点的行政理论是以效率为其首要目标的。

理性的概念

行政组织理论的基础是理性这一概念。组织的创建是为了提高人的理性，建构人的行为，以便切合抽象的理性。西蒙的理论前提是，人类个体应对复杂问题的能力是有限的。"相对于所要解决问题的规模来说，人类解决复杂问题的思维能力是相当弱小的，而在真实的世界中，解决问题需要客观理性，或者接近这种客观理性的行为。"(1957b，p.198) 正因为人类个体所能达到的理性程度是有限的，因此他们认为有必要联合成团体和组织以有效地应对周围世界。在组织中，我们发现了一种可以将人类的行为塑造成实现我们目标所要求的理性形式。因此，"理性的个体是而且必须是一个组织化和制度化的个体"(1957a，p.102)。

> "理性的个体是而且必须是一个组织化和制度化的个体。"
>
> ——西蒙

很显然，以这种方式讨论理性并给其下定义，远比在其他情况下理性的含义更狭窄、更严格。与长期以来的哲学传统（这一传统认为，人类的理性只关注像正义、平等和自由这些构建人类社会的基础要素的宏观问题）相比，西蒙的理性观主要关注目的和手段之间的关系。按照哲学家霍克海默（1974，p.50）的观点，实现人类理性的关键在于"计算概率并以此将正确的手段与给定的目标协调起来"。因此，以理性模型的话语说某一特定的组织是理性的，并不是说这一组织要追寻达尔所说的政治上和道德上合理的目标，而是说组织要追求效率的最大化。据此观点，理性就等同于效率。理性的行为就是有助于实现组织目标的行为，或者换一种说法，理性意味着个体必须服从组织领导（即组织化的控制集团）的计划和意图。

当然，抽象地说，为实现给定目标而设计一个理性的系统并不困难，这也是控制集团主要在做的。可是，一旦将具有情感意识和利害关系考虑的人纳入这个系统，问题就产生了。如果我们将有效地实现组织目标的行为称为理性活动，那么遵循规章去执行特定的功能显然就是唯一理性的活动。因此，西蒙（1957a，p.246）写道：速记员的理性就是将速记记录转换成打字稿，而不管其内容是什么。而速记员的老板的理性就是确定记录的内容。

个人行为

上述相当狭义的理性概念掩盖了许多重要的问题，其中之一便是个人的道德责任问题。然而，理性模型却有可能使理性（或近乎理性）的人以一种准确而严谨的方式在组织环境中活动。西蒙与前人不同，他关注复杂组织中的个人行为，并探讨如何使个人的行为与理性系统所要求的行为方式更加接近。西蒙认为要做到这一点，个人必须根据组织的利益来作决定。个人行为的关键是作决定，以采取行动。因此，组织被看作是一个决策系统，它包括"确定决策时机的搜寻和情报过程，发现和规划可能的行动方案的过程，以及评估备选方案并作出选择的过程"（Simon，1965 pp.35-36）。这个定义涉及两个截然不同的问题：一个是有关人们决定加入、续留或离开组织的问题；一个是在他们成为组织成员后如何行事的问题（Simon，

1957b，p. 167）。这里每一个问题的处理都是通过个体成本—收益的理性计算进行的。举例来说，如果决定挽留一个组织成员，西蒙写道，"可以假定，如果组织成员留在组织中比离开组织可以获得更多的满足感（和效用），那么每个人都将留在组织内。这样可以根据组织成员的机会成本来确定组织'满足功能'的基点"（p. 173）。只要组织提供的利益超过人们原本的利益要求，他们就会继续留在组织中。

同样，个体做出有助于组织的行为也是理性计算的结果。由于组织本身就倾向于诱使其成员做出有助于组织发展的正确行为，因而个体就注定要进行理性计算。理性计算问题还与组织权威有关。西蒙（1957a，p. 133；1957b，pp. 74-75）认为，每一位个体成员都有一个"接受区间，在这个区间内，下级愿意接受上级的决定"。〔切斯特·巴纳德（1938，p. 168）早就讨论过一个相似的"无异议区间"，即在这个区间内的命令能得到遵行，反之则不然。〕

但是，组织的利益在于扩大"接受区间"，这是很明显的。个体接受的命令越多，他成为有效的行政系统的一部分的可能性也就越大。因此，接下来便是考虑如何扩大这个区间。当然，这一扩大会随着对诱因的反应——即由于更多金钱和更高地位带来的更多的活力——而发生。

"行政人"

但是，组织的价值观可能会超越金钱和地位的诱惑取代个人的价值观。组织可以通过其决策过程代替个人的判断（Simon，1957a，Ch. 10）。一旦这种情况发生，传统实用取向的"经济人"就会被更现代、更制度化的"行政人"代替：行政人对组织目标的认同是决策的价值前提。行政人对组织中其他人施加在他身上的影响能够特别敏感地作出反应，还能准确地预知自己和其他成员在组织中的角色，并且对实现组织的目标信心十足。行政人最为显著、其所独有的特征，在于组织的影响力不仅会使他做一些具体的事（比如，扑灭森林大火，如果那是他的工作），而且还会使他习惯于同他人合作完成组织目标。他养成了一种合作的习惯（Simon，Smithburg，and Thompson，1950，p. 82）。

当然，这又使我们回到了理性问题上。根据西蒙的论述，实现组织理性的代价是个人的自主权。很明显，随着组织的价值观取代个人的价值观，如果组织成员与组织领导者的价值观一致，那么人们对组织的贡献是最有益的。这样，服从权威者的命令不仅是有效率的，而且也是理性的。西蒙（1957a，p. 198）指出了这一点，"由于这些制度（即联系组织的制度）在很大程度上决定了组织成员的情绪和思想意识，因而为顺从和理性在人类社会中的运用创造了条件"。

术语的澄清

虽然本书后面将对理性模型进行批评，但是有必要先澄清相关术语。西蒙坚持认为，科学理论必须不偏向任何一种价值观念，应该严守客观中立的原则。关注效率的行政理论就是理性的理论。一个有效率的人才是一个理性的人。按制度办事的人就是最有效率的人，服从制度设计者命令的人就是最有成效的人。在这个意义上，理性迅速转化成了对等级制权威的服从，理性就是服从。于是，初看起来是客观中立的理性实际上掩盖了组织领导者（不管是谁）强烈的价值偏好。

在许多方面，理性行政模型并没有偏离早期的公共行政原理，恰恰相反，它使这些原理具备了科学的合理性。以往著作中对效率、权威和等级制的关注现在依然存在，而缺少的是对民主社会中政府机构的作用的全面思考，这种思考会引发对公共组织中个人责任理论或者行政机关的公共职能理论的探讨。然而，理性模型的重要性是不可否认的。在技术理性语境中，西蒙对理性模型的论述堪称典范。如果我们认同效率是评价公共机构的首要标准，也赞同这样的观点即人类只是机械地应对环境以追求更大的效用，那么理性模型的建构就是必然的结果。而且，正如一再提及的，对这些理论假设的普遍接受标志着公共行政理论的最新发展。

决策和政策制定

为进一步阐明理性模型的影响，让我们转向讨论西蒙在其著作中提出的两个重要主题，以及后来学者对它们的看法。在西蒙提出的所有问题中，没有问题像决策过程那样在行政学研究中受到如此多的关注。虽然西蒙认为《行政行为》（1957a）一书是对组织决策的研究，但他随后更直截了当地提出了他早期著作中一些得到明确阐述的观点，即决策是行政的核心。确切地说，决策本质上就是管理。当然，这种观点与他先前的论述多少有点偏离，但却给公共行政学者提出了一个全新的研究主题。以往在政治—行政二分模式的影响下，决策研究只关注组织的最高层如何制定大量的政策，但是西蒙认为，最高层的决策只是指导整个行政系统各个层级进行决策的开始。不管是行政首长制订一个新计划，还是操作人员具体执行命令，决策的基本过程都是相同的。理解了决策过程就意味着理解了组织行为。

西蒙（1967）指出，组织中任何层级的决策过程都包括三个阶段：（1）情报活动，即审视决策环境、捕捉决策时机；（2）方案设计，即发现或设计备选的行动方案；（3）方案选择，即选择最有可能成功的备选方案。当然，西蒙也承认，在现实生活中，这三个决策阶段并不是截然分开的。只是为了进行决策分析，才将它们看作是一个完整的决策过程中的三个基本要素。

鉴于对组织效率的关注，人们希望决策尽可能地以最具理性的方式来完成。事实上，西蒙的决策研究就是针对这个问题展开的。理性决策的理想形式就是一个古典的经济学模型——假定决策者完全知道组织目标和所有的决策备选方案，并采取行动追求效果（如利润、效用和满意度等）的最大化。令人遗憾的是，行政决策者不可能达到古典经济学模型所要求的那种理性，也不可能知道所有的情况，包括各种不同行动的结果。因此，西蒙的"行政人"虽然在追求理性（该理性仍然是从组织的范畴来界定的），但已经认识到了理性行为能力的局限性。

"行政人"与"经济人"

与"经济人"截然不同，"行政人"追求的是解决问题的"满意度"，而不是效用的最大化。此外，"行政人"只满足于一种对世界不完全的、简单化的认识（由于人自身的局限性，现实世界的复杂性是永远难以认识的）。就像西蒙（1957a，p. XXVi）所指出的，"行政人"有两个非常重要的特征：

> 第一，因为"行政人"追求"满意度"而不是效用的最大化，所以他不必先确定事实上有多少种行为选择方案，也不必审查每一个可能的备选方案，就可以作出决策。第二，因为"行政人"认为世界是"虚无的"，也不在乎"各种事物之间的联系"（这对思考和行动来说是有点费解），所以他们仅凭相对简单的经验（这些经验并未超越其思考能力）作决定。简而言之，虽然"行政人"不能达到"经济人"的理想状态，但是，他能够在现有条件下达到他所能达到的最好状态。

与"经济人"截然不同，"行政人"追求的是解决问题的"满意度"，而不是效用的最大化。

在这个问题上要做几点说明。第一，虽然"行政人"只具有"有限理性"，但他仍然必须寻求理性的（有效率的）组织行动。第二，"行政人"与"经济人"的基本计算理性仍然是一样的：尽可能地追求效用的最大化。第三，为了消除人类非理性的负面影响，组织要将其理性标准——用组织的决策逻辑前提代替个人的决策前提，或者用按规则作出的决策和标准的操作程序来规范个人的行为——强加于个人。

林德布洛姆的渐进决策法

对公共组织的研究者来说，西蒙对决策的重要看法至少有两方面的影响：其一，它将决策研究的重心从政策层面转移到了操作层面；其二，它强调了人类的理性行为和实际行为之间的张力。查尔斯·林德布洛姆（Charles Lindblom，1959）在《渐进调适的科学》（The Science of Muddling Through）一文中详细地论述了第二方面的影响。林德布洛姆在该文中描述了决策的两种方法：即理性决策法和"有限的连续比较法"（或渐进决策法）（p. 81）。他接着指出，尽管理性决策法在行政学发展中备受关注，但是，渐进决策法在实践中可能更为实用。此外，渐进决策法并不是理性决策法的妥协应用，它确实有助于民主社会的政策制定。

根据理性决策法，政策制定者将按照优先顺序列出所有相关的价值并选择一个目标，制订一系列备选政策方案，再根据实现预期目标的能力仔细考察这些备选方案，最后确定一个能使所选目标的价值效用最大化的方案。而根据渐进决策法，政策制定者将确定一个可以通过一项政策达到的有限的目标，制订几个直接可用的选择方案，最后确定一个"融价值选择和实现价值的方法为一体"的方案（Lindblom，1959，pp. 79—80）。连续比较受到行政人员过去经验的限制，因而很可能只能解决部分问题。因此，政策制定者要根据环境的变化不断重复这种渐进的决策过程。

渐进决策法的特点

林德布洛姆认为，渐进决策法有几个十分突出的特点。第一，与理性决策法的完美状态相反，在现实生活中，永远不可能整理并按优先顺序罗列出全部与特定问题有关的价值目标。公民、民选官员和行政人员三者之间的价值偏好可能并不一致，而且都可能强调各自偏好的重要性。此外，在探讨公共政策问题时，各种价值观念之间经常相互冲突。因此，林德布洛姆认为，只能对特定的政策确定很小的价值追求或目标。由于行政人员只能在特定情况下关注两个或更多备选政策之间的细微差别，所以"当他最后要在两个差别很小的价值之间作选择时，他的做法就是在两个政策之间选一个"（Lindblom，1959，p. 83）。第二，与多元民主形态相一致，最有效的公共政策就是那些为各方势力一致认同并已经生效的政策。林德布洛姆认为，决策者可以通过在现有政策中做一些微小变化，把政策抉择过程简化到可以控制的程度，不必像全面理性决策模型所要求的那样，将所有的因素都考虑到。更为重要的是，渐进决策法与这样的一种政治结构相一致——在这一结构中，主要的政党对基本的政策原则一致认同，只需在各自的政策中作一些微小的调整。

渐进决策法也有助于决策者在既竞争又妥协的利益主体之间寻求一种达成一致意见的多元目标。林德布洛姆认识到，决策者经常忽略备选政策可能产生的重要结果，但他认为，如果不同的团体忽略不同的结果，那么最终就会获得一种平衡感。由于"几乎每一利益都有其监护人"，各个互相竞争的团体之间的互动最后会产生反映各种利益的政策（Lindblom，1959，p. 85）。这样，在这一观点看来，检验一项好政策的唯一方式就是看各团体是否一致同意该政策。"在连续比较的有限决策法看来，对政策的检验在于政策本身能否获得一致意见，即便各团体对价值有不同意见，检验依然是可能的。"（p. 83）

在林德布洛姆看来（1959，p. 86），通过一系列渐进调整的方式进行的决策为行政人员（从而为整个社会）提供了防止发生重大错误的保险措施：

首先，决策者可以从过去连续的政策制定步骤中了解未来相同的步骤可能产生的结果。其次，决策者不必贸然确定一个不切实际的政策目标，因为他从不希望他的政策能最终解决所有问题。他的决定只是一个步骤而已。再次，当他跨出下一步时，他能够对先前的预测作一测试。最后，决策者通常能够非常迅速地修正以前的政策错误，这种纠错作用比分期（特别是时间间隔长的）、分阶段的决策更强。

总之，连续比较的有限决策法不仅认识到了理性决策者的局限性（正如西蒙所看到的一样），它还是一种与多元民主观紧密相连的决策方法。

三种决策模型

格雷厄姆·T·埃里森（Graham T. Allison）在其描述 1962 年古巴导弹危机的《决策精要》（*Essence of Decision*）（1971）一书中，努力探讨了关于决策过程的另一些不同方法。埃里森指出，大多数外交政策分析家都是根据一些相当模糊的模型来思考一些决定的（如约翰·肯尼迪总统在导弹危机中所面临的决定），这些模型极大地影响了他们对决策过程的看法。此外，埃里森认为，传统的或者"理性行动者"的决策模型尽管被广泛使用，但却有非常严重的内在缺陷。其他的两种决策模型——"组织过程"模型和"政府政治"模型，或许可以用来提高政策分析和阐释的能力（pp. 4~7）。在阐述了三种决策模型之后，埃里森用每一个模型来考察古巴导弹危机事件，并发现了分析结果的差异。

埃里森用与西蒙和林德布洛姆相似的术语来描述理性行动者决策模型。它包括这样一个过程：确定目标、设计备选方案、评估备选方案以及选择能使目标效用最大化的备选方案（p. 30）。从我们分析研究的角度来看，埃里森描述的理性行动者决策模型的重要意义不在于决策过程本身（这已经在前面论述过），而在于他将这些过程看作标准的决策模型。显然，埃里森认为，大多数分析外交政策决定（以及其他的政府决定）的人士采用的都是理性模型。这种模型分析的中心是决策主体（不管是个体、群体，还是机构），然后分析其行为，并认为其行为总是有意识地追求特定的目标。分析家的注意力集中在诸如决策主体是否遵循最好的决策战略，或者是否偏离了最理性的决策方法。因此，理性行动者模型致使政策分析家（或者决策者）在决策过程中只关注手段而不注意目标，更不在乎决策的实际背景。

尽管看到了理性行动者决策模型在外交政策的决策分析中十分流行，但埃里森认为其他的分析模型也非常适用，并对其中两种模型进行了详细阐述。组织过程模型的理论前提是，任何重要的政府决策几乎都不可能在一个组织机构的职责范围内完成。即使是最高政府部门的决策也需要其他机构提供决策信息、建议与指示（同样地，某个机构的领导人制定决策也需要该机构不同部门的信息和建议）。因此，要理解政策最终是如何制定出来的，就需要知道组织内各个部门对正在讨论的政策的影响。

埃里森对公共组织理论的理解源于西蒙的著作〔西尔特和马奇（1963）的《企业行为理论》（The Behavioral Theory of the Firm）一文对西蒙的著作做了补充〕。埃里森的观点是，组织的主要兴趣不在于实现特定的目标或目的，而是在一套有限制的框架（它是组织的各个部门通过协商达成的）内的运作。组织在这种限制内的运作旨在减少环境中的不确定性，并寻求制订解决当前问题的、直接可用的政策备选方案。最后，尽管组织是相对稳定的，但其还是会发生变革以适应环境变化的需要，从而产生新的、意想不到的结果。不管怎样，在埃里森看来，只有考虑到公共组织的运作状况，才能对其政策过程有深刻的理解。

第三种模型即政府政治模型认为，大多数的政府政策并不是由一个理性行动者制定出的，甚至也不是由官僚组织的上层集团制定出的。它是一个讨价还价过程的产物。这种讨价还价是在具有不同利益目标和权势的个体与群体之间展开的。如果经过讨价还价仍达不成一致意见，各方势力就会按照一定的政治游戏规则展开竞争，这会导致一方势力获胜，并确立符合其利益的政策目标。更可能的情况是，达成一个与各方的预期目标不同的混合政策目标。"移动一步棋子不只出于支持某项行动，或支持一种制订备选方案的组织惯例，它在更大程度上是竞争各方在政策讨论过程中讨价还价的力量和技巧"（Allison，1971，p.145）。像其他模型一样，政府政治过程模型对指导政策分析有着重要意义。这一模型引导我们关注特定的政策问题，关注对决策过程的理解。我们以不同的方式看待这个世界，这取决于我们所选择的观察视角。

封闭系统与开放系统

林德布洛姆和埃里森的研究代表了对西蒙的决策过程研究的两个重要偏离：不再强调理性的选择，即使是"有限理性"的选择也不再强调；更加注意决策的环境因素。这种偏离部分是由于政策研究重点从关注个体决定到一些重大政策的回归（尽管三位学者似乎是交替使用"决定"和"政策"这两个词。）在更高的决策层，非理性因素的影响更加明显，而且更容易看到政治交易的影响。因而，组织不再被看作是一个孤立的个体，而是深受其环境的影响。

复杂组织的研究策略

为了研究复杂的组织，詹姆斯·汤普森在研究复杂组织的封闭系统和开放系统策略时正式探讨过一些不同的看法。他在《行动中的组织》（*Organizations in Action*）（1967）一书中提出了两种截然不同的研究方法，即封闭系统研究法和开放系统研究法。前者主要强调完成目标的效率，即试图以实用的方式利用组织资源，使组织的每一部分符合系统的"生成逻辑"，并通过控制机制来减少环境中的不确定性。汤普森认为，泰勒的科学管理、古立克与厄威克的行政管理和韦伯的官僚制都堪称封闭系统的典范。我们可能还会把西蒙的行政的理性模型包括在内，或者至少把其中效率和控制的部分包括在内。

与封闭系统相比，开放系统研究法认为，我们不可能完全认识到所有影响组织的变量因素，也不可能预见和控制这些变量的影响。因此，开放系统法认为不确定性和意外是意料之中的。作为一个自然系统，"复杂组织是由相互依赖的诸多部分组成的统一整体，每个部分都为组织整体的形成创造了条件，同时从组织整体中获取自身发展所需的因素，从而使组织整体与更大的环境系统相互依存"（Thompson，1967，p.6）。组织系统通过一个不断演进的发展过程来实现其目标（即系统的生存）。尽管有变化发生，但系统的总体趋势是维持其内部的稳定或平衡。汤普森认为，非正式组织的研究以及组织与其环境之间关系的研究是开放系统研究法的典范。

在公共行政领域，至少有两个重要的案例研究强调了组织与其环境之间的关系。为了说明这两个案例与封闭系统思维的差别，下面将简要地对这两个案例研究逐一进行考察。

组织分析的开放系统方法

第一个重要的案例研究是菲利普·塞尔兹尼克（Philip Selznick）在 20 世纪 40 年代中期对刚成立的田纳西河流域管理局（Tennessee Valley Authority，TVA）所做的名为"田纳西河流域管理局及其基层管理活动"（*TVA and the Grass Roots*）的实地研究（1949）。塞尔兹尼克特别关注田纳西河流域管理局的基层政策，这些政策作为实现民主规划的方法，强调分权和现行地方与州政府机构的参与。不过，塞尔兹尼克在研究中概述了开放系统法（或称为制度研究法）的组织分析方法，这也是他后来在《行政活动中的领导》（*Leadership in Administration*）（1957）一书中研究组织领导人的基本方法。

虽然组织通常被看作是实现既定目标的工具，但是塞尔兹尼克却认为，组织一产生就具有社会学的特征，这远远超出了封闭系统对理性或效率的关注。首先，组织成员坚决反对被当作工具，相反，他们是作为一个完整的人来参加组织活动的，他们每一个人都有独一无二的经历和欲求。其次，组织存在于一个对其特定要求的制度框架中。政党、利益集团和其他机构团体在同样的制度框架中相互作用，这意味着没有一个团体不受其他团体的影响。因此，组织不可能回避这些"非理性"因素的影响。

这种状况需要从结构—功能的角度对组织进行分析，也就是说，致力于发现组织如何适应环境以满足稳定和自我保护的基本要求。其中一个基本要求就是"组织内非正式关系的稳定"，这一要求只有通过确立一种非正式的机制（它能调和个体间的差异）才能得到满足。（Selznick，1949，p.252）非正式的系统不仅增强了组织信息的流动性，而且制约了组织领导的政策垄断权。另一个基本要求是保障"组织作为一个整体在与其周围各种社会势力交往时的安全"。这一要求的满足可能至少部分地需要与组织周围各种社会势力建立一种稳定的关系，甚至是一种可能损害组织决定其自身发展方向的能力的关系。

吸纳的过程

在研究田纳西河流域管理局的过程中，塞尔兹尼克引入了一个核心机制——吸纳机制。他将其定义为"一个将一些新的因素（用来把威胁组织的因素转换成为维持其稳定或存在的因素）吸收到组织领导或决策结构中去的过程"（1949，p.13）。吸纳机制被看作是一种保证组织与环境中潜在的威胁团体和睦相处并获得其支持的技术方法。通过将这些威胁性团体吸收到组织结构中（例如将某些人安置到组织的顾问机构，或与其他机构团体达成服务协议），组织可以获得外在不利因素对自己的政策和地位的支持。然而，如塞尔兹尼克所指出的，"组织领导层使用正式的吸纳机制并不能看成是其实际权力的转移"（p.14）。所以，吸纳过程并不意味着组织放弃控制权，否则就等同于把组织移交给了外在势力。因而，塞尔兹尼克认为，组织的高层领导的特殊功能就是维持组织的制度结构特征。他说："创造性的领导艺术是组织制度建构的艺术，就是通过人力和技术资源的重组，塑造一个体现持久而新颖的价值理念的有机组织。"（Selznick，1957，pp.152-153）随着从关注生产力和效率的行政管理者转变为制度化领导，行政首长面临着新的任务，即将组织的价值观念和内涵贯彻到组织成员的行动中去。这个层次的决策不是常规性的，但却非常重要，需要关注组织目标的定位和组织特性的发展。同时，行政首长必须发展与周围团体的良好关系，这种关系既要协调好外在团体对本组织的要求，也要保持组织自身的内在整合。塞尔兹尼克（1957，p.Ⅻ）写道："如果说这些对领导者有什么现实教训，那就是：领导者可以妥协，但不能放弃组织。"

环境因素的影响

另一个案例是赫伯特·考夫曼（Herbert Kaufman）对美国林业管理局的研究，该研究也表明了环境因素对公共组织活动形成的重要意义。考夫曼将这一研究写成了专著《森林警备队》（*The Forest Ranger*）（1960）。他打算集中研究林业管理局（也是其他大型组织）所面临的一个问题——"行政整合"。由于组织高层制定的大多较为宽泛的政策与底层人员的具体行动之间存在着巨大差距，因此在所宣布的政策与实际的行动之间潜存着巨大的自由裁量空间。因此，考夫曼致力于研究那些超出组织控制之外的因素如何导致警备队的校官偏离组织规范，并探讨了组织能够用来巩固其稳定性的因素。

> 由于组织高层制定的大多较为宽泛的政策与底层人员的具体行动之间存在着巨大差距，因此在所宣布的政策与实际的行动之间潜存着巨大的自由裁量空间。

在林业管理局，考夫曼发现了许多导致组织分裂的因素，绝大多数因素受到了组织之外的影响。对森林警备队来说，"驻扎地的风俗与规范，以及组织外的经历和社会联系给他们带来的喜好和偏见，使他们以不同的方式与组织分离"（p.57）。例如，警备队员经常要作出一些会影响当地朋友和邻居的决定，在这种情况下，对这些人的考虑会极大地影响警备队员的决定。此外，再考虑到地方利益的介入，那么警备队就可能会屈从于地方势力的巨大压力。不管在哪种情况下，林业管理局的统一性都会受到挑战。

为了对付这种与组织分离的倾向，林业管理局至少在早期利用了不同的方法和技巧来整合组织，这些方法包括：利用工作程序（如决策规则、财政计划和工作量计划）来规范行为；监察和打击越轨行为（通过报告、检查和必要时采取的惩罚措施）；鼓励对组织的服从（通过选优培训）。为了避免受到地方人士的不当影响，培养警备队员对林业管理局的高度责任感，林业管理局鼓励他们在权衡利害关系时，将在警备队的职责放在优先于其在地方承担的职责和地位来加以考虑。另外，人员异地轮换机制也会有效地阻止警备队员将地方利益置于机构利益之上。最后，考夫曼认为，林业管理局提高其一线人员对本组织指令的接受程度决定了它的行政整合程度（我们可能会注意到，近年来林业管理局采取了更多的分权与"授权"措施来进行组织管理。如果考夫曼现在对林业管理局进行研究，可能会得出完全不同的结论）。

开放系统与封闭系统的整合

如前所述，我们强调了组织的不同层次对决策的不同看法。在看过了两个开放系统研究的案例之后，我们现在可以回到正题，并从组织层次方面来探讨如何将开放系统与封闭系统的知识融合起来。在这里，我们可以再次借用詹姆士·汤普森的研究成果。他力图在组织的三个责任和控制层次的基础上来调和封闭系统和开放系统的研究方法。这三个层次是：技术层次、管理层次和制度层次。根据汤普森的观点（1967，pp. 10—11），每一个组织都包括一些不同的次级组织：技术次级组织，它关注的是组织实际任务的有效执行；管理次级组织，它关注的是协调组织中的技术群体与服务对象之间的关系，并为技术群体完成任务提供必需的资源；制度次级组织，它关注的是处理作为一个制度结构实体的组织与其广阔的社会系统之间的关系。

汤普森认为，由于理性模型的封闭系统逻辑旨在消除组织的不确定性，所以将这种逻辑应用于组织的技术操作层次是有益的。由于影响组织任务的变量因素能在技术次级组织中得到控制，因而在这个层次可能实现较高的技术理性（效率）。但在组织的另一个层次，即制度次级组织，则必须不断应对高度的不确定性，而且对环境因素的控制被证明是极其困难的。因此，在这个层次，开放系统的逻辑则更为适用，因为它承认外在环境因素和不确定的可能性会对组织产生影响，管理层次的组织功能摇摆于上述两个层次的功能之间。因而，汤普森认为，"如果组织必须在技术层次按照理性标准来处理确定的问题，又必须保持一定的灵活性和适应性来满足环境变化的要求，那么，就需要管理层次发挥其在两个层次之间的协调作用，它不仅可以消除外来因素带来的非规律性，而且可以要求技术层次随着环境变化进行技术上的修正"（Thompson，1967，p. 12）。在这种情况下，汤普森看到了协调封闭系统和开放系统、确定性和不确定性、决定性因素和非决定性因素之间关系的可能性，并指出，这为所谓管理的权变理论奠定了基础。

在制度层面，组织必须不断应对高度的不确定性。①

结 论

本章考察了理性的行政模型及其产生的一些问题。然后指出理性模型的适用性是恰当的。尽管已经出现了许多挑战性的观点，但是该模型所认同的理性假设——可以对行政行为的"事实"进行实证主义的解释，以及利用技术理性（通常诠释为"效率"）作为评价组织生活的主要标准——依然是思考公共组织的核心问题。只要这些假设站得住脚，理性模型看来就是理解组织的唯一合乎逻辑的方法。可是，一些正在建立的方法现在开始挑战这些基本假设，从而挑战理性模型本身。下一章将探讨这些针对组织行为的挑战性观点。

参考资料

Allison, Graham T. *Essence of Decision: Explaining the Cuban Missile Crisis.* Boston: Little, Brown, 1917.

Barnard, Chester I. *Functions of the Executive.* Cambridge, Mass.: Harvard University Press, 1938.

Cyert, Richard, and James A. March. *A Behavioral Theory of the Firm.* Englewood Cliffs, N. J.: Prentice Hall, 1963.

Dahl, Robert A. "The Science of Public Administration." *Public Administration Review*, 7 (Winter 1947): 1-11.

Horkheimer, Max. *Eclipse of Reason.* New York: Seabury Press, 1974.

Kaufman, Herbert. *The Forest Ranger.* Baltimore: Johns Hopkins University Press, 1960.

Lindblom, Charles E. "The Science of Muddling Through." *Public Administration Review*, 19 (Spring 1959): 79-88.

Selznick, Philip. *TVA and the Grass Roots.* New York: Harper & Row, 1949.

Selznick, Philip. *Leadership in Administration.* New York: Harper & Row, 1957.

Simon, Herbert A. "The Proverbs of Administration." *Public Administration Review*, 6 (Winter 1946): 53-67.

Simon, Herbert A. "A Comment on 'The Science of Public Administration'." *Public Administration Review*, 7 (Summer 1947): 200-203.

Simon, Herbert A. *Administrative Behavior: A Study of Decision-Making Processes in Administrative Organizations.* 2nd ed. New York: Free Press, 1957a.

---

① 原文是 certainty，疑应为 uncertainty（与上文所述意思一致），故按后者翻译。——译者注

Simon，Herbert A. *Models of Man*. New York：Wiley，1957b.

Simon，Herbert A. "Administrative Decision Making." *Public Administration Review*，25（March 1965）：31-37.

Simon，Herbert A. *The Shape of Automation for Men and Management*. New York：Harper & Row，1967.

Simon，Herbert A. ，and James G. March. *Organizations*. New York：Wiley，1958.

Simon，Herbert A. ，Donald W. Smithburg，and Victor A. Thompson. *Public Administration*. New York：Knopf，1950.

Thompson，James. *Organizations in Action*. New York：McGraw-Hill，1967.

第 5 章

组织人本主义和新公共行政

正像我们看到的那样，行政的理性模型提出了这样的假设：即人可以积极地作决定，但是，他们所作的决定的范围总是受到组织高层人士即控制层的重要影响。虽然我们可能会去追求那些个人渴望的东西，譬如效用或者满意，但是我们的行为同样会受到控制层强加在我们身上的方针或者决策前提的修正，以使我们的行为和组织高层人士所确定的组织目标保持一致。我们之所以服从，可能是因为我们希望得到奖励，也可能因为我们害怕受到惩罚，或者因为我们已经习惯于服从。但是，无论如何，我们的反应是由管理控制的环境力量塑造的。

相比之下，另一种观点则认为，个人可以被看作是社会世界发展过程中的积极参与者，人的需要、意图和自我价值在决定人类事务的过程中发挥着主要作用。在这里，个人不再被简单地看作是环境中起作用的社会力量的结果，而应发挥着更加积极、有创造力的作用。这种观点显然更看重个人的感受和需求，甚至认为在有些情况下，我们应该把优先权放在个人价值上而不是组织上。正是这种关注个人人格发展的方法，统一了本来会对行政理性模式提出的不同挑战，这些挑战发端于 20 世纪 30 年代产生的一些思想，这些思想直到今天还保持着它们的影响。

本章将探讨一些不同于理性模式的其他选择的发展，尽管这些选择在取向上体现了更多的人本特征，但仍然可以把它看作是对占主流地位的组织理性的挑战。非常有意思的是，这种关注组织生活的人本主义方法本应首先出现在公共行政著作而不是私人管理著作中，但是事实恰恰相反：后来被称为人际关系的方法首先出现在了企业管理和工业心理学中。后来，公共行政才开始接纳人际关系学派，并开始提出一些它们自己的独特看法。

由于这个原因，我们接下去的讨论将首先考察和企业管理有关的一些作者的著作〔尤其是克里斯·阿吉里斯（Chris Argyris）的著作，作为这个领域的理论家，他对公共行政产生了最为深刻的影响〕。而不是首先考察公共行政理论家。在此之后，我们将对现在大家越来越感兴趣的组织变革问题——这一问题在公共行政领域得到了深入的讨论，罗伯特·戈尔姆比斯基（Robert Golembiewski）是这场讨论的中坚人物——进行解释，并考察在公共行政领域中以新公共行政名义出现的具有人本主义基础的抗议运动。在整章内容中，无论是组织中的人本主义的可能性还是局限性，都将被注意到。

组织中的人本主义主题

组织中的人本主义来源散见于一些相关的研究。一方面，对工人行为和非正式组织的科学研究得出了这样的结论：一种更加开放和更具参与性的管理方式不仅会提高工人的满意度，同时也能提高他们的生产能力。人本主义满足了效率的需求。另一方面，通过对组织变革的考察，很多人发现，让组织中的低层工作者（甚至包括组织的顾客）参与管理，将推动组织的重建和复兴。这样，人本主义满足了变革的需求。此外还存在第三种观点（它主要是一种社会性注释），这一观点认为人本主义的方法对于组织化的社会中的个人来说本身就是一种优先，仅仅从道德和伦理的角度考虑，个人在日益组织化的时代维持自己的自由和责任感，这一点本身就应该受到鼓励。于是，人本主义又满足了人性的需求。这几种观点中的任何一种都应该引起我们的注意。

与盛行的行政管理的观点（追求组织设计的科学原理以提高组织效率）不同，研究企业管理的人开始逐渐相信并把人际关系的方法作为管理和组织的基础，形成了和行政管理观点不同的看法。其中，切斯特·巴纳德可以说是这方面的一个代表人物。他力图让大家更加注意组织生活中的那些非正式成员。此外，著名的霍桑实验也表明，人们对组织中的社会和人际环境的关注日益增多。

巴纳德的非正式组织

尽管巴纳德经常被看作是行政管理的理性模式的先驱（主要是因为他的诱因—贡献公式和"冷漠区间"这一概念的运用），但他的著作同样具有引人注目的人本主义色彩。与 20 世纪 30 年代末强调结构的学者相比，巴纳德特别重视人的动机的复杂性。巴纳德的著作《经理人员的职责》（*The Functions of the Executive*）

（1948，p.21）表明他开始注意这个问题。在这本书中，他认为，组织研究总是意味着对个人的某种看法：有时把人看作是社会力量的产物，有时却接受个人"选择和意愿自由"的理念。巴纳德没有尝试去调和这两种不同的看法，相反，他却将这两种矛盾作为自己组织理论的基石。他将正式组织定义为"有意识地协调两个或两个以上人的活动和力量的系统"（p.81），他认为这种协调系统必须依靠个体的参与，为了组织的合作能获得结果，个体的需求和欲望无论理性与否，都必须得到满足。"当个体发现他的行为能够有效满足他的动机，那么他将继续努力合作；如果不能满足，他就将停止合作。"（p.57）

组织的维持（这是经理人员的主要职责）依赖于对人的动机的理解，而不是权威的正式结构设计。譬如说，应该根据一种能够引导个人行为的沟通或命令的形式，而不是等级中的位置来界定权威。为了在组织中合作，经理人员必须考虑那些影响个人合作意愿的社会环境。这其中就有伴随着正式组织的结构成长起来的非正式组织。就像看待其他事物一样，巴纳德辩证地理解非正式组织，"正式组织在非正式组织中产生，它对非正式组织来说是必要的；而正式组织在实际运行过程中又创造了非正式组织，并且需要非正式组织"（p.120）。

除了要理解社会因素是合作行为的基础之外，经理人员还必须认识到这些因素将通过互相矛盾的方式表现出来，就像争论存在于理性和直觉之中，存在于独立和依赖之中，存在于自由和控制之中。巴纳德建议经理人员去理解个人合作中的这种辩证性，而不是去追求科学管理中的"最好方式"和行政管理中的"正确原则"。"合作和组织，正像我们观察到和经历过的那样，是那些相对立的事实、相对立的人的思想和感情的具体综合。确保这个综合体能对相互矛盾的力量采取切实的行动，去调和这些力量、本能、利益、条件、立场和理想，这恰好是经理人员的职能。"（p.21）在这个过程中，在扩大合作和选择的范围内，在促进个人的发展中，经理人员都承担着道德上的责任。没有人可以脱离其他人而存在。

> 在扩大合作和选择的范围内，在促进个人的发展中，经理人员都承担着道德上的责任。没有人可以脱离其他人而存在。

霍桑实验

巴纳德将他的结论建立在了经历和哲学反思上，而另外的一些学者则通过严格的科学研究确立了相似的看法。1927年，一个来自哈佛大学的研究小组在芝加哥西方电气公司的霍桑工厂开始了一系列关于工作条件的研究。最初，这个实验主要是要依据科学管理传统，研究工作环境和工厂生产力之间的关系。工作环境包括：光照、温度和湿度等；工人的生产力包括：疲劳、单调等。在研究过程中，研究人员把几个特定的工人小组作为研究对象，把他们与工厂当中的其他人分开，要求他们在各种不同的环境下工作。工作条件和工人的产量被严格地测量并记录下来。然而，随着实验的不断进行，预期中的工作条件和工人产量之间的关系却没有被物化地反映出来。事实上，在一般情况下，无论外在条件如何变化组合，工人的产量总是在不断增加。

由于这样的原因，研究人员开始把研究内容转向那些可能影响工人工作动机的非正式因素和社会因素上。这种特别的注意很快与实验项目反映出来的情况形成了某种一致的关系。尤其是在实验中，当按照要求改变管理方式时，产量也非常明显地受到了影响，这种影响比改变传统的物理条件所产生的影响要明显得多。当工人和管理者之间的关系发生改变时，实验组中的工人们的士气和凝聚力的大幅提高被记录了下来。具体来说，"那些允许工人建立他们自己的价值和目标的社会因素已经确立并被人们接受"（Roethlisberger and Dickson，1940，p.561）。这些研究资料使研究小组在管理的性质和非正式组织的影响方面得出了非常重要的结论。

研究者们开始转移到这样的理论立场：哪怕再复杂的工业组织都服从于两个不同的目标：第一，提供一定的产品和服务；第二，在成员个人和组织中创造和分配更多的满意度（p.562）。这种渴望得到的满意不仅包括物质刺激和适宜的物理条件，还包括社会和心理方面的回报。正因为如此，那些能够有效利用人际关系的管理形式才是最有效率的，而经理人员的作用就反映了组织的双重目的。一方面，经理人员要努力实现组织的目标。另一方面，正像巴纳德说的那样，经理人员的工作就是维持组织的均衡状态，是平衡满意和合作。无论是谁，都不能低估非正式组织在达到这个目标过程中的作用。研究者们甚至承认，"人们的合作限度在更大程度上取决于工厂中的非正式组织而不是正式组织"（p.568）。

霍桑实验的广为传播，就像切斯特·巴纳德的著作一样，与20世纪30年代占主流地位的一种解释——组织有赖于对权威的正式结构的细致设计——形成了一种鲜明的对比。这些实验提出了这样的观点：每个工人的个体行为都是组织工作的关键，而组织的中心问题是保证每个雇员的合作。此外，研究者们也认为，心理的满意程度和积极的社会环境带来的好处也影响着工人的工作效率。但是，尽管存在着这些观点上的改变，经理人员的主要目的（并非巧合的是，这也是管理科学家们关心的重点）依然是去寻找一种能够确保工人理解和依从管理者意愿的最有效的方法。这个目的使以后的研究集中在了协调人际关系（以便提高工人的满意程度，更重要的是，提高组织的生产力）的最有效的方法上

麦格雷戈的"X理论和Y理论"

在随后的日子里，出现了很多研究人际关系的学者，其中两种最广为人知的理论是道格拉斯·麦格雷戈（Douglas MacGregor）的"X理论和Y理论"以及布莱克和穆顿的"管理方格理论"。麦格雷戈在他的著作《企业中的人性面》（*The Human Side of Enterprise*）中指出（p.561），成功的管理取决于"预测以及控制人类行为的能力"，而更加有效的管理新途径可以在社会科学的发展中找到依据。这

种新的管理方法对人类行为的基本假设和那些传统方法截然不同。麦格雷戈认为（pp. 33-34），在传统方法中，企业管理者和管理学者对员工的基本假设是这样的：

（1）一般人天性懒惰，不热衷于工作，只要有机会就会逃避工作。

（2）因为人类这种天生懒惰的本性，大多数人需要用强迫、控制、指挥、甚至处罚的方式才能尽力去达成组织目标。

（3）一般人比较喜欢被领导，希望逃避责任，事业心不太强，对于他们来说，安全感胜过一切。

根据这种"X理论"的假设，管理的根本方法应该是报酬与惩罚、诱因与威胁、强迫与控制。但是麦格雷戈指出，这种管理方法哪怕是以"最弱"的形式表现出来都是无效的，因为它忽视了个人的社会层面和自我层面的需求。

现代社会科学对于这些重要性的确认产生了又一套可供选择的有关人类行为的新的假设以及相应的新的管理方法。麦格雷戈作出了新的人性假设（1960，pp. 47-48），包括：

（1）工作中体力和脑力上的付出就像游戏或者休息时体力和脑力的付出一样自然。

（2）外在的控制和惩罚的威胁不是促使成员为了组织目标而努力的唯一手段。人对达成其承诺的目标会实行自我引导和自我控制。

（3）人对目标做出的承诺取决于随着达成目标而产生的报酬。

（4）在适当的条件下，一般人不但可以学会承担责任，而且能够学会争取承担责任。

（5）运用相当高水平的想象力、智力以及创造力去解决组织的问题并不是只有少数人才具有的能力，而是大多数人都具有的能力。

（6）在现代工业生活的背景下，一般人的智慧潜力并没有被充分挖掘，只是被开发了一部分而已。

根据这些假设而导出的组织原则就是整合，也就是创造一种环境，使人在这种环境下既能够实现自己的目标，同时又能够达成组织目标。要把个人整合到组织中去，也就是说，管理者必须努力（也许可以通过更加开放和成员参与性更高的方法）确定组织成员的需求和欲望，然后协助个人确定其个人目标，使个人通过努力完成组织目标来充分实现自己的目标。

人格与组织

阿吉里斯的著作表现了一种对个人与组织间关系更为精致的诠释，一种新的意义更为丰富的理论选择。阿吉里斯早期因出版《人格与组织》（*Personality and Organization*）（1957）一书而一举成名，该书是对以往有关个人人格和组织之间关系的诸多文献的回顾和综合。在阐述了这一理论之后，阿吉里斯（1962）对他的理论的各个方面进行了实证性研究，尤其是在人际关系能力和组织效率方面。最近，阿吉里斯的兴趣则集中在管理与组织的发展方面，或更宽泛地说，也就是阿吉里斯自己所谓的"组织学习"上面。在这个部分，我们将探讨阿吉里斯的论点和其他人际关系学者的论点之间的关系，同时，阿吉里斯的学说似乎正在向另一种组织生活的观点发展，这里我们也将探讨这种可能的方向。

管理实践和个人成长

阿吉里斯在《人格与组织》一书中认为，正式组织的结构和传统的管理惯例往往和某些个人成长与发展的基本趋向不一致。阿吉里斯（1962，p.50）在回顾了关于人格发展的文献后指出，在从婴儿成长到成人的过程中，社会中的个人总是表现出这样的倾向：从被动到主动、从依赖到独立、从有限的行为范畴到较大的行为范畴、从肤浅的兴趣到深刻的兴趣、从关注眼前小利到放眼长远、从从属地位到平等地位乃至上级地位、从懵懂无知到启蒙清醒。人格每一个方面的发展都构成了更健全的成人人格。

相比之下，正式组织理论中的标准的管理方式却直接抑制了个人的成长。工作的分化以及权力与信息的集中是正式组织的象征，这种象征隐含着对于人性的某些假设，这些假设适合婴儿而不太适合成人。例如，大多数组织中的雇员对他们的工作都没有什么自主权，他们被要求依赖、顺从，甚至他们的反应也被限制在一定的范围内。在这种环境中，雇员正常的成长和发展机会会受到束缚，他们会从中体验到相当大的挫折感，这些挫折感会以各种形式表现出来：从心理倒退到敌对状态都有可能。更为严重的是，雇员的这种挫折调适模式受到了组织中其他处境相同的人的支持，这样就更强化了他们的挫折调适行为。

从管理的角度而言，这种挫折的调适行为是组织发展的巨大障碍，因为它们限制了个人和团队为组织运作作出贡献。管理者对这种行为的典型反应是严厉的叱责或者处罚，对于那些消极行为则采取强硬的行动来加以控制。假如管理者的基本假设是 X 理论，认为工人基本上是懒惰的，那么那些受到挫折的工人所表现出来的冷漠又正好印证了管理者的观点，从而使管理者继续采取权威式的反应。管理者的这种表现又必然会引起工人进一步的挫折感，而这种挫折回过头来又激起了管理者更加严厉的叱责和惩罚，如此周而复始，使管理陷入了一个周而复始的恶性循环。

阿吉里斯认为，无论是对管理者还是对员工而言，一条有益的途径应该首先建立在对个人成长和发展的基本趋势的理解上，然后通过管理，设法把这些倾向趋势和组织的任务融合起来。这种努力将有可能会使个人和提效后的组织双方都能得到最佳的自我实现。至于如何使个人需求和组织要求取得一致或者彼此融合，这项艰难的工作就是管理者的责任了。

一条有益的途径应该首先建立在对个人的成长和发展的基本趋势的理解上，然后通过管理，设法把这些倾向趋势和组织的任务融合起来。

　　根据阿吉里斯的观点（1962，p. 207），一位有效的领导者必须很清楚地了解组织的环境，他说："就如何做一个好的领导者而言，并没有一个预先设定的正确方法，究竟该选择何种领导方式，这取决于对领导者所处的现实处境的精确诊断。"这种"以现实为中心的领导方式"的关键在于管理者观察情况、诊断事态和从经验中学习的能力。因此，这就要求管理者具备这些能力，"自我意识的技能、有效诊断的能力、协助个人成长并使他们更具创造力的能力、与那些具有依赖倾向的雇员和睦相处的能力，以及能够在充满竞争的管理界生存下去的能力"（p. 213）。

　　阿吉里斯强调，管理者必须既了解自己，又了解别人，也就是说，既必须从自己的体验中学习，又必须从他人的经历中学习，这种强调在其早期关于人性与组织的著作到后来关于组织变迁的著作之间是一以贯之的，同时这种强调也可以说明他和其他人际关系学者之间的重大差异。当然，阿吉里斯的许多论著也和其他人际关系的著作一样，在管理的应用上也会要求组织对其成员采取更复杂的控制手段。但是，人际关系技术的这种应用却并没有真正涉及领导者和组织之间真正的信誉感，也不具备任何友爱的感情和对组织的一致性的认同。然而，这种承诺隐含着一种彼此了解的关系，并为创造互相信任、开放、自尊的环境和改善组织的条件创造了可能性。这是阿吉里斯著作中潜在的根本的含义，尽管这个含义连阿吉里斯本人也并未完全详细阐述过，但却和他对组织变迁的观点大有关系。

　　今天，如果大多数组织为缺乏互相信任、沟通不通畅，以及过度的形式化而大为苦恼，那么我们如何引领这些组织朝更好的人与人之间的互相信任、更加开放的沟通，以及个人层面和组织层面更大的机动性等方向变迁？阿吉里斯（1972）采用社会心理学家勒温的观点，这样回答：首先，摒弃原有的行为方式，然后采用新的行为方式，并将这些新的行为方式进行适当的冻结。非常明显，这个过程会困难重重。尤其当计划性变迁和既有规范之间存在很大差异，从而使个人和组织陷入高度的不适状态时，更是不易。于是，从行为科学关于计划性变迁——通常被称作组织发展——的研究成果中，阿吉里斯找到了一个方法，可以使组织及其成员朝着更积极和更和谐的关系的方向转变。

干预者的角色

　　大多数组织发展计划都需要一位干预者，这位干预者通常来自于组织外部，他的任务是和该组织的成员一起工作，以便增进既有的人际关系的效率，或者在组织运作中促进计划性变迁的执行。尽管组织发展计划的成果有可能改变组织成员，使他们变得更加开放、坦诚，更能相互信任，但是也有可能只不过是再扩大管理上的控制而已。在这个方面，阿吉里斯关于干预者角色的界定是最具有民主意义的。阿吉里斯认为，就像管理者不能使工人有太多的抗拒和依赖那样，一位干预者的行动也不能在该组织中造成这样的情况。为了避免工人产生抗拒和依赖，阿吉里斯（1970，pp. 12-13）认为，干预者有三项基本任务：（1）协助当事人产生有效并且有用的信息；（2）为当事人作出明智而自由的选择创造条件；（3）协助当事人对其选择做出发自内心的承诺。总之，干预者的角色可以说是协助个人与组织去学习，这个问题需要进一步加以讨论并予以特别关注。

阿吉里斯（1978）在他和舍恩共同撰写的著作中指出，个人和组织同样都具有"信奉的理论"和"使用的理论"，前者是指当事人自己宣称在行动中将遵循的理论；后者则是指当事人在行动中真正遵循的理论。为了能够产生真正有效的学习——或者说，为了学习能够真正影响行动——我们必须让信奉的理论和使用的理论更为一致，当我们发现这两个理论在实际运作过程中发生问题时，这两个理论必须都发生改变。如果组织成员发现一些影响组织运用其"使用的理论"的能力的问题，他们可能会采取一种被阿吉里斯和舍恩（1978）称作"单线学习"的做法。如果组织要评估及决定"新的组织规范的优先性与重要性"，或者要重建组织规范时，"双线学习"就有可能发生（p. 24）。此外，无论是个人还是组织，都还有一种"再学习"，这主要是指学习如何学习。在这个学习过程中，人们会回顾过去学习成功或失败的经历。"他们会发现他们的做法哪些促进了学习，哪些阻碍了学习，他们会构思提出新的学习策略，并对所提出的这些新的学习策略加以评估，扩展这些学习策略的适用范围。"（p. 27）换句话说，他们在改善他们的学习理论。

阿吉里斯的观点似乎认为，组织与个人在面对现代生活特有的复杂性和动荡性时，必须探究自己的有效学习能力；在这一过程中，组织或个人会得到干预者的帮助。于是，阿吉里斯观点中的干预者同时也成为了研究者、教育者，更是变迁的发动者。但是，在所有成员都承诺要学习的组织中，干预者的角色毫无疑问地就落在了管理者身上。因此，管理者和干预者承担了同样的角色。然而，这种情况却暴露出阿吉里斯观点中的一个两难问题，因为一个管理者不可能保持绝对的中立状态，相反，他在组织生活中往往是一位带有个人利益的局中人。尤其是管理者必然拥有的某些权力会使他和组织现状产生必然的利害关系，这种情况使管理者倾向于保持目前的权力结构以维持其既得利益。但是，组织学习的产生却是对组织的现行规范性结构的一种批判与挑战，管理者必须从以下两种方式中选择一种处理方式：一是采取权威性的行为以使组织保持现状；二是采取民主式的行动以促进组织规范的改变。很明显，如果对于双线学习有充分的承诺，他应该选择后者。然而，阿吉里斯对这一点的态度却模棱两可，含混不清。

阿吉里斯著作的含义

在有关人际关系的诸多著作中，我们发现阿吉里斯的著作对人性与组织间的关系作了最细致而全面的论述。但是，就当前的观点来看，他的论述似乎仍然没有超越工具理性观点的束缚。然而，阿吉里斯所特别强调的组织学习有望最终产生连阿吉里斯本人可能也未曾预料到的深远影响。通过他的理论，我们甚至可以在工具理性和对工具理性的批判（或者学习）之间建立起新的联系。无论如何，我们可以清楚地确定，阿吉里斯对于公共组织和私人组织的理论（尤其是在组织变迁方面）已

82

经产生了实际的影响。

公共部门的组织发展

在公共部门的学术研究领域中可以与阿吉里斯的著作相提并论的是戈尔姆比斯基的著述。从他早期关于小团队、组织行为，以及伦理和管理的著作中，戈尔姆比斯基就已经对组织发展给予了持续的关注，他把组织发展看作是公共部门组织成长与变迁的理论基点。

道德的管理

我们可以通过以下几种不同方式来解读戈尔姆比斯基的早期著作《人、管理与道德》（*Men, Management, and Morality*）（1967）：它可以看作是行政伦理的早期研究，可以看作是想整合个人与组织的另外一种尝试，也可以看作是行为科学应用于组织计划性变迁的一个序曲。戈尔姆比斯基首先以标准的人群关系的讨论方式指出，传统的组织理论将重点放在自上而下的权威、事无巨细的监督，以及组织的常规程序上，这样的组织理论是无法兼顾个人发展的。但是，阿吉里斯的立论基础在于提高个人的心理成熟度。和阿吉里斯不同的是，戈尔姆比斯基却认为，传统的正式组织理论对个人自由问题的忽略，正显示了传统理论对个体工人的道德状况不够敏感。与传统的组织理论对个人道德的这种冷漠相对，戈尔姆比斯基在其著作《人、管理与道德》一书中（1967，p.53）表示，最近越来越多的研究显示，"道德的敏感度与令人满意的工作产出和工人的满意度相关。"

此外，戈尔姆比斯基（1967，p.65）还特别指出和经济生活相关的五点价值观，他认为，这五点价值观源自犹太教与基督教所共有的伦理道德：

（1）工作必须能被个人在心理上接受……

（2）工作必须允许个人去发展自己的才能……

（3）工作任务必须给予个人相当大的自我决定余地……

（4）工人必须有机会以一种有意义的方式控制工作环境……

（5）组织不应该成为行为唯一和最终的仲裁者，应该运用外在道德秩序来支配个人和组织……

这些价值观正被当作新的组织方式受到检验，而这些新方式将进一步增强犹太—基督教伦理道德，同时，也能在行为科学文献中与员工高满意度和高工作产出联系起来。例如，上面提到的第一点价值观就是在工作轮岗和工作扩大化方面进行讨论的，其他几点亦然。

个人自由与管理控制

尽管戈尔姆比斯基在管理控制与个人自由问题上的目标是"在组织中扩大个人

裁量的空间并提高个人的自由"，但是最终看起来，前者要比后者得到了更好的实现（1967，p.305）。他所讨论的管理技术尽管没有被疏忽，但也几乎没有超过人际关系学者对复杂组织所做的努力。我们看到，X 理论与 Y 理论、管理方格理论、阿吉里斯关于人格与组织的关系的著作等，都提出并促成了一种更为开放、更具参与性的管理途径，以获得更高的员工满意度和组织生产力。但是，从戈尔姆比斯基所关心的个人自由和犹太—基督教伦理道德来看，有一个问题我们无法逃避，即当我们对提高个人自由的努力可能只有以牺牲组织生产力作为代价才能发生作用时，这样的努力是否值得呢？但是这种可能性却没有引起戈尔姆比斯基的思考而是被忽视了。由于缺乏对这种可能性的充分讨论，我们对戈尔姆比斯基的理论产生了这样一种感觉：人际关系学派只是（即便不是有意地）为管理控制提供了更多的技术，一些在伦理道德基础上可以贩卖给工人的技术。

对戈尔姆比斯基而言，在有关上述的第五点价值的讨论中——也就是组织不应该成为行为唯一和最终的仲裁者，而应该运用外在道德秩序来支配个人和组织——他的理论中的两难状况更为明显（而且仍然没有得到解决）。虽然戈尔姆比斯基非常正确地指出，只要复杂组织得到允许，他们就会发展出自己的伦理标准，而这些伦理标准极有可能会与个人及其所处社会的伦理标准相冲突。但是，戈尔姆比斯基（1967）没有正面应对建构一个基于民主、社会主义或者其他基础之上的社会政治伦理道德标准的巨大任务，而是去讨论组织中的集权和分权问题，并且把分权看作是解决"核心道德问题"的答案。"分权是一切分析的原动力和最后结果"（p.286）。可以推测一下，个人在分权化的组织结构中可能拥有较大的道德自由范围。尽管这样的分析方法可能是正确的，但是戈尔姆比斯基却相信即使在分权结构中，组织的伦理道德标准仍然可以发挥作用，特别是因为"在分权结构中的行动自由是以遵守团体决策为代价而得到的"（p.273）。换句话说，戈尔姆比斯基又认为个人的自由仍然是由组织定义的，因此，上述第五种价值所提及的那种个人和组织必须服从的外在的道德标准实际上是不存在的。

虽然戈尔姆比斯基在《人、管理与道德》一书中关于个人自由和管理控制问题的探讨的确有不足之处，但是，我们还是可以从更加积极肯定的角度来评价其著作，他在建构公共组织理论方面的努力尤其值得注意。与公共行政中日渐强大的实证主义取向不同（戈尔姆比斯基本人也对这个取向持大力赞同态度），戈尔姆比斯基开门见山地讨论了组织中的道德问题。戈尔姆比斯基也不同于其他严格区分事实和价值的学者，他寻求的是对事实和价值的整合，或者甚至可以说他试图在"理论中的客观"和"实践中的伦理"两者当中找到某种关联。此外，值得注意的是，戈尔姆比斯基分析的最终结果导向组织的分权。尽管他对组织分权的探讨过于狭隘，以致无法为外在的道德标准建立基础——虽然杜邦公司似乎的确从组织分权当中得到了利益，但是我们还是很难像戈尔姆比斯基那样，在杜邦这样的事实基础上建立外在的道德标准——但是，他关于分权的论点还是引出了两个非常有趣的研究方向。第一，它暗示了个人和组织（或者和社会）之间的关系必须从道德和政治层面，而非从管理技术的角度来解决；第二，它提出了这样一个问题，组织改革怎样在通过分权扩大道德效益的同时，保障由于生产力提高而得到的物质利益。如果戈尔姆比斯基在以后的著作中选择研究前面一个问题，那将会是非常有意思的课题，但事实上，他将重点放在了后者。

"终极价值"与组织发展

戈尔姆比斯基在他 1972 年出版的《更新组织》（*Renewing Organizations*）以及 1979 年经修订后更名为《计划性变迁的途径》（*Approaches to Planned Change*）的著作中，对组织的变迁途径进行了最为清楚的阐述。在这些著作中，戈尔姆比斯基以其早期关于小团体行为的动态研究为基础，仔细地建构了组织变迁的实验室途径——换句话说，也就是在像 T 形团体之类的直接的社会互动当中，通过学员的亲身体验来诱发学员自身的改变。戈尔姆比斯基把这种实验室途径看作是产生组织发展活动的一个重要来源。他（1972，p.112）关于组织发展技术的讨论和主流的组织发展实践的探讨即使有差异，差异也不大。但是，戈尔姆比斯基在他的著作中对价值的作用表现出更多的关注，这是其他组织发展学者所没有的。这个方面的问题与建构公共组织理论有直接的关系（正如我们在戈尔姆比斯基的著作中看到的那样），所以以下探讨将不侧重于组织发展的具体技术、调查反馈、团队建立和职业的发展等，而将偏重于探讨这些工作的价值含义。

戈尔姆比斯基（1972，pp.60-66）认为，在实验室途径中，有五个引导个人与组织发生改变的价值取向：（1）接受以相互接近和开放沟通为基础的询问；（2）增强行为选择的意识和认知，特别是尝试新的行为以及选择被认为最有效的行为的意愿；（3）权威的合作性概念，强调在公开探讨问题分歧时的合作与意愿的同时注意解决这些问题；（4）互相帮助的关系，彼此间具有同一感和对于他人的责任感；（5）人际关系中的真诚态度。这些价值取向不仅决定了实验室活动的组成，也为作为整体的组织提供了一种模式。这些价值取向既是干预者的指导原则，也是干预者试图在组织中建立的终极价值观念。

由于这些价值取向和传统的官僚管理的价值取向有很大的不同，所以它们看起来是一种对传统的替代，至少在理论层面上是如此。戈尔姆比斯基也曾经谈到，传统的金字塔式的价值取向的确经常无法正常发挥功能，需要替换。他描绘了一种与传统相对的"合作—共识管理体系"，这个体系强调开放、接触、反馈，以及共同担负责任等。但是，这种新的模式从来也没有表现出它可以直接替代传统的官僚制。相反，从权变管理理论的逻辑来看，这种新模式只不过是在某些特定情况下的权宜之计罢了。

在像军队或者警察之类的组织中，机械性或功能性的组织体制还是十分必要的。戈尔姆比斯基曾经说过："要想在这些组织中唤起达成共识的渴望无疑是愚蠢的。如果强制性的行为需要一种结构，在这种结构中，只有集权性的决策模式才是切实可行的，那么，唤起追求上述那种共识的热情将会带来痛苦。"（Golembiewski，1972，p.571）但是，由谁来决定哪些事项是需要强制的呢？一般情况下，由主管人员决定的可能性要比由干预者决定的可能性更大，而由这两者决定的可能性又比由工人决定的可能性更大。总之，组织发展的努力并没有打算以牺牲生产力为代价来扩大工人的自由度并提高工人的满意度。其实，正如戈尔姆比斯基所说的那样："组织发展其实隐含着这样的交易，即只要个人能在组织中接近多元的人性价值，那么他同时也会为完成组织任务作出更尽力、更自由的贡献……简而言之，组织发展并不期待发生某种搭便车的结果。"（Golembiewski and Eddy，1978，p. 11）

组织发展追求某些终极价值，甚至包括那些和传统的官僚价值所关注的相左的价值；与此同时，组织发展也追求"组织管理层所渴望的、比较狭隘的组织目标"（Golembiewski，1972，p. 10）。这两者的潜在冲突，以及干预者和管理者之间的潜在冲突不仅会引发道德问题（关于这点已经在《人、管理与道德》一书中有所涉及），而且也会引发政治问题。虽然一些组织发展的实践者（如阿吉里斯）会仔细避免自身价值观的渗入，但是戈尔姆比斯基却鼓励他的支持者们去表达他们的价值观，因为这一事实——他们的价值取向从一开始就可能引起那些关心民主制度人士的兴趣——使他们别无选择地在工作中注入价值观。

戈尔姆比斯基著作的含义

尽管存在着许多缺点，但是从一个非常重要的角度而言，戈尔姆比斯基的论述对公共行政学的重要性可能比他自己所认为的还要大。让我们来看看戈尔姆比斯基针对库恩（Thomas Kuhn）的著作《科学革命的结构》（*The Structure of Scientific Revolutions*）（1970）中的立场所提出的自己的看法。库恩指出，科学探讨的某种传统就像科学工作的某种模型那样发挥作用。根据库恩的论点，这些科学范式不会轻易地产生，也不会轻易地改变。相反，各种各样的范式会因为期望最后得到接受而相互竞争，尤其是当科学家发现"异类"，或者发现那些在现有范式中无法解释的东西时。最后，在库恩所说的"科学革命"中，相互竞争的范式中会有一种被大家接受。

让我们暂时假定，公共行政学者已经在"哪些是我们要问的恰当的问题和怎样去提出这些恰当的问题"这两个方面达成了某种程度的共识——换言之，"范式"正在发生作用。这意味着在对公共行政已达成的某种比较广泛的共识的框架下，存在着理论上的分歧。那么，我们又将如何描述这样的共识呢？正如我们所看到的，大多数公共行政理论关心如何通过官僚制的层级结构组织来制定政策，然后借助各种机构的运作来赢得人民的服从，最后达到效率目标，这是第一点共识。此外，许多公共行政学者希望通过运用客观主义和实证主义的方法（这些方法建立在对外显行为的观察上，建立在依据资料结果建立的命题性架构上）来发展自己的学术领域，这是第二点。这两个趋势反过来又隐含着一种公共行政中关于理论与实践的关系的特殊观点。无论这些一般性的共识是否就是库恩所谓的范式，非常明显的是，现行公共行政理论中的各种方法所具有的共同之处要比表面上看起来的更多。

如要我们刚才的假设成立，那么我们可以预料到，现在的学科发展（譬如行政的理性模式、主流的组织发展观念等——它们与效率、实证主义等基本方面一致）绝不可能对公共行政领域产生大的震动；相反，那些对公共行政基本的、被认为是毫无疑问的信念提出挑战的观点才会引发最大的动荡和变化。在公共行政领域中，做出这一巨大努力的是"新公共行政"。正是由于这个原因，在我们更进一步探讨公共行政的共识之前，先探讨一下新公共行政所引证的这些内容是有帮助的。

在美国公共行政理论发展史中，非常有意思的一个"章节"就是至今仍然被称为的"新公共行政"的思潮，尽管我们现在所说的"新"公共行政的诞生可以追溯到 1968 年。有些学者认为，新公共行政试图为当时的公共行政教学和研究模式找出一条全面的替代途径，换句话说，新公共行政代表着公共行政领域的范式的转变。另外也有一些学者认为，新公共行政有很大的局限性，因为这个学派的支持者虽然找出了现有公共行政研究方法中存在的问题，但却缺乏一种具体的替代方案。作者本人也倾向于后一种观点，虽然新公共行政对于公共行政领域已经产生了重大影响，并且还将继续发挥其重要作用，但这种影响和作用更多地体现在发掘了传统理论框架下的"异类"，而不是提出了什么真正的替代性理论。

新公共行政

在美国公共行政的发展历程中的一个有意思的阶段被称为"新公共行政"，这个所谓的"新"公共行政实际上诞生于 1968 年。有些学者认为，新公共行政为公共行政的研究和教育提供了一个新的选择，并且对传统的公共行政领域提出了具有示范性的挑战。另一些学者觉得新公共行政比传统公共行政具有更大的局限性。他们认为，新公共行政的支持者指出了传统公共行政研究方法中的弊病，但没有提出自己独特的研究方法。我更支持后者的观点。尽管我承认新公共行政的出现对公共行政领域来说有重大的意义，但是这种意义仅仅是它指出了传统理论框架内所存在的问题，它并没有提出自己的、新的替代方案。

明诺布鲁克会议的观点

首先要指出的是，所谓新公共行政是一种非常审慎的学术努力，这种努力的程度远远超过了其支持者或者反对者所认为的程度。在这场运动中，其他学者的贡献远大于其自身成员的贡献。如果说新公共行政引发了一场运动，那么这场运动充其量也只具有象征意义，因为这种象征是其他学者而非其自身成员所赋予的一个标志。这场运动起源于 1968 年在锡拉丘兹大学明诺布鲁克会议中心（Syracuse University's Minnowbrook Conference Center）举行的一次学术会议，这次会议的宗旨是想召集公共行政领域中最具潜质的年轻学者探讨他们对公共行政领域共同感兴趣的问题和学术方法，同时，含蓄地说，就是探讨那些可能与公共行政领域中德高望重的学者相左的观点。该会议所发表的论文和评论被编辑成书，书名为《走向新公共行政》（*Toward a New Public Administration*）（Marini，1971），用来表达明诺布鲁克会议的学术观点。于是这场运动就有了一个名字，反过来说，一个名字就意味着必须有一场运动来匹配。所以，尽管明诺布鲁克会议中的论文所表现出来的观点大相径庭［另一本相关著作是沃尔多于1971 年所著的《动荡时期的公共行政学》（*Public Administration in a Time of Turbulence*）］。但是，一场运动就这样诞生了。从一开始，其象征意义就大于真实意义。

虽然有些认同新公共行政运动的学者持有左派观点，但是这场运动的激进程度还是不能和那个时期其他社会科学学科相提并论。例如，和其他领域的学科不同，新公共行政运动的年轻学者们既没有试图组建一个激进的学会，也没有发行相应的刊物去表达他们的观点。在学术思想方面，他们也鲜有一致性。虽然某些主题确实主导了明诺布鲁克会议的讨论，而且其支持者也不在少数，但是，那些主题大部分都把信任、平等和参与转化为了更一般性的要求。这个运动并没有出现一种可以让人们理解公共组织的方法，也没有对公共行政领域中现有的共识提出挑战。可是，尽管如此，新公共行政所提出的很多要求仍然是非常棘手的，因为公共行政学中现有的方法很明显还无法回答这些问题——这个事实往往令很多学者苦恼（不仅是思想的苦恼，而且还是个人的苦恼）。

政治与行政

新公共行政主张，如果到了20 世纪60 年代还存在某种传统的政治—行政二分法这一概念的痕迹，那么它们就应该被有效地消除。和以往的学者不同——新公共行政的学者们认为政治和行政的二分是不切实际的，行政人员的确在制定政策——新公共行政的学者主张行政人员"应该"制定政策。这个主张部分是出于对一些传统政治部门的失效的回应。例如，行政部门、立法部门往往在解决诸如贫困、种族歧视，以及战争等问题时找不到很好的解决方法。如果传统政治部门做不到（或者不愿做）的话，那么行政人员自己接手处理的时机或许就来到了。但是，由于公共行政和政治科学学者很显然都不具备与这些问题有关的知识，所以，新公共行政的学者又进一步向这些问题的要害提出了挑战。他们认为，公共行政对于行政管理的过分依赖，以及政治科学对于行为主义的过分喜爱，都阻碍了学者们从能够帮助社会解决最急迫问题的角度来理解公共行政。正像拉波特（1971，p. 21）所说的：

> 当代公共行政正处在这样的状态中：分析模型是过时而不适合的，规范理论乏味空洞。同时我们对究竟应该摒弃还是接受那些试图挽救政治—行政危机或学术风气的实质性问题或分析模型又几乎没有标准。现在公共行政有两个教学或者研究取向；或者以过去发生过的事情为根据，或者立即作出回复以阐明已经建立的问题定义。但是，在建立行政视角、发展政治领导、提升思想的活

力方面，以及在公共行政的学者、实际操作者和公共行政的未来之间的关联性方面，这两个取向的效用都十分有限。

就公开行政这一领域而言，就像拉波特所说的那样问题当然不是简单地"发现相关性"。毕竟，就像很多新公共行政的反对者所说的那样，公共行政研究过去总是和政府的实际运作联系得很紧密，特别是政府的改革行动对公共行政研究的影响更大。事实上，其他大多数学者对公共行政的共同指责是，作为一个研究领域，公共行政过于实用了，和实践的联系过于紧密了。所以，在新公共行政真正提出的议程中，并没有打算恢复公共行政和行政实践之间的联系性，而是设法使公共行政研究能够在更广泛的条件中变得有关联，能够和政治系统以及政治系统中的行政要素形成适当的关联。

一位明诺布鲁克会议的与会学者（Crenson，1971，p. 88）对上面的问题进行了这样的阐述："公共行政并非仅仅是执行公共政策的手段，而是公众如何理解世界——尤其是政治世界——以及如何理解他们自己在这个世界中的地位的决定性因素。"尽管官僚体系或许起初是作为一个执行行政部门和立法部门的意愿的工具，但是现代社会中的公共官僚体系——仅仅因其庞大无边和错综复杂——可以在很多方面影响政治系统。官僚体系并非仅仅在体系内部决定重要政策，公共组织还引导公众的注意力，并且在设定公共事务的议程方面扮演重要角色，同时也帮助建立社会价值观。因此，公共组织不只处于政治的外围边缘，还处于政治活动的主流地位。

> 官僚体系并非仅仅在体系内部决定重要政策，公共组织还引导公众的注意力，并且在设定公共事务的议程方面扮演重要角色，同时也帮助建立社会的价值观。

新公共行政的这种看法是正确的，公共行政研究必须脱离狭窄的行政过程的研究，转而更广泛地关注民主社会中的政策的规划、合法化和控制。封闭系统的观点必须被开放系统的观点所取代，因为只有开放系统才有助于更完整地理解政策过程。这样的研究部分基于实证性，明诺布鲁克会议中的一些论文也对如何做实证研究进行了探讨。但是，归根到底，这还是一种规范性的研究，因为它要求公共行政学者和实际操作者努力为社会设定恰当的方向，并寻找达到这些方向的方法。面对这些问题，新公共行政学者遇到了一个传统的需要区分的问题：事实与价值。

事实与价值

根据新公共行政学者的观点，从某种意义上说，社会科学家之所以无法产生恰当、适用的知识，是因为他们对实证主义的信奉使他们把自己的学术活动局限在资料收集和统计处理上，这样就只能得出经验主义取向的理论。新公共行政运动所追求的是，在研究过程当中重视价值的作用，以及社会科学家应该表现出来的更强大的社会倡导性作用。然而，新公共行政运动并没有非常公开地对实证主义发起挑战

（除了下面的那个例子）。例如，新公共行政学者指出，无论是科学家本身，还是在他们的研究题材中所体现出来的价值，往往会和实证社会科学所主张的"价值中立"理想发生激烈的碰撞，认识到这种潜在的冲突的可能性，或许可以使研究过程更加清晰，也可能使研究成果有助于更恰当地解决社会问题。他们指出，科学家往往是根据自己的兴趣，而不是根据学科的需要选择研究题材。照这个逻辑思考，一个具有较高社会意识的科学家所提出的问题往往对于社会具有重要的意义。他们更进一步认为，承认了这种偏好的存在，能够帮助科学家更小心地维护其研究的客观性，并进而提高研究结果的真实有效性。

新公共行政学者认为，科学家们研究的下一步是要把那些通过研究活动获得的知识加以应用，以改善社会状况。科学家的责任并非在产生新的知识理论的时候就终结了，而是应该进一步将知识传播开来，特别是应该传播给那些对于制定公共政策有影响的人。因此，新公共行政学者极力主张学者应该设法使自己的主张为政策制定者所用，并基于对问题的深刻理解让自己成为变革的倡导者。由此可见，新公共行政运动在它的发展方向中很明显地带有规范性。尽管其研究可能的确具有实证性根据，但是，在新公共行政学者的眼光中，规范性的结论不但是无法避免的，而且也是不可或缺的。

那么，新公共行政是否会因为对规范性层面的广泛关注而对实证主义提出根本性的挑战，或者是对实证主义进行改革呢？乔治·弗雷德里克森（George Fred-erickson）似乎更倾向于后者。他在明诺布鲁克会议的论文集中指出，新公共行政运动既不反对实证主义，也不反对科学；学者们的兴趣只是在于运用科学的、分析的技术去了解各种政策的影响，以及探索满足客户需要的新方法。所以，弗雷德里克森认为，用"第二代的行为主义学者"来描述明诺布鲁克会议的新公共行政学者或许会更准确一点，而这个说法和后来加里·温斯黎（Gary Wamsley）在一篇论文中提出的"新社会科学"假设非常相似。然而，尽管温斯黎的文章是对新公共行政的批判，但是他却很好地总结了明诺布鲁克会议支持一种承认"在引导科学的方向、决定科学研究的议程方面，价值和规范发挥了重要的作用"的实证科学。（pp. 393-394）

在很大程度上，新公共行政所关心的重点似乎是对实证社会科学进行改革。但是，这其中有一个例外，而且这个例外最后竟然成为了新公共行政的常态——从某种意义上说，这个例外和新公共行政运动在表象和实质之间的混淆不清这一特征有点相似。这个例外就是拉里·柯卡特（Larry Kirkhart）在明诺布鲁克会议中所发表的论文。在这篇论文中，他试图用存在主义和现象学的观点去建构公共行政理论。柯卡特在这篇论文中指出，社会科学的最新发展（尤其是社会学、知识论、发展心理学等）可能能够为超越传统的韦伯式理性官僚制的观点提供基础。柯卡特相信，这些发展将直接对社会科学中的实证主义方法构成挑战，并且使许多"非官僚制变形"（其中一种变形被柯卡特称为"结合模型"）的出现成为可能。很明显，柯卡特的著作中所体现的知识论的观点在观念上是反实证主义的，而且在很多方面也预示了十年后公共行政的某些重要的努力方向（这些努力将在第 7 章中再予以论述）。但是，就此就给整个新公共行政贴上"现象学"取向的标签则是不公平的。

充其量，新公共行政运动的愿望只不过是一个开明的公共行政科学，只不过希望这样的科学可以去研究规范和价值问题，并主张根据规范和价值行动。这样，新公共行政接下去要解决的问题就是：最值得我们关注和信守的价值究竟是什么。

效率与公平

既然新公共行政学者热衷于探讨规范性问题，于是他们很快就开始转而注意那些支持早期传统公共组织的价值观，而在这些早期价值观中，效率标准是最主要的。新公共行政学者准确地指出（如本书第 4 章中所讨论的），虽然效率只不过是众多可以选择的价值观中的一种，但是对效率原则的采纳必定会排除我们对其他价值观的关注，譬如平等或参与原则就可能被忽视。此外，他们还指出，传统的公共组织理论有朝向技术主义发展的趋势，而技术主义又强烈地依附在效率原则上，甚至把效率原则当作基本价值。在这个追求理性效率的过程中，组织出现了一种"失去人格"（depersonalization）以及"主体客体化"（objectification）的趋势。与此相对照，新公共行政旨在为公共行政研究寻求一种与以往不同的、或至少是补充性的基础。在他们所提出的各种替代方案或者补充中，**社会公平**是一个核心概念。

毫无疑问，公平包括了平等感和正义感，具体地说，公平的重点就在于纠正现存社会价值与政治价值分配过程中的失衡。与平等对待所有人不同的是，公平强调的是给予那些处于最不利地位的人更多的福利；与效率观点不同的是，公平特别重视回应和参与。此外，新公共行政运动主张，公平的概念除了适用于行政、立法、司法等部门的活动之外，也同样适用于行政活动。这种对公平概念的理解导致了对公共行政定义的重新界定。例如，和威洛比或怀特等人对公共行政的早期传统定义不同，明诺布鲁克会议的与会学者拉波特认为，"公共组织的目的就是帮助那些组织内和组织外的人减少经济上、社会上、和精神上的痛苦，并且增加他们的生存机会"（1971，p. 32）。我们也可以来看弗雷德里克森的对传统组织理论的指责，"当那种试图去压制那些剥夺少数人的行为的努力失败以后，公共行政最终将极有可能习惯于压制少数人"（1971，p. 211）。由此可见，新公共行政运动在传统的关注效率和经济的取向之外，又增加了对公平取向的关注。

> 公平包括了平等感和正义感，具体地说，公平的重点就在于纠正现存社会价值与政治价值分配过程中的失衡。

最刻意地把公平观念作为公共行政人员的伦理原则的或许当属戴维·K·哈特（David K. Hart，1974）对罗尔斯（John Rawls）的《正义论》（*A Theory of Justice*）（1971）的探讨和应用了。哈特指出，现行的公共行政的伦理标准是"不偏不倚的行政"，这种原则主张政策应该平等地适用于每一个人，而不考虑当前的具体环境和条件是否与该政策相符合。而社会公平认为，应该承认不同的人具有不同的需求和不同的利益，所以不同的人应该得到不同的对待。哈特观点的哲学基础来自于罗尔斯的"作为公平的正义",罗尔斯的观念试图保证人的权利不会受到"政治交易或者社会利益的算计的侵犯"(Hart, pp. 3-4)。罗尔斯为了更好地阐述他的理论,提出了一个"原始状态"的思想设计,在这样的状态下,人们将会作出对于社会结构有约束力的决定。如果这样的决定是在"无知之幕"(Veil of ignorance)(在这种状况下,没有哪一方知道自己在社会中所处的位置,不知道他们的阶层或者社会地位)中作出的,那么他们就会集中精力去创造那些能够被社会所接受的条件,而不是去考虑他们最后在社会中的地位如何。结果,"社会的集体努力才会集中关注那些在社会中处于最不利状态的社会成员的利益,这样才能使每一个社会成员最起码的权利与尊重、收入与财富得到最低限度的保障"(Hart, 1974, p. 7)。

我们可以举一个朴素的例子。假设一个城市议会因为城市街道改善而得到了一千万美元的拨款,市议员们有三种处理这些拨款的方案。第一种方案是,出于这些议员们自私的考虑,他们会把经费全部集中在他们自己的选区,以争取最大的个人利益。第二种方案,即所谓不偏不倚的方案,就是把拨款均等地分给所有选区,这样每个城市的每个地区都得到了相同的利益。第三种方案,就是以社会公平为基础的方案,把拨款集中给予那些最需要进行街道改造的地区。我们可以推论,如果市议员是处在罗尔斯的"无知之幕"下行动,换句话说,他们的行为是基于公平而不是自利,那么,很明显,他们很有可能选择能够促进整个社区的社会公平的第三种方案。

层级体制与参与

除了在社会公平方面表示了极大的兴趣之外,新公共行政运动对参与的价值也表示了极大的重视,这里说的参与既包括当事人在机关事务运作上的参与,也包括了在组织决策过程中下级组织成员的参与。第一种参与与 20 世纪 60 年代中期提倡的公民参与的努力颇为一致——穷人在反贫穷计划中的"最大可能参与"就是一个例子——这种参与甚至和更激进的"人民的权力"的呼声息息相关。当然,这种当事人在机关事务上的参与在以前也屡屡发生。关于这点,我们只要追溯塞兹尼克在《田纳西河流域管理局及其基层管理活动》(1949)中的探讨就可以明白,这篇文章我们在第 4 章中间已经研究过。但是,新公共行政学者认为过去这些努力只是试图笼络当事人团体,而不是实际决策过程中的真正参与。因此,新公共行政提出建立另外一种更开放的组织结构,这种组织结构更具开放性,并以"面对面的沟通"和"相互交流"为特征。

在对这个问题有兴趣的学者当中,奥林·怀特对这个问题的研究是最直接的。在他早期《辩证的组织》(The Dialectical Organization)一文中,怀特认为,在追求能代表各方面利益的政策和政策制定过程中,机关工作人员和当事人团体之间积极、主动和连续的互动是非常重要的。在后来明诺布鲁克会议的论文集当中,怀特又提出了这个观点。他这样论述道:应该以围绕行政伦理的面对面沟通和共识来描述行政调适行为,而不是通过谈判和交易,因为谈判和交易只能导致或者是强迫接受最有权力的一方提出的解决方法,或者是利益双方达成妥协。为了追求他的理念

（一种"爱的政治"），怀特希望通过开放的沟通来调适，通过权力的功能性分配以及对于指导行为的意识形态原则的内心认知来实现平等。但是，究竟如何在实践中实施这些想法，却没有被明确地表达出来。

另一个极力主张公共组织采用新途径的是弗雷德里克·塞耶（Frederick Thayer），他呼吁"终结层级体制"、"终结竞争"（1973）。塞耶认为组织革命正在进行中，这场革命将最终导致金字塔式的层级体制"逐渐消亡"。在这个过程中，人们将发现民主的非层级制意义，而且将把合作（取代竞争）当作驱使政治和经济发展的动力。虽然塞耶的意见让人们怀疑，但是最近许多事情都证明趋向较少层级和更多合作的管理体系正在发生，只是没有像塞耶和其他学者所预料的那么激烈。

第二种参与，即组织决策过程中下级组织成员的参与，经常被新公共行政学者提及，虽然这个主题（在这个问题上柯卡特又是个例外）最终很难不被看作是人群关系学派早期著作中的观点的延伸。当然，新公共行政运动的确想尽力解决这一问题，重建组织，以实现更多的参与，而不使这种努力仅仅有利于管理控制。但是，即便如此，这两种结果还是被混淆了。正像在其他很多方面一样，新公共行政运动同样面临着这样的指责，即只提出了激烈的批评——这里指的是对层级体制、官僚体系的批评——却几乎没有提出解答方案或者替代方法。

随后，哈兰·克利夫兰（Harlan Cleveland，1985）预言了"层级制的黄昏"。克利夫兰提出，正是物质资源的重要性巩固了众多层级体制的发展，如建立在控制基础上的权力层级的发展、建立在秘密基础上的影响力层级的发展、建立在所有制基础上的阶层层级的发展、建立在较早获得资源权上的特权层级的发展，以及建立在地理位置上的政治层级的发展。然而，在信息已经变得比物质资源重要得多的今天，"这五种歧视与不公中的任何一种都面临着崩溃，因为传统的控制方法已经失去效用、秘密很难保持，而所有权、特权以及地理位置等因素对取得现在社会真正具有价值的标识——知识与智慧——所发挥的作用也越来越小"（p. 188）。在这样的背景下，领导将越来越少地依靠层级体系的作用，而更多地依靠权力的分享和参与。

结　论

组织人本主义者的观点在公共行政理论的发展过程中具有十分特殊的地位。虽然他们正确地指出了行政理性观点的诸多局限，但是他们对开放式参与的管理模式的过分关注又使他们的观点很容易被纳入理性主义的范畴中。换句话说，员工参与（甚至包括组织发展在内）的技术很容易被理解成一些能够得到员工服从的更精细、更复杂的技术。与此同时，组织人本主义者——例如麦格雷戈、布莱克和穆顿、戈尔姆比斯基，以及阿吉里斯等——对那些对公共组织感兴趣的人提出了一些非常重要的问题。他们提出，员工和客户在组织管理方面应该发挥新的作用，这和民主行政的主张十分相近。但是，这些理论家似乎最终还是被他们自己的管理学观点，以及因过于信奉这种概念而形成的知识论观点所束缚。尽管他们当时所提出的理论并没有被主流的社会科学完全接受，但他们的著作最终还是进入了主流世界。

一些更加紧迫的问题，至少对那些对公共组织有兴趣的人来说是紧迫的问题，仍然有待新公共行政学者来回答，但是他们并没有给出解答。和很多人的看法不同的是，新公共行政学者并没有要为公共行政研究提供一个替代性典范。相反，他们的研究只不过是许多关于公共行政理论和实践的评论论文的松散集合，目的在于指出公共行政中的现存问题并为这些问题寻求解决之道。虽然今天关于公共行政的文字不再尖锐、观点不再刻板，但是新公共行政运动所揭示的"异例"仍然受到了理论界和实务界人士的关注。今天，我们仍然非常关注如何通过更适合的政策科学来理解政策和行政的整合，我们也仍在继续寻找一种公共行政研究的新的知识论基础，以便能调和经常相互竞争的经验性和规范性学术取向。总之，无论是理论家或者是实务者，都同样感觉到，我们对公共组织生活的了解还太不完整，更多、更不同的事物需要我们去了解，以使我们的生活和工作更有意义。

参考资料

Argyris, Chris. *Personality and Organization*. New York: Harper & Row, 1957.

Argyris, Chris. *Interpersonal Competence and Organizational Effectiveness*. Homewood, Ill.: Dorsey Press, 1962.

Argyris, Chris. *Intervention Theory and Method: A Behavioral Science View*. Reading, Mass.: Addison-Wesley, 1970.

Argyris, Chris. *The Applicability of Organizational Sociology*. Cambridge, Mass.: Harvard University Press, 1972.

Argyris, Chris, and Donald Schon. *Organizational Learning: A Theory of Action Perspective*. Reading, Mass.: Addison-Wesley, 1978.

Barnard, Chester I. *The Functions of the Executive*. Cambridge, Mass.: Harvard University Press, 1948.

Cleveland, Harlan. "The Twilight of Hierarchy." *Public Administration Review*, 45 (January 1985): 185-195.

Crenson, Matthew A. "Comment: Contract, Love and Character Building." In *Toward a New Public Administration: The Minnowbrook Perspective*, edited by Frank Marini, pp. 83-88. San Francisco: Chandler, 1971.

Frederickson, H. George. "Toward a New Public Administration." In *Toward a New Public Administration: The Minnowbrook Perspective*, edited by Frank Marini, pp. 309-331. San Francisco: Chandler, 1971.

Golembiewski, Robert T. *Men, Management, and Morality*. New York: McGraw-Hill, 1967.

Golembiewski, Robert T. *Renewing Organizations*. Ithaca, Ill.: Peacock, 1972.

Golembiewski, Robert T. *Approaches to Planned Change*. New York: Dekker, 1979.

Golembiewski, Robert T. , and William Eddy, eds. *Organization Development in Public Administration*. Part 1. New York : Dekker, 1978.

Hart, David K. "Social Equity, Justice, and the Equitable Administrator. " *Public Administration Review*, 34 (January-February 1974): 3−10.

Kirkhart, Larry. "Toward a Theory of Public Administration. " In *Toward a New Public Administration: The Minnowbrook Perspective*, edited by Frank Marini, pp. 127−163. San Francisco: Chandler, 1971.

Kuhn, Thomas S. *The Structure of Scientific Revolutions*. Chicago: University of Chicago Press, 1970.

LaPorte, Todd. "The Recovery of Relevance in the Study of Public Organization. " In *Toward a New Public Administration: The Minnowbrook Perspective*, edited by Frank Marini, pp. 17−47. San Francisco: Chandler, 1971.

Marini, Frank, ed. *Toward a New Public Administration: The Minnow brook Perspective*, San Francisco: Chandler, 1971.

McGregor, Douglas. *The Human Side of Enterprise*. New York: McGraw-Hill, 1960.

Mouton, Robert R. and Jane S. Blake. *The Managerial Grid* . Gulf Publishing, 1966.

Rawls, John. *A Theory of Justice*. Cambridge, Mass. : Belknap Press, 1971.

Roethlisberger, Fritz, and William Dickson. *Management and the Worker*. Cambridge, Mass. : Harvard University Press, 1940.

Selznick, Philip. *TVA and the Grass Roots* . Berkeley: University of California Press, 1949.

Thayer, Frederick E. *An End to Hierarchy! An End to Competition!* New York: New Viewpoints, 1973.

Waldo, Dwight, ed. *Public Administration in a Time of Turbulence* . San Francisco: Chandler, 1971.

Wamsley, Gary. "On the Problems of Discovering What's Really New in Public Administration. " *Administration and Society*, 8 (November 1976): 385−400.

White, Orion F. , Jr. "The Dialectical Organization: An Alternative to Bureaucracy. " *Public Administration Review*, 29 (*Winter* 1969): 32−42. White, Orion F. , Jr. "Administrative Adaptation in a Changing Society. " In *Toward a New Public Administration: The Minnowbrook Perspective*, edited by Frank Marini, pp. 59−62. San Francisco: Chandler, 1971.

第 6 章

政策要义和新公共管理

　　近年来，公共行政的研究者们已被吸引至公共政策或政策分析这一更广阔的领域，并将其作为理解公共组织在表达社会价值观中的作用的一种途径。遵循这一途径的政策研究专家们将决策过程视为政府运作的核心。政策被视为政府活动的产出，政策规划和政策执行因而也被视为政治过程的核心。如果政府的工作是生产政策，那么，正确的政府研究就应该是公共政策研究。但是，在某些人看来，公共政策研究已经逐渐涵盖（也许甚至取代）公共行政的领域，成为教育和实务的重心。它不仅提供了一套新的观察政府行动的范畴（尤其是那些与系统分析有关的范畴），而且还提出了一套新的进入公共服务界所需的技能——最先进的实证分析和评估技术。受其理性和兴趣范围束缚的典型的"行政人"将被更为现代、更为理性、更有影响力的政策分析家们所取代。将公共组织看成决策过程的一部分，这开辟了公共组织理论的新道路。首先，公共组织有可能被认为是政治过程的一个组成部分。也就是说，行政不再被视为与政治相分离，政策观点肯定了公共组织成员在规划公共政策时所起的重要作用；肯定了他们在设计政策和方案时的影响力被人们广泛地感受到了；肯定了，即便正式的政策已被立法、行政或司法部门制定出来了，他们在执行政策过程中仍不断地形成政策。就这种观点而言，政治与行政的二分是行不通的。其次，就相关性质而言，这种政策取向认为以价值批判而非工具模式从事公共组织研究至少是可能的。正如我们已经看到的，公共组织的其他观点（尤其是那些与行政理性模式相一致的观点）都建立在事实和价值分离的基础之上，并且以组织中目标取向性行为的事实分析为旨趣。然而，如果将公共组织作为政策过程的核心，那么这种观点显然局限性太大了。公共组织表达社会价值观的作用变得至关重要，相应地，一种更为恰当的研究公共组织的方法就是关注和批判这些组织的价值观基础。

不幸的是，公共政策途径的全部希望并未实现。暂且不论其完整性如何，政策取向并未从根本上改变我们的理论方法。政治和行政分离的再次出现，组织中工具性概念的延续甚至扩展仍然存在着，至少在某些研究中如此。公共政策研究者区分政策规划和政策执行的方式与早期公共行政的研究者将其工作与政治研究相分离如出一辙。同样，那些信奉公共政策取向的人仍保持着他们对主流社会科学的认同，包括科学的实证观点和组织中的工具性概念。无论如何，为了理解这些观点，有必要首先审视一下公共政策取向的发展和两项已经成为政策研究核心的问题：回应性和有效性。

公共政策取向的发展

许多早期公共组织理论家都对政治与行政二分的观点提出了批评，认为二分观点没有认识到官僚在公共政策形成中的影响力。阿普尔比在《政策与行政》（1949）一书中抱怨政策与行政的分离趋势使行政人员（除了主管人员）在政策制定中不能发挥作用。相反，他认为"行政人员将继续为未来确立规则，并将继续决定此规则的含义及其在行动过程中的意义"（p.7）。除了这种自由裁量权的运用之外，行政人员还有办法了解关于政策问题的重要信息，并且经常被召集去为立法行动提供一些建议。就这些方面而言，"公共行政就是政策制定"（p.170）。

同样，诺顿·朗（Norton Long，1962，p.67）写道："官僚处在政策并且是主要政策中，这表明……在日常生活中，官僚很可能成为我们政策动议的主要来源。"至此，公共行政研究者对公共组织在界定公共政策时所扮演的重要角色确信无疑。公共机构的"创议"需要一个可作为其建议依据的坚定的分析基础。这意味着公共政策的研究或分析（尤其是其所建议的政策结果）已变得非常重要。因此，公共行政的研究者和实务者有非常实际的理由参与公共政策研究。

> "官僚处在政策并且是主要政策中，这表明……在日常生活中，官僚很可能成为我们政策动议的主要来源。"
>
> ——诺顿·朗

但理论方面的关注（主要是来自与公共行政关系不大的政治学者的关注）同样存在。这些一般遵循社会科学趋势以及具体遵循政治学趋势的人极力引导他们的同僚将政策研究的视野置于与日常生活更为相关的事件中。就更自由的解释而言，有人认为政治学家先前忽视了一些社会问题，例如，贫穷和城市的衰弱，因而须为这些问题负责任。就更保守的解释而言，有人认为仔细而理性的分析技术应该为政府的其他部门提供一种模式并为重建政治学提供原始资料。不论从哪一种解释来看，传统政治学因为太过注重政府的制度和政府行为者的行为而遭到了攻击，人们认为政治学忽略了对公共政策的内容和影响的仔细分析。

政治学家眼中的公共政策

在政治学家中，对于公共政策的产生至少有两种不同的观点取向。早期，哈罗德·拉斯威尔（Harold Lasswell）和研究"政策科学"方法的其他学者均感到对于政治制定过程的系统探究可以在工具性政策和目的性价值之间建立起一种关系。（Lerner and Lasswell，1960）规定性的建议应遵循对于社会最终方向的规范性选择，如此也许可达到所要达到的目标。雅合泽尔·道尔（Yehezkel Dror，1968，p.8）的观点与此有些相似。他认为政策学主要指向改进"政策制定系统的设计和运作"。在他看来，与具体政策有关的知识应该和与政策制定系统本身有关的知识相整合，同时与如何运作及如何改进相整合。

颇受政治学家欢迎的第二种方法是运用公共政策研究来形成有关政治过程的经验性基础知识。举例而言，托马斯·戴伊（Thomas Dye，1970）认为，应该保持对规范性和经验性模式的明确区分，公共政策研究虽然要受规范性兴趣的引导，但仅能为公共政策提供经验性的解释。"在选择采用某种经验模式时，我们本身正担负着解释的任务，而非建议的任务。"（p.25）

在戴伊的观点中，公共政策仅仅是"政府选择作为与不作为"（1976，p.1）。政策分析则是"发现政府做了什么，为什么做，以及有什么影响"（1976，p.1）。公共政策的研究不是将焦点放在产生特定政策的原因上（也就是产生出特定政策类型的政治、社会和经济环境），就是将焦点放在政策的结果上（举例而言，一项特定政策会对某一类型的问题所产生的影响）。无论焦点在哪里，政策分析家的目标是一致的：为不同的政策原因和结果提供描述和解释。这一信息可能对政策制定者有用，然而，对于建立这一目标——对政府行动更广泛的理论理解——而言，这一信息只是附带的。政治学家的角色是科学家，而不是拥护者。

在确立对公共政策的政治学看法时，戴维·伊斯顿（David Easton）关于政治体系的模式显得尤为重要。伊斯顿（1965，p.110）认为，政治体系包含政治行为者的互动模式，那些人关心的是社会中"价值的权威性分配"。环境对该体系产生出各种不同的需求和支持，这些需求和支持通过公共政策这一形式转变成输出。这些输出而后会反馈到环境中，并影响体系的未来输入。

回应性和有效性

弗朗西斯·罗克（Francis Rourke，1969）认为，公共组织的研究者提出了一项对官僚在政策过程中的影响的仔细分析。罗克认为有三项因素对于一个机构影响体系的能力至关重要。第一，机构依赖于外部支持，支持者的发展有助于它们观点的提升。这种支持可能来自政府部门之外——比如来自支持教育部的教育者或支持森林管理部门的管理者，抑或来自政府中的其他机构，如跨部门的项目。第二，基于所拥有的信息和专业知识的不同，各机构在政策体系中的影响力是不同的。这类专业知识也许为受过训练且有经验的机构人员所拥有，他们能影响政治决策者（包括官僚体系中被社会任命的官员、立法人员和其他民选官员），或者为那些行政人员所拥有，他们能通过使用裁量权将他们的专业知识运用到执行既定政策的过程中。第三，基于机构内部特征不同，尤其是组织的活力和领导的有效性不同，官僚的影响力也有所差异。这一点尤其体现在国务院和国防部之间的传统争斗中，这些争斗通常由一方在争取其机构的地位时表现出来的技巧决定。

罗克的研究成果的重要性不仅在于描绘了机构有效影响政策输出的方式，还在于它吸引人们注意这一过程中的伦理和政治含义。罗克认为有两大议题值得政策过程研究者注意：第一，回应性，即体系"促进官僚的决定与社区或者声称代表民众的官员的偏好相一致"的程度；第二，有效性，即政策所导致的决定"比其他的备选方案更有可能产生所要得到的结果"的程度（p.3）。在本章的后半部分，我们将审视公共政策的研究者们对这些论题的探讨方式。然而，就罗克的观点而言，注意到这一点是很重要的：对这两个论题的关注通常是相互矛盾、彼此冲突的，对其中一项的关注无法离开对另一项的关注。例如，罗克认为国家安全事务中的隐秘性可能会潜在地影响回应性和有效性。在第1章中出现的约翰和卡罗的案例中，回应性和有效性的议题不仅是至关重要的，而且是明显对立的。最终，我们将会看到，这两项议题会被合并为对这一点的关切：公共组织中的人员是如何有效地管理变化的过程从而表达社会价值的。正因为如此，这两项议题是所有公共组织理论的核心。

公共政策中的回应性

回应性的理论已经吸引了很多学者的关注，并已经延伸至许多领域。当然，如果公共官僚对公共政策有实质性影响，那么似乎只有考虑能确保官僚的行为反映社会价值的方式才是正确的。但其真正的意义是什么呢？是否意味着那些公共组织人员应将他们本身的影响力限制在影响较小的事务上，寻求中立以及跟从他人？是否意味着他们应该试图迎合立法者和民选代表们的想法？当官僚掌握立法者在某一特定论题上受到误导的信息时，这种情形应该发生吗？那些公共组织人员达成的公共利益是来自他们自己的观点，还是通过民意测试或其他程序测试出来的大多数人的意见？面临民众不感兴趣的事，他们是否有责任去领导而非遵循，运用他们的知识和专业技能来为公共利益服务？如果这些问题并不困难的话，那么形成与社会价值观相一致的政策是否就足够了？或者这些政策得以产生的过程本身就必须是民主的？

雷德福特的"民主道德"

艾米特·S·雷德福特（Emmett S. Redford）在他所著的《行政国家中的民主》（*Democracy in the Administrative State*）（1969）一书中详细地论述了这一问题。雷德福特认为，民主道德取决于三个关键问题，每一个问题都必须考虑从大型行政组织对公共政策的发展产生的实质性影响来审视。其一，民主道德假设人（个人）是人性价值的基本测量标准。它是以个人潜能的完全实现来判断我们的政治或社会体系的。其二，它承认所有的人都有权得到社会体系的关注。财富或地位的差别不能作为给予一个团体或另一个团体特殊利益的理由。人人生来平等。其三，它假设个人的要求可以通过参与决策过程得到表达，参与不仅具有工具性价值，对我们目标的实现有帮助，并且对公民民主的发展也是至关重要的。这种普遍参与的理想模式很多。雷德福特指出了以下几种基本模式："（1）在教育、公开治理、自由沟通和公开讨论的基础上获取信息；（2）直接或间接地参与与决定相关的讨论会；（3）让公众公开讨论任何问题；（4）不畏惧强制性报复、坚持自己的主张；（5）考虑所有已提出的主张。"（p. 8）

相比之下，那些主导现代社会的大而复杂的组织似乎已经被许多极为不同的假定所覆盖：组织目标优先于个人发展目标；科层制中不公正的职位安排能最好地为组织利益服务；参与的价值是有限的，只有当它能提供额外的信息以提高决策质量或提高成功执行的可能性时，它才在其工具性意义中体现出其重要性。认识到这些组织不仅为我们绝大多数人提供了一生的生活环境，而且能直接影响公共政策的发展，我们也许会问：维持民主的潜在危机是什么？我们对民主道德的基本认同是否已受影响或者已被取代？我们现在是否选择了一种可以改变的组织道德？如果不是这样，我们应该采取哪些措施来维护基本的民主内涵？

虽然这些问题可能（并且应该）会指向所有的组织，但不论传统上的私人组织或是公共组织，雷德福特（1969）都将他的"反映聚焦于那些作为政府一部分的行政机构"。他指出，这些组织建立在结构—功能模式上，从而产生了部门化的政府体系，每个部门都具有政策制定和政策执行的明确责任，每个部门都有专家指导。他们将注意力放在某一小范围论题上，而且每一部门都有特殊的利益集团支持。此外，在这些部门中，并不是每个人对政策制定都有相同的影响力。那些处于较高职位的人和那些具有特殊专业技能的人组成了一个小群体，并构成了组织的权力核心。然而，政策很少是由某一单独的个人主宰的，它是许多人和许多组织互动的结果。雷德福特总结说："在行政世界中，民主理想的实现取决于利益代表是否被包括在决策者的互动过程中。"（p. 44）据此，我们也许可以总结说：行政国家的成长确实重构了民主道德问题，但没有减弱其重要性。只要我们认同民主理想，那么行政国家就只有在展现出它增强个人价值、实现全体公民平等和普遍参与的能力时才会获得合法性。沿此路径，我们必须审视公共组织的回应性以及维护这种回应性的具体理论和实践努力。

对官僚特性的影响

从广义上来说，公共组织理论家已发展出两种不同的途径去探究公共机构的回应性问题。一种是试图通过社会化、训练或专业标准来影响官僚的特性，从而确保回应性。或许是出于对官僚的善意的不信任，另一种建议从官僚的阶级代表性到失职人员的免职等方面入手，建立更为正式的机制。很明显，无论在理论上，还是在实践上，这两种途径都不相互排斥，然而两者之间的差异却反映了在确保公共机构的责任中存在的复杂性。许多早期学者尝试具体说明公务员应具备的特性，这一尝试可以追溯到阿普尔比。他一再强调（并明显地以其本身为例）一整套政府服务人员应有的素质。阿普尔比（1945，p. 4）希望通过那些正欲进入公共行政领域的人的背景或训练，将"公共责任的特殊态度"移植到他们身上。这种特殊的态度与通常所认为的其他管理领域所渴求的特性不同，它包括人际有效性、代表能力、对决定和执行的关注以及个人动力。相对而言，它与"民主精神"有关。"聚合组织中个人的所有精力和能力，使他们充分而热心地参与。"（p. 46）

斯坦芬·贝雷（Stephen Bailey，1966，p. 24）也在寻求相同的精神，他诠释了阿普尔比的研究，并指出行政人员需要了解公共政策的道德模糊性，承认公共服务的道德优先性和相互矛盾性，以及"（1）乐观主义；（2）勇气；（3）仁慈的公平"等道德素质。同样，马歇尔·迪莫克（Marshall Dimock，1936，p. 132）"希望行政人员忠诚、诚实、热情、有人性并具备其他所有有助于得到有效和令人满意的服务的特性"。很明显，这些企图找出公务员特性的尝试与现实仍有一定差距。问题和困难马上出现：我们如何维护行政人员身上的这些素质？当具有平等的公共精神的官员不同意时会怎么样？如何使类似"慈善的公平气质"（Bailey，1996）的术语表述得更加具体，从而更加有意义？我们对行政人员所持的公共利益的概念可以信任到什么程度？

责任的标准

早期的作者对责任问题给出的典型答案与行政管理途径相一致：官僚必须对立法部门和行政主管认真负责。权威与责任的中心必须得到明确界定和遵守。责任是重要的，对于公共服务来说，责任的确处于核心地位。责任可以在"一个从机构政治首脑、总统、国会到普通大众不中断的明确的层级指挥链"（Appleby，1952，p. 250）中找到。虽然这个过程因大型民主制中权威和责任的不断增加而变得越来越困难，但答案在本质上依然是相同的：关键问题必须由政治上对人民负责的中央权威来解决。不过其他人则认识到了这一途径中的困难性。对某位行政人员而言，权责中心的竞争和有时的冲突是时有耳闻的，这些竞争和冲突会随着决定的不同在范围或强度上也不同。回应性问题变得越来越复杂，行政人员也许确实将个人偏好加诸决策制定过程中了。这样，就不能简单地认为一系列抽象的道德会被所有

"良好"的行政人员所接受。最起码，我们期望通过行政人员的训练，专业标准或参考某些广义的正义原则得到一些一般性的指导。

客观责任与主观责任

在卡尔·弗雷德瑞奇（Carl Friedrich）和赫曼·费纳（Herman Finer）之间发生的一切经典论辩也以责任问题为中心：客观责任（或称对其他人或群体的责任）与主观责任（即因感到责任而以特定的方式行事）之间存在着差别。在这场论辩中，弗雷德瑞奇（1972 年重印）认为现代政府的复杂性以及需要创造性地、非常规地解决问题使得具体的客观控制机制变得越发困难。行政人员被日益要求依据他们的专业技术知识和他们对"民意"的理解（p. 320）而非先例或上级单位的指示作决定。在这种情况下，行政人员自身的责任感［约翰·高斯（John Gaus）称之为"内在检查"］常常有着决定性意义。（p. 321）幸运的是，正如弗雷德瑞奇所写的，专业人员在政府中的影响力的增长使我们感到更加安全，因为深受民主责任精神影响并且受过良好训练的专业人员将会关注公众的需求。特别是就科学化的专业人员而言，科学的伙伴关系有望被用于保持竞争与关怀之间的恰当平衡。

此后，弗雷德里克·莫舍（Frederick Mosher, 1968）也产生了共鸣，表达了相同的感受。他同样认为，政府越来越多地被置于专业人员的手中；他们的背景，所受的训练和采取的标准对未来的民主政府至关重要。但是莫舍质疑，我们如何能确定那些专业标准能与民主标准相一致？毕竟，许多专业人员都表现出一种与公众日益疏离的趋势，并且越来越全神贯注于技术而非人文关怀，越来越自利而非具有公共精神。关于这一问题，莫舍的答案是教育。通过大学，尤其是专业学校，可以塑造未来专业人员的价值观。同时，通过更广泛、更具人性化的行政人员教育，"大学可以为专业而不伤害民主提供最大的希望"（p. 219）。

即使我们假设具有公共精神的专业人员是保持民主政府的最大希望所在，我们也许仍不知道专业或培养专业人员的学校事实上能否承担沟通与加强民主责任感的工作。当然，许多专业已经确立了伦理准则或类似的专业行为标准。然而，这些是否已经涵盖了弗雷德瑞奇和莫舍所期望的对于民主责任的认同，是否能够精确到以任一有意义的方式来加以执行，这一点尚不清楚。同样，大学（尤其是公共行政学校）近年来已在其课程中更加关注伦理与责任问题，但这样的努力仅是对类似"水门事件"或其他涉及"走廊议员"的政治事件的短期反应，还是会对公共服务专业人员的发展产生持久的影响，这一点还有待继续观察。

伦理研究

在最近几年，公共行政领域中的伦理研究有两种方式。一种是引导学生进行哲学性的伦理研究，然后再努力将其运用于公共部门的问题中。举例而言，正如在第5 章中提及的，约翰·罗尔斯的研究成果被用来支持在公共服务中对正义和平等的关怀。虽然这样的哲学性研究成果有考虑成熟的优点，但也常常被研究者所抵制，认为其过于含混不清且缺乏与公共问题的明确关联。即使如此，对民主责任问题的彻底理解显然需要理论家和实践家准备好认真地投入到哲学家们所提出的伦理论题中。第二种方法——更加直接，更易实现——是约翰·罗尔（John Rohr）在其著作《官僚的伦理》（*Ethics for Bureaucrats*）（1978）中提出的。罗尔认为官僚对支持他所说的"制度价值"负有伦理上的义务。由于"官僚宣誓拥护（使制度得以实施、并持续象征性地说明其精神和意义的）宪法"，因此，他们在行使自由裁量权时应该从宪法中寻求指导，或更明确地说，从最高法院对宪法的解释中寻求指导（p. 67）。显然，对最高法院意见的审视会赋予正义、和平等抽象概念更具体的含义。然而，人们会问，最高法院本身能否反映公民的普遍意见，甚至它是否应该这样做？进一步说，法院会随着时间的改变而改变其观点，尽管考察这些改变的原因有助于理解在一个特定的问题上的不同意见，但法院通常不会给行政人员肯定的指导。最后，法院必须依赖于案例审议中的先例。而行政人员，正如前述，通常必须开辟新的领域，而非复议或依赖于先例，他们必须确定解决公共问题的新途径。在这种情况下，法院的指导并不特别有效。［杨·李（Yong S. Lee）在其著作《理性的公职人员》（*A Reasonable Public Servant*）（2005）一书中详细地论述了这一问题。］

罗尔（1986）在《宪法运作》（*To Run a Constitution*）一书中通过对行政国家的宪法合法性的详细考察拓展了他的研究，他将行政国家的宪法合法性作为宪政背景下公共行政管理规范理念的前提条件。罗尔认为，政府机构分别隶属于三个政府部门，但同时能平衡各部门所表达的不同利益。公共行政人员（平衡多元利益行动中的关键角色）又一次被要求拥护宪法——运用"他们的裁量权维持宪政权力的平衡以支持个人的权利"（p. 181）。这一观点在罗尔的另一著作《公共服务、道德和宪法惯例》（*Public Service，Ethics，and Constitutional Practice*）（1998）中也有详细阐述。

其他行政伦理的理论探索各有其不同的方式。特里·库珀（Terry Copper）将《负责的行政人员》（*The Responsible Administrator*）（1990）描述成"处理多方竞争义务和价值的变戏法的人"（p. 223）。库珀探讨了伦理问题上四个层面的反应和考虑：表达层面由情感引导；道德规范层面源于组织或更大的社会；伦理分析层面涉及道德准则；后伦理层面考察我们对人性、知识和真实的基本假设。超越这些层面的问题一方面是负责行为的问题，另一方面则是个体自主性的问题。行政人员的问题就是将这些不同的层面结合起来，以此来指导行动。约翰·伯克（John Burke）在《官僚责任》（*Bureaucratic Responsibility*）（1986）一书中探讨了官僚机构（及其人员）向它们所服务的社会负责的方式。伯克认为，有关责任的正式且合法的定义是必需的，但是以前的定义太屈从于层级制规定和严格的法律规定。当然这样一种取向是需要的，但它必须与"以民主为基础的责任概念"相平衡。（p. 39）行政人员必须先假设一种个人责任状况，这一责任来自于他对民主政治体系的参与。这种观点可用于检验比如行政人员是否履行了他们的责任，用于政治选择和决策制定，以及用于行政人员对政策过程的特别贡献。凯瑟琳·登哈特（Kathryn Denhardt）在其《公共服务伦理》（*The Ethics of Public Service*）（1988）一书中试图将行政伦理探讨置于伦理的哲学传统系统中，与此同时，她认为这一取向对行政实务者也有意义。她的观念可以归纳为"行政伦理是一个独立评判决策标准的过程，这一过程建立在核心社会价值观之上，有可被界定的合理的组织范围，并附属于个人和专业责任"（p.26）。这一途径强调伦理决策中反省和对话的重要性，同时也从个人本身和组织加诸于个人的限制角度来探讨行政伦理问题。

帕特里克·多布尔（Patrick Dobel，1990）在最近有关公共服务伦理的一篇引人注目的文章中提出，个人的正直能带来几种不同的行政裁量权的运作模式——行政责任、个人责任与慎重。在公共裁量权的行使过程中，政权责任常被放在最重要的位置上，但因为决策最终是由个人作出的，所以个人责任与慎重的态度也越发重要。当这三种要求在任何情况下都不够充分时，就需要一种三者之间的平衡和互动为个体行政人员提供正直行为的指导。从这些判断的相互交错出发，杜贝（p.363）提出了七种公共行政人员应铭记于心的承诺：第一，真诚地对有关当局和公众负责；第二，确认政权的公共价值；第三，尊重、建立制度与程序，以达成目标；第四，确保利害相关者公平与充分地参与其中；第五，寻求政策和方案执行的成效；第六，努力提高政府运作的效率，这项内容建立了政权的合法性，符合公共资金的基本目的和来源，并关切自觉意识和能力；第七，将政策和方案与公众和参与者的自利结合起来，以免政策与制定政策的基本目的相悖（参见 Frederickson and Ghere，2005）。

主观责任的限制

不论在什么情况下，寻求确保政府中的专业人员（包括专业行政人员）保持民主责任感的工作正在进行着。然而，作为一种取得公共利益的方法，这种处理回应性问题的途径仍有其局限性。费纳四十年前的论证仍然让我们铭记于心：将事务放在官僚个人或专业人员的手中与否并不能确保民众的意志得到回应。当然，某些公共组织的成员（也许甚至是大部分人）会带着对民主规范的适当关怀来行动，但其他人则不会。不论是出于个人利益，还是简单地通过其对专业职责和责任的误导性的感觉，少数人会不顾公共利益行动，结果损害了公共利益。在费纳看来，这个问题很简单，即"是由公务员自己决定他们行动的步骤还是由他们之外的体系来决定"（1972，p.328）。他的答案是后者：立法者应该被允许并真正被期望——在仔细考虑现有技术状况的基础上——提供一种对其意图、目的的精确界定，并对政策的执行进行经常性的复审。只有通过民选官员对官僚的监督与控制，才能对选民的需求作出回应。主观责任感似乎已相当充分，但是更多的责任的客观方式事实上仍是必要的，这样可以保护社会利益免受政府专业人员的任意破坏。道德责任从理论上来说是好的，但政治上的责任在实践中更是必需的。

尽管费纳的论证有一些夸张，尤其是在立法者在处理具体事务上的能力（或者甚至是对此的期望）方面更是夸张，但是他的分析仍然建议应该更多地审视有关提升责任感的正式制度方法。代表性官僚与公民参与这种途径近年来已受到特别的关注，并显示出此问题在理论意义上的重要性（然而，对这两种途径的关注并不会减少其他改革——从监察人员计划、伦理委员会，直至公共会议法——的实际重要性）。

代表性官僚

"代表性官僚"一词是唐纳德·金斯雷（Donald Kinsley，1944）明确提出的。他认为官僚机构作出的决定可以更接近公众的意愿，如果这些机构的职员能反映一般人的人口统计特性。金斯雷希望，具有较少精英特性和较少阶级偏见的英国文官能降低官僚被中上层阶级主宰的可能性。困难在于当一个代表较低阶级的政党上台执政后，其改革的努力往往会受到顽固的公共官僚的百般阻挠。当代表性官僚的观念被应用到美国经验中时，这一观念强调得更多的是种族、性别和少数民族背景，尽管这一观念仍然认为从特定集团选拔出来的人将会以公共机构成员的身份代表那些集团的利益。由于种种原因，这种关于代表性官僚的逻辑似乎有些缺陷。例如，有关高级文官政策偏好的研究已经表明，背景与态度间的相关性是薄弱的。我们不能假设来自特定集团的人事实上会代表那个集团的利益。他们可能代表官僚本身或其所属的专业团体的利益，而非人口统计学意义上的群体利益。出于这些原因，代表性官僚的问题比其提倡者（例如 Krislov，1974）有时所了解的更为复杂［有关代表性官僚更多的全面讨论，参见多兰（Dolan）和罗森布罗姆（Rosenbloom）的近期新著］。

虽然代表性官僚作为确保回应性的方法有其限制，但我们不能因此去质疑更大范围的团体参与政府过程的必要性。有些人认为，对招聘、留任以及提高少数民族和妇女的地位而采取的照顾性行为无法保证官僚的代表性不是一种限制这些行动的充分理由。首先，虽然这些人可能无法代表人口统计学意义上的团体在所有问题上的利益，但是他们的确可以在关键问题上代表这种利益，因此可对大多数人潜在的过分行为起到制衡作用。进一步说，这些人的参与为其他人提供了象征性和实际性的信号，即决策制定的核心是可以接近的，虽然人们并未期望机构一定会自动地对先前处于不利地位的集团利益作出回应，但这些机构是可以被影响的，至少会有些人愿意去聆听。

公民参与和回应性的内涵

在过去几十年中，公共政策领域的一个有意思的改变在于公共政策向各类利益群体、组织和机构开放。在过去，政府是公共政策的主要制定者、执行者，然而今天这一过程吸纳了更多人的参与。各种团体和组织（从基层的小型非营利性组织到跨国的大型国际组织，例如，世界贸易组织）都成了公共政策过程的一部分。以下因素促成了这一结果：第一，富有流动性的市场，尤其是全球化市场，催生了一些新的政策议题和市场压力；第二，部分传统中央政府的责任转移到了不同层次的地方政府身上，而营利性组织的责任委托给了非营利性组织；第三，信息技术的发展使得大量社会团体和组织有机会接触到各类信息，而政府在这一领域中不再享有垄断权。

在这种情况下，传统政府掌控公共政策过程的做法已经行不通了，这种权力被分散在一个政策网络中（Marcussen and Torfing，2003；Provan and Milward，2001；Milward and Provan，2000）。今天，政府和企业、协会、非营利性组织、广大民众共同参与进了政策过程。这一现状的产生基于以下这些原因：第一，政府越来越多地通过合同外包给私人和非营利部门来提供服务；第二，政府更多地通过协同其他部门来提供整合性服务；第三，技术的进步使得实时性的合作变得更便捷（Goldsmith and Eggers，2004）。

因此，谈论"治理"而非简单谈论政府将更有意义。"治理"被定义为社会中权力的行使与传统、制度和程序所发生的关系（Peters，2001；Bogason，2000）。也就是说，治理过程同决策的制定、公民和团体如何就公共议题的形成而开展互动以及公共政策的执行都有密切的关系。今天，治理过程涉及许多不同的集团和组织（参见 Ingraham and Lynn，2004；Jones et al.，2004；Kettl，2005；Pollitt and Bouckert，2004）。现在网络治理的主要挑战来自如何协调传统的自上而下科层制政府模式与基于平行结构的网络模式的需要。另外，学者们开始关注网络治理对于民主的影响（Sorensen and Torfing，2004）。

以上这些问题即使被攻克，公共管理者们也同样应该关注治理过程中的公民参与。实现真正参与的重要努力是 20 世纪 60 年代初期才开始的。然而，穷人参与反贫穷计划的实际运作很快就成了一个逝去的问题，尤其是在穷人的积极参与与现存的权利结构发生冲突的情况下。不过，到那时这些冲突已被承认，公共参与的原则似乎已经被建立起来。举例来说，有些地方学校委员会也开始认识到分权以及让学生、老师和家长参与学校系统运作的重要性。

在所有这些情况下，人们仍然质疑，实际的权力是否已被转移至"客户代表"，还是依然由那些早先控制组织活动的人所有。例如，后者是否会形成联盟以保持他们对"客户代表"的控制，或者他们是否会以其所拥有的技巧和技术知识成为"客户代表"团体的主宰？在许多情况下，"客户代表"即使没有进入决策体系的政治技巧，他们也会很快获得这些技巧并使其呼声通常能有效地与大多数敌对者相抗衡。但是，此类代表的权力或许被夸大了。尽管如此，在许多尝试吸纳参与者的例子中，参与者的反对是如此的强烈，从而使实际的和有意义的权力得以产生（我们在第 7 章中还将讨论公民参与的问题）。

无论是通过选拔特定类型的人作为公共组织的成员，还是通过外部组织对其行为的控制来寻求回应性，回应性问题都应被视为任何现代公共组织理论的核心。如果公共组织（根据其定义）试图表达社会价值，那么其成员就承担着尽其所能审视、理解和解释公共价值的责任。然而，除此之外，有人认为，公共组织人员还有责任去帮助公众了解自己的需求，找出通常被隐藏起来的重要需求，并表达自己满足这些需求的愿望。在这种观点中，回应性的内涵不仅仅对公共陈述的价值作了简单的回应，它还在某种程度上包含了将问题带向审视、辩论和解决过程中的领导作用。不过，我们所讨论的回应性还有另外一层含义：民主社会中的回应性不仅包含寻求社会所想的目的，而且还意味着以和民主价值相一致的方式来实现它。比如，这个立场意味着我们不会以不正义的方式来追求正义。它也可能意味着我们不会通过非民主（精英的、层级的、权威主义下的）组织来寻求民主的目的。为了满足所有这些标准，我们需要一种与目前公共行政文献中所记载的大不相同的民主行政理论。不过，种种迹象显示，这一理论的研究仍在持续。相关的实例将在本章的后面部分和下一章进行阐述。在这里，我们必须首先审视一下有效性问题。

> 公共组织人员还有责任去帮助公众了解自己的需求，找出通常被隐藏起来的重要需求，并表达自己满足这些需求的愿望。

公共政策的有效性

公共政策的研究者们除了关心回应性以外，还关注政策决定以及政策执行的有效性问题。这一章将着重把政策分析领域作为改善政策决定的一种途径；下一章将会审视在执行过程中把回应性与有效性问题予以整合的相关文献。一般公共政策领域的研究就不在此赘述了，但是，此领域中的一些看来最直接地影响公共组织理论发展的重要主题将被提到。具体来说，我们将关注更大政治体系背景中的公共政策以及当前对公共政策进行分析评估的方法。

洛伊的"利益集团的自由主义"

与那些鼓励行政过程中应有更多代表者的主张相比，西奥多·洛伊（Theodore Lowi, 1969）在其所著的《自由主义的终结》（*The End of Liberalism*）一书中认为，事实上，回应性依赖于政府中的有效性的恢复。洛伊认为，20 世纪 60 年代政府之所以大量扩张，是因为政治体系屈服于社会上那些有能力将其观点强加给政府的有组织的集团的利益。而政府也相应地认为应对这些集团所寻求的方案负责，并且设置大量机构去执行那些方案。洛伊断言，这些机构有过多的自由裁量权，尽管它们借代表民意来为其权力合法化寻找借口。对洛伊而言，这种状况逐渐破坏了有效政策规划所需的形式与方向，它需要一种更合法或者更"司法"的民主制发展方式。洛伊将我们目前研究政府的方法的根源追溯到了 20 世纪早期，那时资本主义价值观高歌猛进，大众统治几近天绝。尽管社会工业化为一部分人带来了物质上的利益，但也产生了一系列其自身无法解决的问题。由于资本主义未能如其保证地保护广泛的社会利益，它想成为公共哲学的希望最终幻灭了。它的替代者（洛伊称之为"利益集团的自由主义"）源自于两个相关的来源，并且相互依存。首先是社会与政治过程中对理性的日渐关注，而这种理性是由技术发展与工业组织塑造的。韦伯曾探讨过的社会的理性化在工业化的美国得到了生动的体现，这一理性化强调阶级与劳动分工。但是理性化也意味着控制，意味着对人的管制与命令的能力，意味着机械的活动。按照这种逻辑，对个人特权的关注很快就被对社会控制的关注所替代。在政府中，这种趋势则支持政府扮演更为"积极"的角色，其行动旨在平衡劳资双方以及技术与工业化之间潜在的不当发展。这种新的态度（被称之为国家统治至上）特别在罗斯福当政期间开始支配这个国家大部分政治领袖的思想。影响新公共哲学发展的第二种趋势则是日益兴起的相互竞争的组织集团，它们都致力于提升各自的利益。劳资双方就更不用说了。这种竞争的组织集团还包括种族团体、贸易协会、消费者群体，甚至是宗教组织。政府自身也是这样一个利益集团，或许它是最重要的一个，但它仍然只是诸多利益集团中的一个而已。对所有集团而言，行政的兴起提供了特殊的支持。所有集团都分享行政与组织中的利益，所有集团都试图将行政结构与程序强加于其内部运作中，并且尽可能地加诸它们所能控制的环境中。这些由行政转换为组织的集团现在成了关注的核心，相应地，这些组织与集团的相互作用变得日益重要。的确，市场竞争逐渐被集团间的竞争或者多元主义所取代。国家至上与多元主义这两种趋势的融合导致了利益集团的自由主义的兴起，洛伊将其界定为：它之所以是利益集团的自由主义，是因为它对政府保持乐观的态度，期望以积极与扩张的态度运作政府；它受高度的情感的激励，并且抱着一股强烈的信念，那就是只要有利于政府，就必定有利于社会。它之所以是利益集团的自由主义，还在于它认为一个必需的而且好的政策议程应该让所有组织化的利益都可以通过各种渠道得到表达，并且对它们的请求作出公正的判断。

政府的强制力

洛伊（1974）在其他场合界定了政府的四种职能：管理职能、再分配职能、分配职能以及宪法职能。这四种职能是根据政府权力的强制性的不同来区分的：强制性既可能是遥远的，也可能是即刻的；它可能被直接应用，也可能通过环境起作用。那些具有即刻与直接强制力的政策被称为管制性政策。管制性政策可以阻止个人的行动超越可以接受的限制，从限制个人行为的刑法到解决不公平问题的劳工制度再到有关工作环境安全的联邦禁令都属管制性政策。再分配政策虽然直接运用强制力，但却是通过环境来起作用的。它们通常通过对某一集团课税为另一集团提供好处，比如，福利、健康医疗以及房屋补贴等。分配性政策（它是联邦政府中最常见的）通常对个人的行为产生较为遥远的强制性。这类政策用税收收益来满足个人的需求，例如，农田补贴（如果采取了某些行动它可以提供好处）、环境研究以及政府保险（如洪水保险）。宪法性政策则是通过对环境的作用产生较为遥远的强制力。这些政策很难加以界定，其范围可以从立法机构中席次的重新分配（与民众间接有关）到国防政策（把政府看作是多个机构向其提供服务的委托人）。虽然政府机构影响所有类型的政策，但其在管制与再分配政策等日益重要领域的冲击力是最为明显的。在这些政策中，它建立了特殊的信息、专业知识，或者委托人支持——也就是说，在这些政策中，它可以积聚自由主义利益集团的主要资源。但强制力是以合法为基础的，因而自由主义利益集团企图以"逃避法律……授权民间团体制定公共政策"以及提升有代表性的新意识形态等方式来寻求合法性（Lowi，1969，p.44）。这种意识形态试图将大众角色这一概念运用到一个更具积极性与强制性的政府中去，特别是运用到行政机构中去（大众角色通过它发挥作用）。（p.63）立法机构不再是制定政策的主要机构，相反，政策的确立已经被转到了执行机构身上。讨价还价与协商体系已取代了正式与权威性法规的制定。"自由主义反对政策制定过程中的特权，但在政策执行中却较为系统地助长了特权。"（p.297）这样的政府可能既不具备回应性也不具备有效性。洛伊的答案主要是强调立法部门法案制定和行政部门法规制定之间的关系应尽可能地法制化，由此便可以减少对自由裁量、讨价还价与协商的需求。显然，这个解决方法可以说仅仅是以火救火，它呼吁以一种更为系统与明确的管制（或者理性化）来治愈（或者理性化）一个系统所存在的毛病。此外，它虽然肯定了立法机构的角色，但是这种肯定却会产生另一个利益集团，即立法部门本身。如果立法部门（如洛伊所建议的）以广泛并且明确的方式行事，那么人员与行政上的支持就会增加。但这些问题没有洛伊对精英政治（少数人党有统治权力而且在权力运行过程仅受到有限的宪政限制）的明确赞同来得重要。在这一观点看来，代表最多只是一种选举年的现象，不比政府在追求更大效率的过程中为使权力集中与正式化所做的努力来得重要。随着通过公民参与审批政府的决定这种方式日益普遍，随着洛伊开始关注达到这些目的的手段，他最后对行政社会提出了像行政管理理论家的一样的看法——这个社会中的集权所追求的不仅是达成理性，而且还要对理性作出界定。

政策执行的发现

正如洛伊对政府机构在政策执行中所扮演的角色提出了批判一样，其他学者们也认为这个角色是既定的，并开始探究政策执行如何对政府政策的意向性行动产生影响。由于研究政策过程的学者们会更仔细地检验有效性问题（也就是政治产生预期结果的能力问题），因此，仅通过立法法令或者行政命令来宣布一项政策是不够的，这一点已经很清楚（正如洛伊所注意到的）。正如政策并不能凭空产生一样，它们也不能凭空执行。确切地说，公共政策的执行受到一组复杂的环境因素的影响。此外，即使没有环境因素的影响，负责执行特定政策的官僚机构有时也不能完成任务。不管什么原因——有限的资源、不恰当的组织结构、无效的沟通，或者不良的协调——决策者的决策都有可能未按其原先意图得到执行。有越来越多有关政策执行的研究文献探讨了这些政策执行上的限制。

> 正如政策并不能凭空产生一样，它们也不能凭空执行。确切地说，公共政策的执行受到一组复杂的环境因素的影响。

这种对政策执行问题的新兴趣为发展公共组织理论提供了一些重要的启示：它建议注重环境和组织互动对组织活动的重要影响；它将公共行政的研究置于公共决策这一更广阔的背景中，从而承认公共官僚在表达公共价值观中的作用。然而，从另一些方面来说，政策执行的研究代表着公共组织研究的回归：政策制定与政策执行的区别完全与早期的政治—行政二分模式相一致；一些毫无批判地接受这一区别的政策过程研究者既没有认识到官僚在建构公共价值中的作用，也没有提出这一建构引发的民主责任问题。此外，某些政策执行的研究者对过去三四十年中公共行政的发展所抱的天真看法，使得他们的研究成果与近来更为成熟的研究者相比，更接近于早期的行政管理研究者的看法。

政策形成与政策执行

最早将执行作为研究焦点的研究成果之一是杰弗里·普莱斯曼（Jeffrey Pressman）与阿伦·怀尔达夫斯基（Aaron Wildavsky）合著的《执行：华盛顿的伟大期望如何在奥克兰挫败；为何联邦方案的运行令人震惊》（*Implementation：How Great Expectations in Washington Are Dashed in Oakland；or，Why It's Amazing That Federal Programs Work at All*）（1973）。执行一词是对加利福尼亚奥克兰地区特定的经济发展计划所作的冗长的描述与分析。正如书中副标题所暗示的，在那个地区，计划的执行并不是完全成功的。普莱斯曼与怀尔达夫斯基的基本立足点似乎是政策形成与政策执行之间存在着一种简单的关系。例如，在这个案例中，他们得出这样的结论："一个似乎很简单的计划最后变得非常复杂，它牵涉到许多参与者，牵涉到一大堆不同的观点以及一条必须加以澄清的冗长而且扭曲的布满决策点的路径。"（p. 94）即使那些相当直接简单的计划，也包含着许多明显而且相互竞争的利益。它们代表着人们在相互关联但互不相同的问题上所持的大相径庭的论点与看法。在很多方面，这些利益决定着执行的过程。普莱斯曼与怀尔达夫斯基两人对这一发现的反应集中于某些将政策形成与政策执行的关系混淆起来的讨论上。借用类似五十多年前弗兰克·古德诺说过的话，普莱斯曼与怀尔达夫斯基（1973，p. xix）认为，出于分析的目的，政策与执行也许可以分离，"执行……意味着贯彻、完成、实现、生产以及终结。但被执行的是什么呢？当然是政策"。但是，普莱斯曼与怀尔达夫斯基（1973，p. 143）两人坚持认为执行不应该与政策分离，如果奥克兰地区的原先计划早在形成之初就能对执行问题多加注意，也许那个计划中的许多问题都可以避免，"最大的问题，如我们所了解的，是要在政策形成时考虑执行中的困难之处"。这样做，一种方法是从一开始就建立起一些能将进入政策执行过程中的干扰变数最小化的体系，比如，减少清点手续所需的数量。在政策形成之初就考虑执行问题的第二种方法是"对确立执行该计划的组织机制与执行该计划的过程给予同等程度的重视"（pp. 144 - 145）。不管哪个方法，似乎都要求决策者承认执行的困难，并采取行动降低那些希望影响计划方向的人实行干扰的可能性。若以更极端的方式来阐述这个观点，有人可能会说，反对一个异想天开的开放（民主?）体系，最佳的保障便是封闭。但是，显而易见，通过赋予决策者更大的控制力来解决形成—执行分离问题是削弱地区与区域性集团影响力的一种解决之道。当然，一个人的执行的失败对另一个人来说也许就是民主的胜利。正如普莱斯曼与怀尔达夫斯基对有效执行的关切立场是不容否认的一样，他们提出的行政管理解决之道也是不容忽视的。将更多的价值决定置于决策者的手中不能解决形成—执行分离的问题，它只是简单地改变了说法而已。上级作决定，下级执行——这只不过是政治—行政分离的一种翻版而已。

决策者玩的游戏

与普莱斯曼与怀尔达夫斯基两人对控制的兴趣形成有趣对比的是尤金·巴达克（Eugene Bardach）在其所著《执行的游戏》（*The Implementation Game*）（1977）中提出的观点。巴达克也对联邦、州和地方等混合关系中呈现出的多元利益表示关注，并且也注意各层级中公共部门与私人部门、半私人部门以及组织团体之间的联系。在考察这些集团的相互作用之后，巴达克认识到通过更大规模的集权来寻求更有效的政策过程存在着许多限制，因此转而用游戏者的暗喻来分析执行过程中发生的不同类型的讨价还价与协商。结果他对执行过程，特别是对那些干扰有效的公共政策的执行游戏形成了一个更加明确并且具有概念性的观点。比如，巴达克注意到执行的政治是与政策的存在相区别的，因而具有高度的防御性。该书结论部分是最有力的。在那里，巴达克对执行作了以下的评论，"影响公共政策的最重要问题几乎可以肯定不是执行问题，而是政治的、经济的，以及社会的基本理论问题"（p. 283）。

政治和经济因素

有不少关于政策执行的研究关注政策过程中不同机构与利益之间的互动关系，还有一些研究专注于那些有能力影响预设结果的特殊机构的特征。在《公共组织的政治经济》（*The Political Economy of Public Organization*）（1973）一书中，加里·温斯黎与梅耶·赞德（Mayer Zald）试图将公共组织置于一个恰当的政治与经济体系中，然后去检查它们的内部运作模式以及"组织结构和政策执行过程的结果"（p. 11）。尽管他们的工作并未实现提出"一个系统的公共行政经验理论"的宏愿（p. 93），而且他们所用的方法与实用主义描述公共组织生活各个方面并对此作分类的方式差不多，但它们的直接与简明对某些政策过程研究者仍然具有很大的吸引力。温斯黎与赞德有限度地运用"政治经济"一词直截了当地告诉我们，组织，尤其是公共组织，深受政治与经济两种因素的影响。政治因素通常指那些在多元主义传统中受到承认并通过权力与利益的相互影响而建立起来的价值观；而经济方面则是那些集中于市场以及商品服务交易的因素。政治与经济因素因而可以对组织的内外功能产生影响。政治—经济的分离和内部—外部的分离，这两者的并存使得组织结构与过程分成了四个部分，而温斯黎与赞德便运用这种划分来分析公共组织的工作情况。外部政治环境与其他政策执行研究中所讨论的颇为相似，它指的是政府内外的利益集团和机构在影响特定组织达成其目的的过程中产生的相互作用。相反，经济环境则注重政府在内外产出上的特征：在人事、资源等方面，政府从环境中取得了什么，对环境与在环境中占较大部分的"工业结构"又反馈了些什么（Wamsley and Zald，1973，p. 21）。内部的政治是指组织中的权力、权威的制度化结构和反对权力结构的主张［安东尼·唐斯（Anthony Downs）在其所著的《官僚制内幕》（*Inside Bureaucracy*）（1967）中也对这种组织权力结构作了详细的阐述］。内部的经济则包括权威的范式，但它主要是与任务的完成有关，"它更注重组织的方法而不是目标的界定"（Wamsley and Zald，1973，p. 22）。

政策分析的方法

尽管洛伊与其他理论执行家在一些问题上存在差异，但他们在两个关键点上达成了一致：政策制定对政策过程来说是至关重要的，所以应该集中化、理性化。现代的政策分析的努力方向就是，在检验社会行为时对所发现的需求作出回应。但是，近几年，政策分析本身已被证实是某些重要事务中的一股社会力量。政策分析运动——带着其自身的网络和组织、期刊与专论，确实比新公共行政运动获得了更多的热情——代表了本国政策思想的缩影。此运动传达的讯息很清楚：成为有效政府的关键是对用最理性的手段达到机构的目标作详细说明，而实证社会科学的方法最能详述这类手段；受过这些方面训练的人（政策分析家，而非管理者）将是最有可能引导未来的人。虽然这样的发展受到了诸多欢迎，但将政策分析运用到社会和政治生活的所有阶段显然仍存在某些危险。从我们的目的来看，一个更大的危险是将这种方法提升到公共组织模型或理论的地位。我们至少已轻易地发现了三个问题。第一，政策分析能够促进对现有目标毫无批判地接受。政策分析强调达成既定目标的手段，却（如同其他工具性科学一样）不去探究目标本身。社会价值观被视为是理所当然的，它不受时间的影响，也不是人类互动作用下的产物。这样的观点显然强化了现有的社会价值观，使得改变成为不正当，甚至不可能的。即使有可能改变，也形成不了指导我们的规范标准。工具主义的世界生产不了道德意识。第二，关注客观化使人们仅仅考虑那些可以根据模型本身来分析的课题。例如，一位卓越的政策分析家（Scioli，1979，p. 42）赞成分析家的"新意识"，即那种使他们根据"客观和可衡量的结果"去工作的意识。其假定是不能执行那些不能被客观衡量的政策。结果，这些方法开始去构建社会和政治的关系而不是去反映它们。彼得·迪龙（Peter deLeon，1992）很好地阐述了这一观点。他认为政策分析和方案评估需要与更多的公民相联系，有时这只有通过政策分析的"民主化"才能完成。

"这个观点旨在增加公民在公共政策方案形成过程中的参与性。它要求政策分析者们设计一些将公民的个人观点融入政策形成过程的方式并积极地采用这些方式。"（p. 127）迪龙似乎认识到了其他政策分析者们所忽视的东西——学科的合法性危如累卵。第三，政策分析试图以强迫实践去符合理论而非理论符合实践的方式来解决理论—实践分离的问题。迪龙在其著作《民主和政策科学》（*Democracy and the Policy Science*）（1997）中进一步论述了这一观点。

许多政策分析家企图通过寻求其他方式使理论与实践的关系概念化。在下一章我们将对有关这一方面的努力作更详细的探讨。不过，如果理论与实践不一致，那么另一种回应便是确立一种与理论相符合的实践——这里指的是在政府中塑造一批分析家，他们的专业就是忠诚于科学的方法，这似乎正是政策分析运动的真正意图。这项运动要求政策分析成为一个理性的改革分析者与实际的政策分析者的新专业，这些分析者所涉范围可从大学、政策中心（智囊团）扩展到政府官僚的所有领域甚至国会（参见 Meltsner，1980，p. 249）。这些接受过实证社会科学技术严格训练的新的分析家将会是理性的，他们在将这些技术应用于人类事务时也是理性的，而在对官僚机构关切的问题的回应性上（假定他们已经接受了目标与问题的界定），这些新的分析者又是实际的。就像沃尔多所说的，如果工具性思考有一种将其权力延伸至人类所有活动领域的趋势，那么可以肯定，当代政策分析家就是这一权力的主要的、公开的代理人。

知识危机

这个批评的含义我们将会在后面考察所谓的"新公共管理"运动时再进行探讨。在这里，我们还得回到本章最初提出的观点：尽管公共政策研究是帮助我们进一步了解公共组织的重要前提，但大部分研究并没有达到这项要求。然而，文森特·奥斯特罗姆（Vincent Ostrom）所做的工作可能是一个例外。但即使是例外，其结果也是混合的。奥斯特罗姆在某些方面可说是政策研究的最佳代表——他关注社会和政治的基本价值，对这些价值与公共机构组织间的关系颇为了解，而且他试图将民主规范扩展至公共组织的运作中。与此同时，他的方法论看上去阻碍了他进行本来可以进一步扩展的分析。不过，总的来说，奥斯特罗姆为公共组织的研究者提供了重要的材料，我们应该对他的研究进行细致的考察。

公共选择理论的主要元素

奥斯特罗姆（Vincent Ostrom，1971）试图摆脱他所谓的美国公共行政对官僚机构的注重，而朝向一个更为宽泛的概念——集体行动。他认为，主流公共行政理论（从威尔逊至少到西蒙）对行政过程的效率过于关注，并且主张通过集权与控制机制来达到这种效率。结果，便形成了美国公共行政中的"知识危机"，在这当中，理论家与实务者对他们面临的日趋困难的问题缺乏明确的认同与自信。（p.205）奥斯特罗姆试图在公共选择理论家们的研究中找到解决当代危机的方法。这项工作基于三个主要因素之上。第一个是"方法论上的个人主义"概念，它假定个体——也就是具有代表性的个别决策者——为分析的基本单元。单个决策者与古典的"经济人"最为相似，被假定为自利的、理性的人，并且寻求自身效用的最大化。关于"自利"，奥斯特罗姆认为，每个个体均有与他人不同的偏好；关于"理性"，奥斯特罗姆认为任何个人都可以通过转变方式列出不同的选择；关于"最大化"，奥斯特罗姆则假设了一种个人在任何决策状况下寻找最大净效益的策略。（p.205）如同西蒙的"行政人"或古典的"经济人"一样，奥斯特罗姆的个别决策者并不代表任何特定个体的行为，而是提示在特定情况下，我们期望一个理性的（或者几乎理性的）个人去作决定（应该注意的是，奥斯特罗姆在这一方面并不是批评西蒙的研究，而是对西蒙未能使其概念超越组织的界限而去包含所有的集体行动感到遗憾）。

公共选择理论的第二个特色在于"将与公共机构输出相关联的公共产品概念化"（p.205）。公共产品因其高度不可分割而与私有产品（可测量的、市场性的、并可被拥有的）相区别。由特定个人或团体所提供的公共产品可以被大家共同享用。例如，向国家中的某些人提供国防，也就是向所有的人提供国防。私有产品与公共产品间也存在着交集，这使得产品与服务的生产与消费引发了"外溢效应"或"外部性"，正常的市场机制是不包含这些外部性的。个人在追求这些不同形式的产品与效益时，会设计不同的策略。在这些策略中，个人在某些情况下为了追求个别的效益，也许会建立企业或者参与集体行动。"公共机构不会被简单地视为仅依据上级指示提供服务的官僚单位。相反，公共机构被视为一种分配决策能力的方法，以便通过提供公共产品与服务来回应不同社会情境中个别偏好的需要。"（p.207）

公共选择研究的第三个特色是这样一种理念：不同类型的决策结构（决策规划或安排）会对个人寻求最大化策略的行为产生不同的效果。对于公共组织研究者来说，主要的问题是个人是期望从单一整合的官僚机构中还是从多元组织的安排中获取更大的利益。奥斯特罗姆遵循公共选择的逻辑得出了以下结论："如果一个与公共产品或服务有关的范围可以被明确地说明，这样受其潜在影响的个人就可以被限定在适当的权限范围内，并且外部性也不会溢出到他人身上，那么公共事业便可以实现实质性的自主运作，并禁止用强制力量来剥夺某些人的权利。"（p.211）显然，这样的解决方法与奥斯特罗姆观察到的美国公共行政强调集权与控制的主流观点不同。与此相反，奥斯特罗姆建议一种宪政安排，其特点是使权限重叠和权威分散的多元组织安排能在政府的不同层级中运作（有趣的是，奥斯特罗姆能从开国之父们的作品中找到支持此类联邦体系观点的丰富的历史材料，尽管他承认其他解释更为中立）。

"民主行政"理论

奥斯特罗姆从公共选择理论学家们的作品中得出了一个观点，即要在社会公共

114

部门（这些部门与一些公共企业相似，运作独立，并在很大程度上建立在客户的支持上）中确立多元组织的安排，作为基本单元的企业将在与其工作性质相一致的这一组织的最低层次中运作。在外部性溢出到达其他领域时，这些领域就会产生组织的第二个层次。这样，一些作为转换或拨款的安排就可以被用来促进不同层级间以及相同层级内相关单位间的关系的发展。就此观点而言，一直是主流公共行政核心的层级与集权将不再适用于任何情况。的确，它们甚至不再是分配公共产品的最有效的机制。在此基础上，奥斯特罗姆（1974，pp. 111-112）提倡"民主行政"的理论。作为威尔逊范式（奥斯特罗姆认为它与美国民主理想并不一致）的替代物，民主行政理论将会使注意力由"对组织的重视转变为对个人在一个多元组织环境中追求机会的重视"（1974，p. 132）。在关注现有组织安排的限制性的新政策分析支持下，民主行政的理论最终会确保原本就是美国梦之一的机动性与回应性的实现〔奥斯特罗姆在其《合众共和国的政治理念（第二版）》（*The Political Theory of a Compound Republic*）（1987）一书中更进一步探讨了他的公共选择理论。他重新考察麦迪逊和汉密尔顿的思想，用以支持他所提出的分权和市场取向的政府的论点。因而，毫不奇怪，奥斯特罗姆发现"完美的行政体系"是一个能向其"消费者"提供多种选择的体系，是一个混合的、重叠的、分散的并且竞争性的体系〕。奥斯特罗姆的研究成果为公共行政理论提供了一些毫不逊色的重要主题，在学科意义上使理性模型扬眉吐气。奥斯特罗姆接受了被采用过的古典理性的相同假设，即以前的理论家在研究中用来支持集权的层级权力。然而，通过把理性选择的逻辑推向极致，奥斯特罗姆却得出了一些更为民主的结论。就这点而言，他对早期公共行政理论的批判比许多人际关系理论家的批判更为激进，后者只主张对管理类型作表面的改变，而不改变组织权力的真实分配。同样，虽然奥斯特罗姆表面上接受了当代政策研究的分析性趋势，但却将公共政策研究放在对现有组织结构的批判上，而非为现有组织结构的辩护上。这样，他恢复了公共政策研究以往在表达社会基本价值中的一个基本作用。最重要的是，虽然奥斯特罗姆以传统的公共行政理论进行著述，但他游离在组织这一标准的分析单位之间来考虑这些社会结构（我们通过这些结构提供公共产品并发现一些使新的企业对个人偏好作出更好的回应的方式）的改革。

奥斯特罗姆与戈尔姆比斯基的交谈

尽管奥斯特罗姆呼吁科学与伦理，但其研究仍然留下了一些重要的有待回答的问题。这些对公共组织的完整理念具有重要意义的问题在奥斯特罗姆（1977）和戈尔姆比斯基（1977）的交流中得到了充分的探讨。那些探讨无须在此重述，但一些要点仍需在此做一说明。第一点是经验主义的：古典理性主义的假设为了构建方法论而牺牲了个人的行动这一点（即使是公共选择理论家也承认这一点）与事实不符。事实上，他们认为如果个人是理性的，那么一些行动的后果是可以预见的。当然，实际上人只具有有限理性而已。把理论前提建立在仅与事实略为相符的假设上会使这些前提的有效性产生严重的问题。需要确立的是一种逻辑推论，它建立在未经检验的、确实也不可能做出的关于人类实际上究竟如何行动这一假设基础上。诺顿·朗（转引自 Golembiewski，1977，p. 1492）的结论更强化了这一点，他认为公共选择理论家"以一种高贵而且无懈可击的逻辑在论证独角兽"。在任何情况下，这样的方法注重理性而排除了人类经验中其他重要的方面。为什么不假设有一个规范的模型并尝试为民主的行政奠定道德的基石呢？为什么不能将感情、直觉、人性的每一面视为与理性同样重要的呢？答案可能在于经济模型的选择假设及其对效益最大化的注重。公共选择理论家建议我们关注经济产品与服务的市场分配，随后关注个人与集团追求他们自我目标的方式。这样的关注具有重要的含义。对经济模型的依赖不仅减少了其他选择的基础，如情绪上或政治上的考虑，它也假设我们所追求的目标是建构好的并且是不变的。总的来说，奥斯特罗姆的研究成果与其他在公共行政领域中从事政策研究的人相比，没那么僵化或狭隘。的确，他似乎想让我们（就像他自己对理性模型的本末倒置一样）同样认真地对待现象学的或批判的方法。正是这一方法引起了一群理论家的兴趣，他们试图在行政的各个方面超越理性模型，并试图在公共组织生活中构建一种批判性的理解。但是，首先我们必须对政策方向（它把分析与执行整合在一起）的最新发展进行考察。

新公共管理

今天所谓的"新公共管理"运动植根于公共管理在世界范围内的实际发展，植根于总体上被称为"重塑政府"的一系列观点，植根于与公共行政理论中的公共政策特别是公共选择观点的联系。

在实践层面，20 世纪 70 年代的财政危机使人们试图做出各方面的努力建立一个"工作更好，开支更少"的政府。财政紧缩政策、提高公共生产力的努力以及可供选择的公共服务的交付机制的尝试（包括承包和私有化）——所有这些都可被视为建立在有些人所说的"经济理性主义"（这种经济的理性主义旨在从经济分析的角度寻找解决政府问题的方法）的基础上。与此同时，对责任与高绩效感兴趣的公共管理者开始重新建构他们的官僚机构，重新定义组织任务，提高代理过程的效率，并在决策中实行分权。

全球体系中，新公共管理的最好例子也许是新西兰的公共行政改革。为了寻求更加有效的公共组织，新西兰政府对许多重要的政府职能部门进行了私有化改革，重新开发了人事系统，使得高级管理层更加重视绩效，对政府机构的生产力与效果建立了新的评估过程，并且改革其部门系统来反映政府的责任承诺（Boston，1996）。新西兰政府改革议程的有效性以及同样的改革在加拿大、英国和美国的成功实行使全世界各国政府意识到人们正在寻求新的标准和建立新的角色。

这些观点在戴维·奥斯本（David Osborne）与特德·盖布勒（Ted Gaebler）的《重塑政府》（*Reinventing Government*）（1992；也见 Osborne with Plastrik，1997）中得到了充分的展现。奥斯本和盖布勒提供了"十大原则"，通过这些原则，

"具备企业家精神的公共管理者"也许能够进行大规模的政府改革，这十条原则也是新公共管理的核心。

（1）起催化作用的政府：掌舵而不是划桨——选择掌舵（因为认识到各种各样的可能性，并在资源与需要之间寻求平衡），而不是划桨（专注于单一的目标）。（Osborne and Gaebler，1992，p. 35）

（2）社区拥有的政府：授权而不是服务——具备企业家精神的公共管理者把公共优先的所有权转移到社区中而非维持原有的做法。他们对公民、社团组织、社区组织进行授权，使它们能够自己解决自己的问题。（Osborne and Gaebler，1992，p. 52）

（3）竞争性的政府：把竞争机制引入到服务的提供中来——具备企业家精神的公共管理者通过在公共部门，私人部门与非政府部门这三个部门之间产生竞争来提供服务。结果当然是达到更高的效率、更高的回应性，并创造一种奖励革新的环境。（Osborne and Gaebler，1992，pp. 80-83）

（4）任务驱动的政府：改革按章办事的组织——具备企业家精神的公共管理者首先关注的是团队的使命——这是组织奋斗的内在和外在动力，然后设计出能够反映全部使命的预算制度、人力资源制度以及其他制度。（Osborne and Gaebler，1992，p. 110）

（5）讲究效果的政府：按产出而不是按投入拨款——具备企业家精神的公共管理者认为，政府应该致力于达到重要的公共目标或产出，而不是严格地控制用于工作的公共资源。有企业家精神的公共管理者会让这些机制变得更趋于结果取向。（Osborne and Gaebler，1992，pp. 140-141）

（6）顾客驱动的政府：满足顾客的需要，而不是官僚的需要——具备企业家精神的公共管理者从私人部门的企业那里获知只有重视顾客，公民才会满意高兴。（Osborne and Gaebler，1992，pp. 166-167）

（7）有企业家精神的政府：收益而不是浪费——通过在公共领域中建立收益动机概念——举例来说，依靠对公共服务和公共投资的收费为将来筹措资金——有企业家精神的公共管理者能够使价值增值并且确保收益，即便是在财政紧张的时期也如此。（Osborne and Gaebler，1992，pp. 203-206）

（8）有预见性的政府：预防而不是治疗——有企业家精神的公共管理者厌倦了把资源集中在为解决公共问题而制定的方案上。相反，他们认为政府最应该关心的是预防，在问题发生之前制止它们。（Osborne and Gaebler，1992，pp. 219-221）

（9）分权的政府：从层级制到参与和团队协作——信息技术的进步，通信系统的完善以及劳动力质量的提高带来了一个新时代，这个时代是更具机动性、更注重团队组织的时代。决策已经延伸到了整个组织——决策将掌握在那些能够革新以及决定高绩效过程的人手里。（Osborne and Gaebler，1992，pp. 250-252）

（10）以市场为导向的政府：通过市场杠杆进行改革——有企业家精神的公共管理者不是用传统的方法回应变化（例如他们不会试图去控制整个形势），而是采用一种创新的策略，这种创新的策略旨在形成能让市场力量发挥作用的环境。所以，它们的策略集中于建构这样一个环境，以使市场可以更加有效地运作，从而确保生活质量并抓住经济机遇。（Osborne and Gaebler，1992，pp. 280-282）

奥斯本和盖布勒希望这十条原则能成为公共管理的一个新的概念性框架——一份用于改变政府行动的清单。"我们所描绘的只不过是美国的基本治理模式发生的转变。这种转变就在我们身边进行着，但是因为没有去寻找它——因为在我们的设想中，所有的政府都是庞大的、集权的、官僚的——所以我们几乎无法看到这种转变。我们对新的现实视而不见，因为新的现实不符合我们先入为主的观念。"

在世界各国政府的改革经验的基础上，在奥斯本、盖布勒以及其他学者提出的理念指导下，美国政府在总统比尔·克林顿与副总统戈尔的促进下，在全国进行了一场名为"国家绩效评估"的运动，为改善政府的绩效做出了巨大的努力。同样的努力通过"重塑"的原则。也开始在许多州政府和地方政府中进行。

当这些事件逐渐展开，新公共管理强大的思想上的合理性正在逐渐形成。正如劳伦斯·林恩（Laurence Lynn）在他的杰作《作为艺术、科学与专业的公共管理》（*Public Management as Art，Science，and Profession*）（1996）中所提出的，这种合理性大部分来自于 20 世纪 70 年代发展起来的"公共政策"学派以及全世界范围内的"管理主义"的运动。克里斯托弗·波力特（Christopher Pollitt）指出了管理主义（或新公共管理）的五个核心特征。

（1）在今天，社会进步有赖于经济意义上的生产力的不断增长。

（2）这种生产力的增长主要来自于高科技的广泛应用。

（3）这种高科技的应用只有在劳动力受过与生产力理想水平相一致的训练的情况下才能获得。

（4）管理是一种分散的、单独的组织功能，它在计划、执行以及衡量生产力的增长上起着关键作用。

（5）为了发挥这种关键作用，必须给予管理者合理的"决策空间"（比如说，管理的权利）。（Pollitt，1990，pp. 2-3）。

在一个更加实际的描述中，林达·卡波连（Linda Kaboolian）指出新公共管理提倡的是管理技术，比如顾客服务，建立在绩效上的合约、竞争、市场激励以及放松规制。"市场化的安排（例如政府部门内的竞争、政府部门外营利与非营利部门的竞争、绩效奖惩措施）打破了公共机构及其人员的低效率的垄断特权。"（Kaboolian，1998，p. 190；也请参见 Kettl，2005；Pollitt and Bouckert，2004；Barzelay，2000；DiIulo，1994；Kettl and Milward，1996；Light，1997；Kearns，1996；and Peters，2001）。相应地，新公共管理强调一些诸如私有化、绩效评估、战略性计划以及其他一些管理主义方法。很显然，这个运动和政府效率有关，同时也和回应性问题有关。克里斯托弗·胡德（Christopher Hood）指出，新公共管理已经从公共官僚机构合法化的传统模式（比如，为行政裁量权提供程序上的保护）中走出来了，以有助于"对市场和私营企业方法的信任……这些观点……是用经济理性主义的语言来表达的"（Hood，1995，p. 94）。同样，唐纳德·凯特（Donald Kettl）认为，"这些改革在最大范围内，寻求以市场为基础的、竞争驱动的方法来取代传统以规则为基础的、权威性驱动的过程"（Kettl，2005，p. 3）。凯特将这一过程具体分析成以下问题的总和：

（1）政府如何在预算不变或预算减少的前提下，提供更多的服务？

（2）政府如何利用市场化模式促使官僚机构去除陋习？市场战略下的项目经理人会改变行为模式，问题是，新的模式如何取代传统官僚组织的命令与控制机制？

（3）政府如何利用市场机制为公民（或者称为顾客）提供更多的服务选择——或者至少致力于提高服务质量？

（4）政府如何使项目更具回应性？政府如何将责任逐级下放，以增强第一线的项目经理人提供高质量服务的动力？

（5）政府如何提高政策供给和追踪政策实施的能力？政府如何处理好服务的购买者（订约人）和服务的实际提供者这两个角色？

（6）政府如何才能关注到服务的结果和效果，而非过程和结构？政府如何用自下而上、结果驱动的系统模式来取代之前自上而下、规则驱动的系统模式？（改编自Kettl，2005，p. 3）

新公共管理的局限性

对于我们有关重塑政府运动以及它的后续运动——"新公共管理"的目的来说，重要的是它们不仅引进了新技术（尽管这已经发生），而且还推行了一套新的价值观，特别是一套大部分从私人部门引入的价值观。正如我们所看到的，在公共行政领域有一个长期存在的传统，它支持"政府应该像企业一样运作"的观点。在很大程度上，这种建议意味着政府机构应该采取从"科学管理"到"全面质量管理"这样一些在私人部门行之有效的措施。重塑政府运动和新公共管理使这个观点更加深入，认为政府不仅应该采用企业管理的技术，也应该采用某些企业的价值观。

在这当中，重塑政府运动和新公共管理接受了诸如竞争、对解决社会选择的市场机制的偏好，以及对企业家精神的尊重等理论。这使得它们在很大程度上依赖于一些"彼此相似的理论，例如公共选择理论，委托—代理——理论和交易费用分析理论"。它们对这种依赖心安理得。国家绩效评估的最有创见的设计者之一——约翰·卡门斯基（John Kamensky）在《公共行政评论》（*Public Administration Review*）中把重塑政府运动直接与公共选择理论连接在了一起，并引用了新西兰人乔纳山·波士顿（Jonathan Boston）的话，"公共选择方法的中心原则是所有的人类行为都受到自我利益的驱使"（Jonathan Boston，1996，p. 251）。乔纳山·波士顿正确地指出，"公共选择理论总是在抵制一些类似于'公共精神'、'公共服务'的概念"，但是这个理论却处在"新公共管理"的中心地位。

> 重塑政府运动和新公共管理提出政府不仅应该采用企业管理的技术，也应该采纳某些企业价值观——诸如竞争、对解决社会选择的市场机制的偏好，以及对企业家精神的尊重。

我们对上述看法有必要作进一步分析。首先，根据奥斯本和盖布勒（1992，Ch.10）的看法，市场模型应该首先用于服务提供者，而不是用于政策机构或规章制定机构。无论市场模型被应用在哪些可能的地方，政府都应该让竞争机制发挥作用，这些竞争包括公共部门与私人部门之间的竞争，私人公司之间为争取公共合约的竞争，公共机构间的竞争（如公立学校间的竞争）以及政府各部门间向内部"顾客"提供服务的竞争。有趣的是，这里说的市场模型不是一个纯粹的"自由市场"。事实上，市场模型依赖于有管理的或有调控的竞争，在这种竞争中，政府保持着制定规则、控制交易的权威与责任。有人也许会说，这就是一种管理与市场的结合。（参见 Dent，et al.，2004）

不管怎么说，政府市场模型强调的是一种诚信，并且强调应该相信市场力量的自由运作能够均衡这些具有自我利益的参与者——个人、社会群体、机构、公司，这种均衡在某些方面代表社会利益达到了最大化。它意味着各个参与者只要关注自己的利益就能够推动公共利益的实现。即便是在管制的情况下，各自的利益仍然是参与者们追逐的目标，也就是说，参与者们会争相追逐各自的自我利益，而不是发现共同的公共利益，并齐心协办共同实现这个利益。市场的基本力量（即亚当·斯密所谓的"看不见的手"）自发地运作。事实上，在这种观点看来，在市场运作中，个人甚至并不需要意识到或考虑到其他人的利益。市场的首要动力被认为是自我纠错，并被认为最可能达成有益的社会效果。

竞争在某些环境中会带来益处，这一点无可辩驳。在体育运动、工商领域甚至在自然界，竞争总会带来改进。重塑运动的倡导者运用这样的逻辑，认为以市场为导向的政府方案与传统方案相比有很多优势。它们是分权的，有竞争性的，能随环境改变而作出回应的；它们授予顾客进行选择的权利并且把资源和结果直接联系在一起；它们允许政府发挥它的优势，通过激励政策产生重大的改变。不管它们是否应用到政府合约中，孩子的学校选择问题，或是低收入者的住房选择问题，重塑政府运动的建议都是一致的——让市场的消长引导个人选择，并且最终为整个社会指引方向。

其次，重塑政府运动和新公共管理不仅和它们所强调的市场模型紧密联系，而且也重视"为顾客驱动的政府"这一理念。根据奥斯本和盖布勒的观点，由顾客驱动的政府一定要仔细倾听顾客的要求，它们应该让顾客在互相竞争的服务提供者中作出选择（就是说，创造竞争环境），并且给顾客提供资源信息，帮助他们选择服务提供者。然而，需要再次指出的是，这种观点并不是指改善政府服务的质量，事实上，这种观点更倾向于建立这样的一种政府，这种政府最终对每个分散的个体（即顾客）的短期自我利益作出回应，而不是支持一些通过深思熟虑的过程（公民）公开界定的公共利益。

当然，没人会对这一点提出疑义——政府应该在法律限制下利用可供利用的资源为它的公民们提供最优质的服务。确实，每个机构以及整个政府部门在提高服务质量上做出的努力是相当有益的。举例来说，一项联邦政府的行政命令要求联邦机构更清楚地界定其内部和外部的顾客，建立更高的标准服务质量并努力达到这一标准。在英国，公民宪章运动不仅要求更高标准的服务质量，并且要求在未达到那些标准的情况下对公民进行补偿。同样，美国许多州政府、地方政府以及其他各国政府正在为提高对顾客的服务质量做出不懈的努力。

　　然而，顾客服务这一概念还是有不少问题。很显然，政府的功能多样化使它不可能像企业一样批量生产或成为一条"生产线"。相反，政府工作就其在产生方式、运作方式和接受形式上来看都是截然不同的。当然，有些服务（诸如交通部门的传票或被捕入狱）并不是那些直接接受者所要的服务。正因为如此，公共组织与其"顾客"之间的关系远比汉堡包柜台后的营业员与其顾客间的关系来得更复杂。

　　同样，政府活动的多样化意味着即使是在提高服务质量上做出第一步努力（即识别代理机构的"顾客"）也是相当困难的。私人部门的顾客服务部经常努力地区别内部和外部的顾客，但政府只作这种区分是远远不够的。在政府要应付的不同类型的人中，有些人也许为了得到服务而立即展现自己（和自己可利用的策略）；有些人也许正在等待服务，他们是直接接受服务者的亲戚和朋友；有些人需要服务，即使他们现在并没有积极地去寻求服务，但他们是未来可能的服务接受者；等等。

　　从理论上看，重要的是，某些向政府寻求服务的人在提出他们的需求方面有更好的策略及技巧。在商界，这个事实会证明一些特别的关注是合理的，但在政府中则要另当别论。事实上，在政府中，强调"顾客关系"会形成一种不适当地准予特权的气候。而且，许多公共服务——如教育、环境质量、治安——有着集体的共同利益。譬如，我们普遍认为使整个社会更有文化与常识是一个重要的社会目标，但它不是让教育在某个特定的人身上产生效果（的确，有些问题不能被简单地"管理"或"市场化"，这正是它们会存在于公共部门而非私人部门的原因）。最后一点，商业产品或服务的顾客很少是这些商品和服务的生产者；但在公共部门中，任何政府的"顾客"几乎同时都是一个"公民"——从某种程度上说，他们是雇主。作为一个公民，这个个体在政府提供的所有服务中都有一种利害关系，而不是在他直接消费的服务中有一种利害关系，这一点在多数公民偏于将一定数量的钱用于提供某项具体的服务（即便这是一项许多其他"顾客"希望得到的服务）时不是看得很清楚。

　　加拿大的管理理论家亨利·明兹伯格（Henry Mintzberg）指出，公民与政府之间多种多样的关系——顾客、委托人、选民、主体——暗示着"顾客"这个称号正在受到特别的限制。"感谢老天，我不仅仅只是政府一个顾客而已，"他写道，"我希望更多不受控制的交易，少一点对消费的刺激。"（1996，p. 77）作为公民，我们希望政府的行事方式不仅能促进服务的消费（明兹伯格还问道："我们真的要我们的政府……去兜售产品吗？"），而且能促进公共领域中那一套固有的原则与理想。

　　重塑政府运动与新公共管理运动中第三个重要的因素是对奥斯本与盖布勒所谓的"企业家式的政府"的热情。奥斯本与盖布勒把企业家式的政府定义为"运用智谋，以新的途径使生产力与效果最大化"（1992，p. xix）。但是企业家精神不仅仅包含了足智多谋。具体来说，还必须具有创造力和创新精神；关注目标（产出、使命）而不是手段，以及对问题积极的预防态度［"在问题产生前就防止，而不是在问题出现后再提供服务"（p. 20）］。但最重要的是，企业家精神的理念意味着每个政府代理人应该以他自己的利益（或代理机构的利益）为基础来行动。一个盖布勒亲身经历的例子可用来说明这点："这个理念在于使他们像所有者一样思考：'如果这是我自己的钱，我会这么花吗?'"（p. 3）这一观点再一次赞誉了单个自利的个人的创新潜力（这种潜力越过了业已建立的组织过程的力量），赞誉了那种越来越缓慢和越来越犹豫、但却更加包容或更加民主的团体的努力。

伴随着顾客服务与竞争的益处，没有人会说"运用智谋，以新的途径使生产力与效果最大化"是一个没有价值的目标。然而尽管政府部门一部分企业式的活动有明显的收益，但也必须注意——就如私人部门企业家精神的倡导者意识到的一样——它也有一些不利条件。就信誉方面而言，企业家善于创新和改革；但从负面看，他们可能过分冒险，或者对员工横行霸道以及忽视一些原则。

企业家的"阴暗"面可以被概括为视野狭隘，不愿意遵守制度、处处受制约，对行动的偏好如此强烈以至于置责任于不顾（"宁肯要求宽恕，也不愿作承诺"）。"终止文牍主义"——或者像巴泽雷（Barzelay，1992）所说的"突破官僚制"——要求在个人洞察力方面具备机会主义、专心致志以及具有非凡的自信。

虽然公众渴望用具有创造性的方法解决公共问题，并且乐意通过创新思想（甚至有时冒险）来节省资源，但责任的观念也极其重要，这是一种大多数选民与立法者似乎都支持的理念。从实际来看，在现实的组织中，企业管理者会提出一个困难的和有风险的问题：他们可以有创新精神，有见地，但是他们的专一、固执以及对规则的扭曲使他们很难进行控制。他们会变成"乱开的大炮"。作为一种理论关注，公共管理者把公共的钱看成是自己的（也就是说，完全被个人利益所激发）——这种观念在民主公共管理中长期存在的责任和回应这一重要传统面前是不值一提的。最重要的是，这种观念否定了公众在公共开支的确定以及公共方案设计上的作用。事实上，把公共的钱的的确确地看成是"公众"的钱才是民主统治的重要原则。（deLeon and Denhart，2000，pp. 89-97）

> 把商业价值迅速转移到公共部门给我们带来了实质性的、棘手的问题，而这些问题需要公共行政人员特别谨慎的思考。

结　论

重塑运动以及新公共管理（源自国内外实践的发展以及公共选择经济学的理论）已经对这个国家乃至全世界范围内的政府产生了重大影响。类似顾客服务、绩效衡量、私有化，以及市场模型这些观念正日益成为公共行政语言的一个部分。但是这些发展也给行政人员和大众提出了一些非常重要的问题。最引人注目的是，这些方法除了吸取了工商业的技术以外，还吸收了工商业的价值。虽然一些技术被证明的确是有益的，但把商业价值迅速转移到公共部门给我们带来了实质性的、棘手

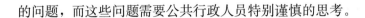

的问题，而这些问题需要公共行政人员特别谨慎的思考。

参考资料

Appleby，Paul. *Big Democracy*. New York：Knopf，1945.

Appleby，Paul. *Policy and Administration*. Tuscaloosa：University of Alabama Press，1949.

Appleby，Paul. *Morality and Administration in Democratic Government*. Baton Rouge：Louisiana State University Press，1952.

Bailey，Stephen，"Ethics and the Public Service." In *Public Administration：Readings in Institutions，Processes，Behavior*，edited by Robert T. Golembiewski，Frank Gibson，and Geoffrey Cornog，pp. 22 - 31. Chicago：Rand McNally，1966.

Bardach，Eugene. *The Implementation Game*. Cambridge，Mass.：M. I. T. Press，1977.

Barzelay，Michael. *Breaking Through Bureaucracy*. Berkeley：University of California Press，1992.

Barzelay，Michael. *The New Public Management*. Berkeley：University of California Press，2000.

Bogason，Peter. *Public Policy and Local Governance：Institutions in Postmodern Society*. Cheltenham，UK：Edward Elgar，2000.

Boston，Jonathan，John Martin，June Pallot，and Pat Walsh. *Public Management：The New Zealand Model*. New York：Oxford University Press，1996.

Burke，John P. *Bureaucratic Responsibility*. Baltimore：Johns Hopkins University Press，1986.

Cooper，Terry L. *The Responsible Administrator*. 3rd ed. San Francisco：Jossey-Bass，1990.

deLeon，Linda，and Robert B. Denhardt. "The Political Theory of Reinvention," *Public Administration Review*，60 (March 2000)：89-97.

deLeon，Peter. "The Democratization of the Policy Process." *Public Administration Review*，52 (March 1992)：125-129.

deLeon，Peter. *Democracy and the Policy Sciences*. Albany：State University of New York Press，1997.

Denhardt，Kathryn G. *The Ethics of Public Service*. New York：Greenwood Press，1998.

Dent，Mike，John Chandler，and Jim Barry，*Questioning the New Public Management*. Aldershot，UK：Ashgate，2004.

DiIulio，John J. Jr.，ed.，*Deregulating the Public Service*. Washington，D. C.：Brookings Institution，1994.

Dimock，Marshall E. In *The Frontiers of Public Administration*，edited by John M. Gaus，Leonard D. White，and Marshall E. Dimock，pp. 116-132. Chicago：University of Chicago Press，1936.

Dobel，J. Patrick. "Integrity in the Public Service." *Public Administration Review*，50 (May 1990)：354-366.

Dolan，Julie，and David H. Rosenbloom，*Representative Bureaucracy*. Armonk，NY：M. E. Sharpe，2003.

Downs，Anthony. *Inside Bureaucracy*. Boston：Little，Brown，1967.

Dror，Yehezkel. *Public Policymaking Reexamined*. San Francisco：Chandler，1968.

Dye，Thomas. "A Model for the Analysis of Policy Outcomes." In *Policy Analysis in Political Science*，edited by Ira Sharkansky，pp. 21-38. Chicago：Markham，1970.

Dye，Thomas. *Policy Analysis*. Tuscaloosa：University of Alabama Press，1976.

Easton, David. *A Framework for Political Analysis*. Englewood Cliffs, N. J.: Prentice Hall, 1965.

Finer, Herman. "Administrative Responsibility in Democratic Government. " In *Bureaucratic Power in National Politics*, edited by Francis Rourke, pp. 326−336. Boston: Little, Brown, 1972.

Frederickson, H. George, and Richar K. Ghere, eds. *Ethicsin Public Management*. Armonk, NY: M. E. Sharpe, 2005.

Friedrich, Carl J. "Public Policy and the Nature of Administrative Responsibility. " In *Bureaucratic Power in National Politics*, edited by Francis Rourke, pp. 165−175. Boston: Little, Brown, 1972.

Goldsmith, Stephen, and William D. Eggers, *Governing by Network*. Washington, D. C. : Brookings Institution, 2004.

Golembiewski, Robert T. "A Critique of 'Democratic Administration' and Its Supporting Ideation. " *American Political Science Review*, 71 (December 1977): 1488−1507.

Hood, Christopher, "The 'New Public Management' in the 1980s. " *Accounting Organization and Society*, 20, no. 2−3, (1995): 93−109.

Ingraham, Patricia, and Laurence E. Lynn, Jr. , eds. *The Art of Governance*. Washington, D. C. : Georgetown University Press.

Jones, Lawrence R. , Kuon Schedler, and Riccardo Mussari, eds. *Strategies for Public Management Reform*. Amsterdam: Elsevier, 2004.

Kaboolian, Linda. "The New Public Management," *Public Administration Review*, 58, no. 3 (May/June 1998): 189−193.

Kamensky, John, "Role of Reinventing Government Movement in Federal Management Reform. " *Public Administration Review*, 56, no. 3 (May/June 1996): 247−256.

Kearns, Kevin. *Managing for Accountability*. San Francisco: Jossey-Bass, 1996.

Kettl, Donald F. , and H. Brinton Milward, eds. *The State of Public Management*. Baltimore: Johns Hopkins University Press, 1996.

Kettl, Donald. *The Global Public Management Revolution*, 2nd ed. Washington, D. C. : Brookings Institution, 2005.

Kingsley, Donald. *Representative Bureaucracy: An Interpretation of the British Civil Service*. Yellow Springs, Ohio: Antioch University Press, 1944.

Krislov, Samuel. *Representative Bureaucracy*. Englewood Cliffs, N. J: Prentice Hall, 1974.

Lee, Yong S. *A Reasonable Public Servant*. Armonk, NY: M. E. Sharpe, 2005.

Lerner, Daniel, and Harold Lasswell, eds. *The Policy Sciences*. Stanford, Calif. : Stanford University Press, 1960.

Light, Paul. *The Tides of Reform*. New Haven, Conn. : Yale University Press, 1997.

Long, Norton. *The Polity*. Chicago: Rand McNally, 1962.

Lowi, Theodore. *The End of Liberalism*. New York: Norton, 1969.

Lowi, Theodore. "Four Systems of Policy, Politics, and Choice. " *Public Administration Review*, 33 (July-August 1974): 298−1310.

Lynn, Laurence E. Jr. *Public Management as Art, Science, and Profession*. Chatham, N. J. : Chatham N. J. : Chatham House, 1996.

Marcussen, Martin, and Jacob Torfing, " Grasping Governance Networks: Working Paper 2003: 5. " Roskilde, Denmark: Center for Democratic Network Governance, 2003.

Meltsner, Arnold J. "Creating a Policy Analysis Profession. " In *Improving Policy Analysis*, edited by Stuart S. Nagel, pp. 235-249. Beverly Hills, Calif. : Sage, 1980

Milward, H. Brinton, and Keith G. Provan, "Governing the Hollow State," *Journal of Public Administration Theory and Research*. 10 (February 2000), 359-379.

Mintzberg, Henry, "Managing Government, Governing Management," *Harvard Business Review*. 20 (May/June 1996): 75-83.

Mosher, Frederick. *Democracy and the Public Service*. New York: Oxford University Press, 1968.

Osborne, David, with Peter Plastrik. *Banishing Bureaucracy*. Reading, Mass. : Addison-Wesley, 1997.

Osborne, David, and Ted Gaebler, *Reinventing Government*. Reading, Mass. : Addison-Wesley, 1992.

Ostrom, Vincent. *The Intellectual Crisis in American Public Administration*. Tuscaloosa: University of Alabama Press, 1974.

Ostrom, Vincent. "Response." *American Political Science Review*, 71 (December 1977): 1508-1525.

Ostrom, Vincent, *The Political Theory of a Compound Republic*. 2nd ed. Lincoln: University of Nebraska Press, 1987.

Ostrom, Vincent, and Elinor Ostrom. "Public Choice: A Different Approach to the Study of Public Administration." *Public Administration Review*, 31 (March-April 1971): 203-216.

Peters, Guy. *The Future of Governing*. 2nd ed. Lawrence: University Press of Kansas, 2001.

Pollitt, Christopher. *Managerialism and the Public Service*. Cambridge, England: Basil-Blackwell, 1990.

Pollitt, Christopher, and Geert Bouckert. *Public Management Reform*. 2nd ed. Oxford: Oxford University Press, 2004.

Pressman, Jeffrey, and Aaron Widavsky. *Implementation: How Great Expectations in Washington Are Dashed in Oakland; Or, Why It's Amazing That Federal Programs Work at All*. Berkeley: University of California Press, 1973.

Provan, Keith, and Brionton Milward, "Do Networks Really Work?" *Public Administration Review*, 61 (2001), pp. 414-423.

Redford, Emmett S. *Democracy in the Administrative State*. New York: Oxford University Press, 1969.

Rohr, John. *Ethics for Bureaucrats*. New York: Dekker, 1978.

Rohr, John. *To Run a Constitution*. Lawrence: University Press of Kansas, 1986.

Rohr, John. *Public Service, Ethics, and Constitutional Practice*. Lawrence: University Press of Kansas, 1998.

Rourke, Francis E. *Bureaucracy, Politics, and Public Policy*. Boston: Little Brown, 1969.

Scioli, Frnak P. , Jr. "Problems and Prospects for Policy Evaluation." *Public Administration Review*, 39 (January-February 1979): 41-145.

Sorensen, Eva, and Jacob Torfing, "Making Governance Networks Democratic: Working Paper 2004: 1" Roskilde, Denmark: Center for Democratic Network Governance, 2004.

Wamsley, Gary, and Mayer Zald. *The Political Economy of Public Organizations*. Lexington, Mass. : Lexington Books, 1973.

Wilson, Woodrow. "The Study of Administration." *Political Science Quarterly*, 2 (June 1887): 197-1222.

第 7 章

公共行政与新公共服务

在前面几章，我们已经回顾、评论了许多理解公共组织的途径，也看到了一些为各种立场辩护的观点。公共行政的理论家对他们的工作似乎争论不休，因而看来很难在这个领域当中建立一种类似范式的东西。许多学者从大量引人注目的角度对这种理论困惑进行了描述。例如，许多年前，沃尔多（1961，p. 210）就把组织理论问题称为"盲人摸象的问题"。最近有学者提出了公共行政的"认同危机"问题，它指的是在公共行政领域方向上的不一致使我们无法提出某些问题。

公共行政领域中的确存在着认同问题，我用"合法性危机"来表述，在这一危机中，理论的统一性基础无法反映或者回应公共行政领域中的参与者——包括那些理论家、实务者，以及公民等——的要求。事实上，我认为，在公共行政理论的恰当方向方面，还是存在着相当的一致性的，尽管这种一致性有时并不非常明显。我们看到，将各个相互独立的理论联系在一起的线索直接源于韦伯以理性官僚制为重点的思想遗产和威尔逊的以政治—行政二分法为重点的思想遗产。其结果，便是试图在民主责任感的框架下建立一种以对人类行为的实证主义理解为基础的理性行政理论。

这种韦伯式的社会科学和美国产业主义的奇怪结合包括了好几个不同的部分。首先是这一观点：公共行政研究就是研究如何更有效率地运作一个组织，换句话说，就是研究怎样用最小的成本去赢得既定目标。在这一观点看来，公共行政的目标和目的是由那些专门负责的公共官员（通常是议员）——官僚体系的成员必须向其负责——决定的。这意味着完成这些目标的方法可以有很多种，但是大体上，为了整合组织中的各种次一级结构，就需要一种能够产生单一的中央集权的层级结构。这样，在这种来自组织使命的理性活动模式中，所有措施都旨在确保组织成员的顺从。在这样一种努力中，科学是最关键的。这一解释表明科学被看作能够提供因果关系的解释，那些享有知识和掌握资源的人和那些拥有权力的人能够以科学的名义对组织成员实施更大程度的控制。

> 现在存在着一种公共行政的合法性危机，在这一危机中，理论的统一性基础无法反映或者回应公共行政领域中的参与者——包括那些理论家、实务者，以及公民等——的要求。

尽管大多数主流公共行政理论家的观点在细节方面存在着差异，但是他们看起来大都同意上面这些基本观点。例如，西蒙关于行政的理性模型的经典描述已经很明显地超越了早期的行政管理理论，但是，他还是保留了大量的传统政治—行政（现在被解释为事实—价值）二分法和行政管理的层级模式的观点。同样，人际关系理论家虽然声称要超越理性模式的观点，但却很可能只不过为管理者提供了一套更复杂的技术以获得组织的顺从。最后，政策分析家（他们承认在政策制定过程中官僚体系越发重要）在建议采纳一些执行策略（这使我们直接回到了行政管理的鼎盛时期，只不过现在的旗号是新公共管理罢了）的同时，把重点投向了对既有的或者提议的政策的影响进行科学的评估。

与公共行政领域中的这些主流观点相对，还存在着一些与民主行政相关的观点，它们相对不那么为人所理解并与主流观点相左。在过去十年左右的时间里，这些观点以一种对理性模式明确而直接的批评面貌出现，并且试图使公共行政理论超越纯粹的理性行为。本章将探讨对于这些理性模式的新的批评观点，然后提出若干已经开始被人们讨论的替代观点，这些观点有些以现象学为基础，有些以批判社会理论为基础，还有些则从其他思想传统发展而来。可能还会出现一种直接来自马克思的人本主义、弗洛伊德的心理分析这些思想传统，以及杰弗逊式民主这一政治传统的观点。更为重要的是，重点关注这个方向的学者都非常强调理论与实践的结合，并旨在确立一些能有意义地指导公共组织生活的理论。就像我们将看到的那样，我们有理由期盼这种更务实的理论会对公共行政学者产生强大的吸引力。

对理性模型的批判

主流的公共行政理论大都以行政理性模型为中心。但是，这种理性模型以及其他相关理论存在着许多重要的局限性，这点我们在全书中已多次提到。在这里，根据三个重要问题来归纳我们对公共行政理性模型的批评看起来是恰当的：（1）理性模型建立在一种片面的人类理性的观点之上；（2）理性模型建立在一种对知识学习的不完整的理解之上；（3）在理性模型的框架下展开工作的理论家无法充分把理论与实践联系起来。本节将对以上的每一点展开具体的分析。

片面的人类理性观点

第一个要讨论的问题——理性模型建立在片面的人类理性的观点之上——可以通过历史的或者当下的观点来加以考察。阿伯特·拉莫斯（Alberto Ramos）在他的著作《新组织科学》（*The New Science of Organizations*）（1981）中把工具理性的现代概念和市场经济的成长联系在一起，然后对这一发展结果作了总结。根据拉莫斯的观点，现代组织理论是随着市场导向的社会发展而发生的组织过程的副产品。正是为了满足市场的需求（包括人为创造的需求在内），那些掌管大型组织的人才会去寻求通过理性化的生产过程来达到更高的效率，但是这个方法却对个人和社会都产生了严重的影响。因为只有在市场主导的社会中，生产过程才会如此井然有序，以致每个个体的生存意义被简化为仅仅是一个有固定工作的人、一个在某一时期内在层级体系中占有相应位置的人。在那些主流的组织形态中，也就是拉莫斯所说的"经济型"组织中，建立在工具理性和技术理性基础上的机械式生产方式把个人转变成为纯粹的劳动者，那种反过来面对新的市场精神的劳动者。

但是，拉莫斯认为，无论是从个人发展还是从社会稳定的角度来看，市场的扩张现在已经开始呈现出下降的趋势。理性化的组织几乎没有给个人的自我实现留下什么空间；如果有自我实现的话，也仅仅是伴随着生产过程的偶然事件（这一点恰恰和某些人际关系理论家的观点不同）。此外，这个生产过程使我们越来越感到"心理上的不安全，生活质量的下降，污染，以及地球上有限资源的浪费"（p. 23）。

让我们再详细地探讨这些论点。如果理性模型让我们把注意力都集中到达到既定目的的手段上，那么这也就意味着使我们忽略目的本身。如果我们单单把注意力都集中到效率上，我们就无法充分检查并有效参与到那些对我们来说非常重要的决策中去，因此也无法履行我们的民主责任。以这种方式行事，我们将很难促进自己对社会价值的表达。相反，我们将仅仅考虑怎么以最小的成本去完成既定目标。（如果理解正确的话）尽管这样做会十分有效率，但是我们或许会发现我们正在追求的目标竟然和我们的社会价值观——也是我们的价值观——大相径庭。

这些考虑在讨论公共组织的时候显得格外重要。理性模式对于手段和目的的区别显然和政治—行政二分法有关，因为在政治—行政二分法中，公共组织的作用就是寻找最有效率的方法以达到政治上的既定目标。但是，正如我们已经看到的那样，政治—行政二分法既无法反映实践，也无法正确说明行政在民主过程中的作用。然而有人或许会说（尽管我认为这种说法是错误的），在私人组织中，组织的目标只能由那些掌握权力的人来决定；但是在公共组织中，既然公共组织涉及对社会价值观的表达，所以在决策过程中必须给予组织成员更多的参与机会。于是，公共组织就必然要强调广泛的沟通和参与在决策过程中的必要性。于是，公共组织的成员在有效率地工作之外，还承担着一个特殊的责任，那就是提高政策过程中的民主化程度。

公共组织中的个人也有责任根据公平、理解和人性来行动，但是如果仅仅根据理性的观点而忽略人类生活的其他层面，譬如情绪和直觉，那么履行这样的责任将会变得更加困难。从理性主义者的角度来看，情绪被当作可能影响理性的计划和决策的因素之一；而直觉会减损理论和秩序的作用。然而，情绪和直觉是也应该成为人类存在的重要方面，特别是因为人类存在的这些领域与我们的感觉和价值联系密切。在许多年前，罗伯特·达尔和查尔斯·林德布洛姆（1976，p.252）就曾经提出过这样的观点，"那种只关心如何通过深思熟虑的组织手段去完成目标的偏见，使得人际关系仅仅被当作是完成组织既定目标的工具性手段，而不是实现主要目标的直接原动力。欢乐、爱、友情、遗憾和情感等要素都将被抑制，除非它们恰好有利于组织既定目标的实现"。非常明显，这种态度将导致在复杂组织中产生个人的人格解体，这个主题在很多著作——从威廉·怀特（William Whyte）的《组织人》（*The Organization Man*）（1956），到近期的威廉·斯科特（William Scott）和戴维·哈特的《组织化的美国》（*Organizational America*）（1979）以及笔者自己的著作《在组织的阴影下》（*In the Shadow of Organization*）（1981）等——中都受到了关切。这些作者似乎都同意，复杂组织中的控制机制会使组织中的人际互动变得无足轻重，以至于个人仅仅成为生产过程中的客体。在有效追求组织目标的过程中，每个人都变成了被其他人操纵的工具。更为重要的是，每个人都丧失了对于个人的创造力和成长所必需的自我反省和自我了解的能力。而且，和其他领域比较而言，这个问题在公共组织中要明显得多。公共组织成员对于追求生命、自由，追求快乐，对所有公民的自我成长过程提供帮助，以及对公民提供教育等方面的承诺只能通过人而非物的互动才能发生。

> 公共组织成员对于追求生命、自由，追求快乐，对所有公民的自我成长过程提供帮助，以及为公民提供教育等方面的承诺，只能通过人而非物的互动才能发生。

行政的理性模式所采用的理性观念带来的最后一个问题是它忽略了对行动产生的道德环境的关注。正像本书前面所提到的，很多理论家把社会的理性化看作是一个过程，在这个过程中，以**自由**、**正义**和**公平**等术语为代表的一些更广泛的人类价值观问题正在失去它们作为评判标准的重要性，取而代之的是一种特殊的"成本收益计算"和"手段和目的计算"。而当衡量效率成为唯一的讨论议题的时候，协商的、沟通的以及参与的功能都将失去其重要性。然而，如果公共组织打算实现它们对支持和提高民主化管理的承诺，公共组织的成员就必须愿意根据那些更加宏观的问题（譬如那些能够促使我们去建立个人的责任感和相互作用感的问题）来思考。如果我们把自己局限在工具理性提供的有限框架内，那么我们绝对无法确保自己、甚至组织的行动的道德环境。

在盖·亚当斯（Guy Adams）和丹尼·波佛（Danny Balfour）的《揭开行政邪恶的面纱》（*Unmasking Administrative Evil*）（2004）一书中，他们就这一问题展开了有趣的讨论。他们认为工具理性充分主导了当代的公共组织，以至于：

> 普通人能够轻而易举地扮演好组织赋予的角色——其实，从本质上来说，他们只是做了环境要求他们做的事——同时，他们作为批评的、理性的遵守者严格地遵照事实操作，这就构成了行政的罪恶。糟糕的是，在道德本末倒置的情况下，这些罪恶被当成了善，普通人既轻易地犯了行政罪恶，却又相信他们所做的是一种正确的善。（2004，p. 4）

亚当斯和波佛分析了各种不同类型的行政罪恶，从第二次世界大战中的种族大屠杀，到瓦纳·冯·布劳恩被卷入其中的美国航天项目，以及美国"挑战者号"灾难。他们认为，这些例子所揭示的对于行政罪恶的掩盖，正是由于技术理性占据着我们对于公共组织认识的主要方面。

对知识学习的不完整的理解

理性模型似乎假设只有一种方法可以获取知识——即只有把实证科学的方法严格地用在组织内部的社会和技术的关系上，才能获取知识。无论这种假设成立与否，我们都必须对这种获得知识的方法的优点和缺点有清楚的认识。让我们首先来正式回顾和总结实证科学模型的基本前提假设。（1）获得有关自然和社会知识的方法只有一个，因此，社会科学家应该使用更"先进"的自然科学的科学研究模型。（2）一切非纯粹观念的知识都必须建立在感官经验上，反过来，一切关于这种经验的叙述必须建立在对社会行动者的行为的直接观察上，而这种观察的结果又必须取决于观察者之间的一致共识。（3）事实和价值之间有着严格的区分，这种区分存在于"是什么"和"应该是什么"的区别当中；科学家的作用在于收集事实，而不是根据价值去做推测。（4）科学研究的目的是解释、预测和控制。解释指我们必须去发掘引起事件的起因；根据解释，我们才能去预测，根据预测，我们才能去控制。（5）理论和实践的关系充其量是疏远的。科学家的作用是进行调查，以便提供建立理论框架的资料。对于知识的运用，科学家既没有兴趣也没有责任。相反，科学家所做的仅仅是创造知识，至于如何使用，则由其他人来决定。

实证科学模型中有很多相当明显的限制，这些限制在过去的很多年中已经被反反复复地讨论过了，在此，有必要对这些问题做一个回顾［关于这些问题讨论的更完善的哲学分析，可以在理查德·伯恩斯坦（Richard Bernstein）的著作《社会和政治理论的重建》（*The Restructuring of Social and Political Theory*）（1976）中找到］。在这些批评中，最常被提及的对实证模型的批评就是，人类行为是由文化和历史因素决定的，这些因素往往因为时间和地域的差别而有所不同。如果这种批评是事实，某一个团体的行为就不会和另外的团体相同，所以，想发展出一种在任何时候都适用于一切文化的广泛概括往往是非常困难的。当然，还有一种相类似的批评，就是人类的行为总是根据新的信息（包括通过科学研究所得到的信息）而发生改变。这种在行为的习惯性模式上发生的转变可以有好几种方式。一方面，人类的行为总是倾向于和人类的行为理论保持一致。例如，人际关系学者强调自我实现应该作为人类行为的目标，于是就可能引导人类有意识地依据自我实现所标志的特征塑造他们的行为（Maslow，1962，1971）。另一方面，人类也可能停止那些和理论不符的行为。例如，由于理性模式隐含着对情绪的批评，所以当人们与行政理性模式不期而遇的时候，就可能设法在组织情境中压抑自己的感情。无论如何，人类行为的这种随着时间、地点的不同而不同的可变性局限了实证科学去追求可以适用于更广泛人类行为的类似规律的陈述。

第二个对于获取知识的实证科学手段的主要批评涉及人类生活中的主观经验的作用。这方面的批评之一将焦点放在那些作为研究对象的人身上，认为有些人的行为完全是出于主观的原因，而这些主观原因是那些从外部对行为的观察所不能了解的。在这种观点看来，个人的价值和目的在推动其行为方面所起的作用和他们所处的外在环境对他们的影响力不相上下。实证科学可以观察到后者——即外在影响，但对于个人的价值观和意图却无能为力，因此，实证科学对人类行动做彻底了解的能力是十分有限的。另外一个相似的批评则集中于科学家本身的价值取向：和其他人一样，科学家也是人，也会受到情绪和价值观相互作用的影响，所以，他在考虑别人行为的时候也无法做到完全的客观。科学家本人的价值取向会在很多方面渗透到研究过程中去，尤其是在对观察主题的选择和对观察迹象的评估上更为明显。在这两方面的例子中，科学家们的价值观都会侵入实证科学模型所追求的客观性中。（这种批评的另一种说法是，在观察过程中，人类会根据观察者的行动作出相应的反应，换句话说，当那些科学家为了观察而侵入我们日常生活的情境当中的时候，就已经改变了这个情境。）

理论和实践的不适当联系

理论和实践、学者和实务者之间表面上的分歧似乎无足轻重，但却隐藏了一种深深的不安，隐藏了一种对于如何让我们了解我们的工作、如何让我们的工作对我们来说变得更有意义的不满。不幸的是，公共组织领域中主流的实证科学获取知识的方法对于获取有关公共组织的知识却几乎没有什么帮助。实际上，主流的实证科学恰恰是问题的根源所在。

实践工作者到底需要从理论当中得到什么？我认为他们期望从理论当中得到两种需要：第一是解释和理解，通过这种解释和理解，实务者可以形成行政工作的新方法；第二是一个框架，在这个框架当中，个人的经验被看作是一个非常重要、非常有意义的部分。行政的理性模型（以及它的很多版本）大都能够满足第一种需要。这些行政的理性模型都涉及一些工具性的解释，这些解释使得预测和控制变得更有效率。在过去的很多年中，这些理性模式提供了大量被实践工作者所采用的、十分有价值的解释。预算技术、激励类型、管理方式，以及其他许多主题已经被很多理性模型取向的理论家讨论过，他们的解释对实践工作者产生了巨大的吸引力和价值。当然，理论和实践之间有时也有沟通停顿的时候，这点与实证社会科学的追求总是和过多的术语和定量化联系在一起有关。但是，在很大的程度上，社会科学家、实践工作者，以及理论家们总是在追求相同的解释性的目标。

> 实践工作者到底需要从理论当中得到什么？我认为他们期望从理论当中得到两种需要：第一是解释和理解，通过这种解释和理解，实务者可以形成行政工作的新方法；第二是一个框架，在这个框架当中，个人的经验被看作是一个非常重要、非常有意义的部分。

对于第二种需求的满足，理性模型和实证的社会科学显得无能为力。很难指望那种企图把人的经验客观化的获取知识的方法能对经验的意义作出什么解释，事实上，它降低了这种意义。经验的意义，以及经验对于我们个人和社会的价值，是建立在我们的主观和互为主观的世界之上的。把经验客观化，就是剥夺那些能够使经验对我们有意义的特征和特性。因此，当实践工作者要求理论更有意义、要求理论能解释一些对人类真正重要的问题时，那些主张个人对社会力量的反应模式就像台球和台球之间的撞击反应一样的人是无法回答这些问题的。理性模型甚至摒弃了我们用以评定研究重要性的评估行为。任何具有人文关怀的人都希望得到比这一理论所提供的更多的东西。

这些实际问题有助于引发理论问题。信奉理性模型的理论家只对解释、预测和控制感兴趣，但是，他们对自己的理论是否与事实相符并不一定十分感兴趣。如果这一假设——所有的人在追求自利的过程中都是完全理性的——可以得出令人满意的解释，那么个人以何种方式行动对理论家来说是没有什么区别的。此外，根据实证科学的模型，科学家们是根据对那些表现出来的行为的观察来建构其理论命题的，这些行为是外界能观察到的行为。但是，从外界观察到的行为可能和个人所意图的行为不一致。同样，那些必须根据科学家提供的信息行动的实践工作者就得承担行动的责任，行之有效的、道德上健全的准则也一样，实践工作者也是在准则的指引下去承担行动的责任。但是具有实证传统背景的科学家却认为，从某种程度上说，累计的知识如何使用并非是他们的责任，因此他们也就无法提供道德行动的理论基础。追求理性模型和信奉实证社会科学的理论家在研究过程中以上述方式有意识地选择了那些有助于直接影响个人经验的东西。这样的结果就是理论和实践的脱离。所以，理论和实践的分离并非偶然，它是一种特殊选择和刻意信奉那种知识学习途径的特殊方法的结果。

幸运的是，实证的社会科学并不是获取知识的唯一途径（尽管它曾经一度被视为是唯一途径）。事实上，其他一些方法现在也在探讨中。这些方法提供了一种（其他姑且不说）使理论和实践更好地结合的可能性。在这一章余下的篇幅中，我们将讨论其中的三个途径，但是，首先有必要再次注意寻求这些替代性模式的重要性。任何一种可以精确地描绘个体行动者的经验、并将自身引向他们认为是至关重要的问题的科学就是一种可靠的科学。此外，信奉一种不会导致客体化和人格解体的知识获得途径，比起相反的途径，能更好地处理理论家和实践行动者，以及公务员和委托人之间的关系。而理性模型在这方面可以给予我们的实在很有限。所以，除非提出的一些重要问题能够被处理，不然公共组织的研究将会受到怀疑，而那种合法性的危机则还将持续。

解释/行动理论

在第 2 章关于马克思、韦伯与弗洛伊德的讨论末尾，我们曾论及：根据不同的知识目的，一个人可能会在不同的知识学习方法中进行选择。在这当中，盛行的实证主义观点指向工具性解释，这种解释能够预测并最终控制人类事务。现在我们已经知道，实证科学方法运用到公共组织研究上是不完整的。理性模型的解释能力不仅有限，而且它的解释并不是我们想从理论中得到的全部东西。我们还会去寻找那些能够帮助我们理解人类行动意义的理论，那些能够使我们更熟练、更为清晰地追求个人与社会目标的理论。幸运的是，符合这些目的的探究方式是存在的，我们将在这章剩余部分审视公共行政领域中的两种努力。

现象学的根据

解释性的社会理论（或一些公共行政理论家所谓的行动理论）源于爱德蒙德·胡塞尔（Edmund Husserl）在 20 世纪与 21 世纪交替之际的哲学著作。作为一名受过训练的数学家，胡塞尔却试图为科学研究寻求哲学基础，以便能够清除实证科学所依赖的臆测、假定，从而直接了解人类的意义。这种被称为现象学的方法，旨在终止那些由科学观察者从外部强加到人类行动中去的人类行为的定义或特性，并主张应该从行动者本身的立场去领会那些行动的确切意义。这种努力关注个人解释其日常生活的方式，这种方式有时候被称为"生活世界"。在这种观点看来，人是有意识的存在，其行为是有意向性（企图）的，因而其意向性（企图）会赋予行动意义。

意义世界成为了现象学的核心，并宣告了与自然科学技术的一种关键性决裂。一切意识都是某些事物的意识：我们寻求某些东西，我们期待某些东西，我们牢记某些东西。每一个有意识的行动（如思考）都被赋予了一种意义。人具有赋予其行为意义的能力，这使得社会科学家所探讨的"实体"与自然科学家所探讨的"实体"大相径庭。因此，社会科学家无法照搬自然科学家的方法论。相反，为了理解意识结构和社会行动者的意义世界，社会科学家必须寻求一套不同的方法论。

意义和意向性的结合产生了一种把人视为社会世界中的主动者而非消极反应者

的观点。所谓意向性是指有意识地指向一个特定对象，它是意识的核心。我们透过意向赋予周围世界意义，并在实际上建构这个世界。胡塞尔用了一个有点晦涩的字眼"本质"来表示我们（或是作为个体，或是作为团体）所建构的各种意向性意义的统一类型。例如，"大学"这个概念，不论是从个人的角度思考，还是从社会的角度思考，都会使我们想到某种精英的意义。不论是从个人的观点来看，还是从科学的观点来看，理解这种意义模型远比仅针对观察到的行为作出解释要重要得多（正如前面提到过的，解释性理论家经常用行动这个术语来表明行动的意向性本质，用以和行为的反映性本质做区别。这样才有了行动理论这个说法）。

一个主观上可以相互理解的世界

对于社会学家和公共组织学者而言，现象学最主要的贡献或许是它重新恢复了主体和客体的关系，详细阐述了这种关系在建构一种主观上可以相互理解的世界（一个我们在其中能彼此分享的世界）中的作用。正如我们注意到的，实证科学的观点主张，客观性只有通过事实与价值的分离才可以得到，而且也只有通过这种论证，才能够确立主体和客体的关系。相反，释义学（interpretive）取向的社会学家，特别是阿尔弗雷德·舒兹（Alfred Schutz）却主张，主体和客体应合而为一：

> 一方面，我注意并解释展现在我面前的以他人意识为象征的外在世界，当我这么做的时候，我便认为它们具有客观的意义。但另一方面，我也可以审视并且透过这种外在象征进入一个理性人的鲜活意识的建构过程当中，这时我关注的则是主观意义。（Schutz，1967，p.37）

由于能够观察到的总与行动者的意识有关，所以主体和客体这两个方面就不可能绝对分离。而且，由于理解行为中带有评估的成分，因此，事实和价值也不可能绝对分离。

在这种情况下，我们可以以各种不同的方式和他人发生联系。虽然有些人和我们并没有面对面的交往，有些人我们则以匿名的方式跟他联系，然而也有些人我们会有意识地去认识他们，并且视他们为主体（所谓"汝"的关系），也有些人在这种认识过程中会和我们互换这种认识（这样就建构了一种"我们"的关系）。在"我们"的关系中，最为重要的是它必然包含着一种相互认识，甚至以诚相见。不管"我"如何尽力去把我们的关系客观化或者去人性化，意识到"你"是一个有意识的和我互动的人，则会显露我们之间的共通人性，而这正是理性模型无法领会的。这样，从现象学的观点来看，从工具性上把人降低到客体的地位不仅不恰当，而且也是不可能的。任何以这种假设为基础的研究都不能认识到：个体具有无限的可能性，具有意向性，有反省能力，并且担负着一种建构社会实体的持续共同的任务（Berger and Luckmann，1966）。

自主的、社会的范式

把现象学运用于公共行政领域的成果之一便是麦克·哈蒙（Michael Harmon）的《公共行政的行动理论》（*Action Theory for Public Administration*）（1981）。哈蒙重新揭示了库恩的科学范式概念，主张今天的公共行政需要一种新的范式，一种在价值理论和知识理论方面都不同于行政理性模型的范式。哈蒙指出，他所谓的替代性范式（尽管他的替代性事实上更应该是理论而非范式）的基本假定是：人是自主的，而非被动的；是社会性的，而非单个性的。自主的人性观认为，个体会赋予他们的行动以意义，因此，人会自主地决定对于他们来说非常重要的环境状况。被动的人性观认为，人仅仅能对环境因素加以回应；相反，自主的人性观则认为，人和环境以一种对等的关系进行互动。

在哈蒙的理论中，人既能影响环境，也会受到环境的影响。人用符号的方式想象世界、反思以往事件的能力使自主的人性观有别于被动的物性观。因此，在任何对人类活动的解释中，都必须考虑到人的这种自我反省能力。社会性的个人观视人为社会互动的产物。在这种观点中，意义不仅是由个体构成的，而且也是由个体和他人在面对面的互动中构成的。相互认识导致了社会实体建构中的相互参与。

哈蒙认为，自主的、社会的自我观要求在公共组织中有一个新的规范性责任基础。公共行政的特征是"在公共组织中制定决策，并使决策合法化"（p.5），哈蒙断言，公共行政理论必须处理实质和过程之间的关系，以及个别价值和群体价值之间的关系。哈蒙同意其他过程理论家的论点，认为人类行动的价值应该存在于行动本身，而不应该存在于该行动产生的结果。例如，对于正义和自由等问题的评估最终不能由具体的实质结果来衡量，而只能由其达到民主的程序来衡量——也就是说，通过对公民开放的程度和公民参与的程度来衡量。

此外，也必须处理个体面对面情境与更广泛的群体价值之间的关系。哈蒙认为，相互性或群体观是指导面对面关系的基本规范前提。他认为，在以相互性为特征的关系当中，个体会考虑别人的期望，而且也会受到别人的影响。哈蒙还认为，把探讨焦点从面对面的情境转变到较为宏观的社会系统领域时，应该发展出一个和面对面情境的规范理论相对等的规范性理论。"社会正义的概念是相互性应用于社会群体的逻辑推论，因此它应该被视为公共组织制定及执行'总体的'政策决定背后的规范性前提。"（p.84）虽然哈蒙大致上遵循罗尔斯的正义概念，但他却主张正义乃是我们自主的、社会的、特性的自发性产物。因此，又出现了下面这个基本问题，"如何强化人与人之间的自发性联系，以便改进一种社会秩序，这种社会秩序能使个体自由行动以及社会合作成为可能，而不是通过一种控制来限制这种个体自由行动和社会合作"（p.83）。

行政责任的再诠释

上面的问题导致了对传统行政责任观的批判以及再诠释，这种传统观点认为，公共机构的行政责任，通过那些机构的行动与立法机构的意志相一致而得到维系。这样的观点体现了手段和目的之间的工具性联系，行政机构认为受到了强制而去执行统治者的意志。道德责任存在于个体之外，并且通过各种限制加以强调，这些限制可能是法律或规章的外在强制，也可能是行政专家的内在灌输。与这种观点不同，哈蒙认为，自主的、社会的自我特性蕴涵着一种负责的行政行动的替代模型，尤其是个人责任。"个人的责任暗示着行动者本人就是主体，他必须承担起对其行动的道德冲击而不是把谴责和责任推给别人或是怪罪外界的'正确'标准。"（p. 125）

然而，上述观点并不是说单个的行政人员的行动应该拥有完全的自由裁量权。恰恰相反，哈蒙认为由于行政行动必然是互动的，个人责任也就蕴涵着社会责任，因此个人必须受到群体利益和个人自由裁量两方面的指导。不管怎样，这种观点再度引起了自我与社会之间的混淆，因为这样一来，很有可能使社会期望去指导个人责任，而不是个人责任成为社会责任的基础。更为重要的是，这在实践中产生了问题。在有些（或许更多的）例子中，很难达成一致的界定，因而在执行个人的责任方面都面临非常大的困难。正因为如此，哈蒙认为，责任机制仍然是必要的，以处理一些比较极端的事情。无论如何，哈蒙注意到了责任和自由裁量权之间存在着需要不断进行"意义的谈判"的紧张关系［这个论据在哈蒙更新的著作《作为矛盾的责任》（*Responsibility as Paradox*）中得到了进一步的阐述。他认为，责任在这两个相反的概念中必然矛盾。一个概念是道德主体（它是个体自身的责任感）；而另一个概念则是社会权威的责任］。

我们也许要问：接受行政人员自身的世界观是否能使我们批判性地评估这种世界观。哈蒙似乎也同意个人有可能被导向接受错误的意识形态，特别是在强者将其想法强行灌输给他们的时候。如果真是如此，那么接受行政人员自身的世界观就掩盖了隐藏在这一世界观中的偏见与意识形态。如果这种世界观限制了人的自由和创造力，它就必须受到批判。在这一点上，这个基于现象学的方法似乎有其局限性。哈蒙接受这种以现象学为基础的知识论最终会限制他对行政生活提出更具批判性的观点。为了能够对行政生活提出更具批判性的观点，我们必须更进一步去研究所谓的公共组织的批判理论。

批判的社会理论

批判的观点认识到，在我们的努力和社会状况（即使是那些我们只是模糊地意识到的社会状况）强加给我们的限制之间存在着某种紧张关系。理论的作用就是去揭示这些矛盾对立，从而使我们去追求自己的自由。正如理查德·博克斯（Richard Box，2005，p. 11）所言，"批判的理论在于界定应然和实然之间的矛盾，并表现出建设性改变的潜能"。由于这种理论为人类提供了获得更多自由和发挥更大潜能的机会，因此它必然和追求个人真正需求与期望的行动相关。

许多主要的学者都对批判的观点做了详细说明，其中以尤尔根·哈贝马斯（Jurgen Habermas）最为著名，他试图对批判理论做出最全面的重述（参见 Habermas，1970，1974a，1974b，1975，1979；也可以参见 Bernstein，1976，以及 McCarthy，1978）。通过哈贝马斯的著作，加上其他学者的观点，我们将考虑批判方法中和公共组织研究特别有关的若干方面。我们将会特别讨论：（1）工具理性的批判；（2）政治生活的科学化和公共领域的消退；（3）知识、有效沟通和人类兴趣之间的关系。

工具理性的批判

法兰克福学派（创建于 20 世纪 20 年代初，从事批判性社会理论研究）试图揭示现代生活中的社会控制的根源，这样就为通过理性、最终实现自由开辟了一条道路。他们的努力立刻遇到了对理性本身的挑战，或者更确切地说，他们遇到了对社会的理性基础进行重新界定的挑战（1973）。该学派的行政与业务领导者马克斯·霍克海姆（Max Horkheimer）通过两种理性模型的对比来探讨这个问题。他认为，大多数伟大的哲学体系都假设理性乃是实际上客观存在的一种原则，通过理性，我们得以评估个人行动的合理性。在这种意义下，理性指引着社会选择，并且被用来讨论正义与自由、暴力与压迫等问题。相对于这种理性模式，霍克海姆（1974，p. 18）指出，另一种更为工具性取向的形式正在抬头，这种形式只关切达成既定目标的最有力（也就是最有效）的手段。

赫伯特·马尔库塞（1968）则在他对韦伯的批判中指出了当前对于理性的解释的各种局限。他明确地指出，韦伯把理性概念视为一种以确定手段去达到既定目标的方式，这种方式不仅通过所谓的理性模式脱离了对应该服务的各种社会利益的讨论，而且使得各种技术控制方式（例如，"方法的、科学的、适当的、有计划的"方式）变得更加精密复杂（pp. 223-224）。由于现有的技术模型都包含着控制，从某种意义上说，通过对技术性的理性行动的贡献我们可以证实行动的正当性，从这个角度看，韦伯的理性化概念并非批判性的，而是解释性的（pp. 214-215）。在一种理智的思考和明智的行动中，我们会对仅仅局限于为现有社会机制的规划问题寻找技术性解决方案的任务感到满意。

通过审视一种会使社会日益理性化的替代选择，哈贝马斯发展了马尔库塞对韦伯的批判。哈贝马斯和马尔库塞都认为，韦伯所坚持的那种理性的技术性定义最终包括了一种对延续统治的意识形态上的辩护。但是，他们更关注韦伯认为这种结果无法避免的结论。和韦伯相反，他们认为，既然人类制度是社会建构的，因而也就有可能通过有意识的选择和有效的行动来重新建构人类制度，这样也就可能确立一种替代性选择。马尔库塞试图用一种新的科学与技术模型（它提供另一种不同的人与自然的关系）来改变韦伯所描述的那种统治状态；而哈贝马斯（1970，Ch. 6）则认为，现代世界所界定的科学与技术仍然不可避免地与目的—理性的行动相关联。哈贝马斯的努力涉及把一种替代性的行动结构（一种符号的或者沟通的替代性行动结构）恢复到它正常的状态。

哈贝马斯所说的"目的—理性行动"是指在追求既定目标过程中根据工具性行动来看待的工作领域。目的—理性的行动所偏好的是技术，是手段—目的问题的解决方案。另一方面，哈贝马斯（1970，p.92）则通过"互动"的观点来描述规范性社会结构的建构，这种社会结构是"由有约束力的共识性规范所治理的……这些规范必须被身处其中的各个互动主体所理解与承认"。因此，我们或许可以根据究竟是目的—理性的行动还是互动在该社会居于主导地位这一标准来辨别社会系统。

哈贝马斯认为，在韦伯所描述的理性化概念中，从传统社会转变到资本主义，其特征是社会合法性基础的变迁。在传统社会中，目的—理性的行动深入到了其社会的规范性结构中，以至于它几乎不会威胁到文化传统的效用。然而，资本主义社会的出现有史以来第一次使经济的持续发展有了保证，因此，目的—理性的行动领域就变成了自我维持的领域。"在这种情况下，传统结构日益屈从于以下一些工具或策略理性的状况：劳工和贸易组织、交通运输网、信息网、通信网络，私法制度，以及财务行政和国家官僚等"（哈贝马斯，1970，p.98）。随着目的—理性行动领域的出现，符号或沟通的互动领域有可能最终消失。

公共领域的消退

上述这种发展对于政治体系有着深远的意义。哈贝马斯在其早期著作中将"公共领域"描述为这样一种舞台：在其中，社会的各种利益都参与与社会的规范性议题有关的讨论（另请参见 Pranger，1968）。最近，公共领域已经显著地缩小了，更为准确地说，利益表达者都是企业、劳工、专业人士等级中的上层人物，而这种表达又是经由大众传媒报道和处理过的。公共领域中的这种困境与政治权力屈从于目的—理性的意图相一致。在这种状况下，政治领域再也不需要用社会的规范性结构以及自身与社会的"善的生活"的关系等来关注自身。这些关注和政治的新使命相比，都成为了次要的问题，这些新的政治使命包括保护资本运用的私有形式、促进经济发展，以及使大众对他们的新状况表示忠诚等。在这种新的诠释下，政治趋向于消除伴随着资本产生而产生的危机与障碍。"政府的活动被限制在那些行政上可以解决的技术问题上，因此，我们可以说，实践问题消失了。"（哈贝马斯，1970，p.103）（根据上下文的意思，这里的实践问题是指那些引导社会实践的问题而不单单指那些注重实效的问题。）

显然，政府日益关注解决技术性问题会对民主的公民权利产生重要的影响，因为解决技术性问题无须公众讨论，大众的参与也许会阻碍这一问题的解决。这样，公共领域的消退导致公民的全面非政治化。公民的角色不再是帮助选择社会的方向，而是偶尔就行政人员所提出的选项作出选择，而这些行政人员的作用就是有效地处理那些阻碍社会和经济体系顺畅运作的问题。正如马尔库塞（1964）所指出的，所有这些都可以用科学和技术进步的逻辑来加以解释，而且，由于他们向所有人允诺更多的产品和服务，这使他们更加受欢迎。哈贝马斯评论道，最为重要的是，"使社会的自我理解脱离沟通行动的参照架构、脱离符号的互动观点，并用科学模型取而代之，是这种意识形态的唯一成就"。其结果是产生了一种用技术的观点来观察世界的新的意识。

恢复正常的沟通

不过，在批判性的观点看来，在传统理论中曾一度中断的理论和实践之间的联系被重新建立了起来。哈贝马斯（1970，pp. 274-300）把弗洛伊德的心理分析视为一门重要的学科，并且通过对这门学科的审视来说明这种重建过程。哈贝马斯把心理分析过程当中最核心的概念——压抑——解释为语言的私有化，也就是某些符号从公共沟通中撤退到一个它们无法到达的、但仍会影响自我的地方。由此造成的权力挣扎或内在不安全以一种不被察觉的方式影响着个体。心理分析的工作就是通过恢复病人某一部分隐藏的生活史来重建其有效的内在沟通。要达到这个目的，就必须通过严格的个人过程，这个过程的目的正是重新发现个体的自我，只有病人自己的解释才能证明其正确性。在这样的方式下，探询和自主合成了一体，"在自我反省中，纯粹为了获取知识的知识与自主和责任的兴趣趋于一致"（p. 314）。无论对个人还是社会而言，哈贝马斯认为最为重要的工作就是恢复那种正常的沟通。

真正理性的行动只有通过去除沟通中的各种约束才能产生，控制就是其中一种最常使我们达成共识的尝试受到扭曲的一种约束。不对称的沟通类型（也就是沟通的某一方权势大于另一方）必定会在社会生活（正如在个人内心一样）中产生扭曲的沟通。这些扭曲必须在所有解放过程之前予以揭示。"公众、无约束的讨论、免受控制、行动取向的原则和规范的合适性和恰当性……这些在任何层级的政治与再政治化决策过程中的沟通是使理性化成为可能的唯一途径。"（哈贝马斯，1979，pp. 118-119）通过一种普遍的、批判性的自我反省过程，我们也许可以重新恢复一种启蒙人类行动所需要的理论与实践之间的紧密结合，也就是说，我们可以恢复一种真正的实践。

> 通过一种普遍的、批判性的自我反省过程，我们也许可以重新恢复一种启蒙人类行动所需要的理论与实践之间的紧密结合，也就是说，我们可以恢复一种真正的实践。

后现代主义和话语理论

最近，许多重要的公共行政理论家步其他学科（从艺术和建筑学到社会学和哲学）同行之后尘，开始信奉后现代主义理念。很显然，后现代主义一词意味着一种对可能已经持续了几个世纪的现代条件的反叛。但在有些人看来，后现代主义具有更包罗万象的意义，它不仅包括对现代主义的批评，还包括了至少是对社会思考的未来的暗示。对后现代主义的理解因人而异，正是因为这个原因，后现代主义很难被定义。此外，后现代主义者为了表达那些难以捉摸的理念和想法，采用了非常奇特的语言，在某些情况下，他们采用的语言几乎是一种拙劣的模仿。

但是，如果说后现代主义的许多意义和目的有什么共同点的话，那么可能就是这一观点：现在的个人和社会似乎都失去了表现"真实"的能力。换句话说，无论我们今天是在谈论美学、道德、认识论，还是政治学，我们似乎连讨论和争辩的基础都无法确定。那些传统术语（我们曾经依赖它们去建立客观实在）现在似乎都不再起作用了。传统术语确实有一些致命的缺陷，因为它们是特定的社会、文化和历史时代的产物（它们是其中的一个组成部分）。后现代主义者一般认为，语言建构世界而非反映世界，既然这样，那么以语言为基础的知识总是被那些产生它的历史条件和特定的环境所束缚。

在一个相关的方面，后现代主义者特别批评了近来出现的这一趋势：以符号来代替它们所代表的事物，并使符号本身成为思想和观念交流中最重要的媒介。在这个观点中，文字和"符号"或者"所表示的东西"日益无法表示那些稳固的和长久的东西。相反，它们变得和真实的东西分离开来（后现代主义者把这个趋势称作"副现象论"）并各行其道（后现代主义者把这个过程叫做"自我指示"）。例如，现代广告创造了一个符号世界，在这个世界中汽车的销售建立在人们对"性的要求"之上，而啤酒的销售是因为青蛙和蜥蜴。在任何一个例子中，一套独特的符号前提形成了一个自我容纳的和精细固定的对话基础。而其中的大多数的符号前提都似乎是单向的，即通过说话者向倾听者传递这一过程来完成的。在这个传递过程中，只有那些对特定的已经建立的文化印象有了解的人才能参与，即便是这样，这里也几乎没有什么机会进行真正有价值的讨论和谈话。

后现代主义对这种现代性趋势的回应正是要揭露或者解构那些存在于任何一种社会、文化或者政治趋势中的缺点。这种揭露或者解构的途径要么是合理检查存在于事物核心的错误假设，要么是通过嘲笑和蔑视——这两种途径被认为取得了几乎相同的结果——去揭示那些足以以假乱真的东西。事实上，后现代主义者在某种意义上似乎认为所有的东西都是虚假的，至少就没有什么事情能够被证明是真实的这一点而言是这样。在任何环境下，在任何一个被解释的事情中，总是存在着无穷的解释。既然你永远无法真正说明想用语言去指代什么，那么也绝对不存在你可以确定的正确或者错误的方式。因此，没有一种解释会比其他解释更出色，或者说，没有一种解释能够与众不同地表达什么，那么所有的解释在有效性上都是相同的，这也意味着没有任何一种解释是真正有效的。这样，任何一种解释实质上都是错误的，任何一种理解都是误解。

当对现代人已经建构了对社会现实的解释这一命题作更广泛解释时，上述关注显得尤为重要。"现代性……反映了对那种运用合理语言去捕捉世界的能力的充分信心。它反映了一种乐观正义精神，并声称拥有完整地理解世界的潜力。而后现代主义者摒弃了这种信心，这种乐观精神和这种声称可以得到的力量。"（Farmer，

1995，p. 47）从现代主义的观点来看，这种广泛的解释是一种先验的和普遍的真理，这种真理成为文明的基础并为文明提供合法性，正是这种解释让现代世界变得可以被理解。这样的例子包括马克思的辩证唯物主义、心理分析理论中的压抑理论、韦伯思想中的官僚层级制概念、哲学中的逻辑实证主义，以及社会科学中的系统理论。而后现代主义者对所有这些解释都提出了质疑。后现代主义否认那种覆盖一切的、被称之"超验话语"和"超验叙述"的解释，并对它们的使用（被称作"基础主义"）提出挑战。

　　一个主要的后现代作家吉恩·弗朗索伊斯·洛伊塔德（Jean Francois Lyotard）（转引自 Fox and Miller，1995，p. 44）认为，"我用现代性一词指任何一种用超验话语来证明自己合法性的科学……它明显求助于一些'史诗般的叙述'"，而后现代主义对所有这种"超验叙述"表示怀疑，因为可以证明它们存在着根本性的错误，它们依赖的方式使它们不可避免地通过选择一种特定的观点或"语言"来错误地表现真实（我们也注意到，后现代主义者以一种特别的循环方式，甚至摒弃了这种完整的叙述，正像他们自己所说的："不存在什么完整的叙述"）。

　　因此，在后现代主义者的观点中，功能的体系结构要让位于一些寻求控制当代社会中的混沌和异化的更加折中的方式；逻辑实证主义要让位于激进的诠释主义，或者，最好让位于方法论上的反强权的无政府主义；层级的官僚制结构要让位于非正式制度、授权，以及话语；而道德规范的准则要让位于情境的道德。查尔斯·佛科斯（Charles Fox）和休·米勒（Hugh Miller）比较了这两种思想，认为现代主义和后现代主义表现出了如下的区别：整合和分解，集权和分权，总体和分散，超验的叙述和异化，统一的冲动和高度多元主义，以及普世主义和相对主义（Fox and Miller，1995，p. 45，也可参见 Miller and Fox，1997）。

　　在政治世界中，符号的政治享有至高无上的权威，而模拟和媒介场面则代替了政治的争辩和商议。这是一个打口水战的时代，一个胡编乱造、假货盛行和消极竞选的世界。公共政策的讨论因虚假和炫目的符号形象而变得黯然失色，后现代主义者把这个称作"超现实"，这个词被用来指"符号和语言已经变得与更让人可信的话语群落日益疏远了"（Fox and Miller，1995，p. 7）。文字和符号再次变得以自我为中心，它们只有在那些非常狭隘的环境中才是有意义的，只有对那些能够理解这种特殊环境的人来说才是有意义的。结果，政治话语被单向的媒介运动和填鸭式灌输［填鸭式灌输是电影《摇尾狗》（Wag the Dog）的主题。这部电影很快就成为政治争论的一部分，因为它和现实太接近了——或者是因为它本身就是一个太接近虚幻的真实例子？话说回来，要害就在这里。］之类的虚构的东西取代。

　　在广泛的社会层面，人们所分享的东西大部分是符号性的，因此在很大程度上也是短暂的，尽管在比较小的团体、邻居和社区仍有可能达成某种一致和共识。虽然我们正在分享着一种"媒介引导的超现实意识"（Fox and Miller，1995，p. 43），后现代主义者认为，在比较小的团体内还是可以达成一致和理解的（他们把这种趋势称作"新部落制"的发展）。如果导致政治对话发生的信号和符号已经成为自我中心和附带现象，那么我们将期待不同的亚文化可以彼此谈论过去（在后现代主义的词汇里，"语言的游戏规则"是"不能比较的"）。结果，后现代主义者倾向于赞美那些小的、不同寻常的、边缘的以及有差异的存在。这样，在社会和政治的对话中，正如在其他方面一样，"后现代主义是那种与众不同的回归和复仇，是那种任意的非模式化和不可同化的异类主张"（Fox and Miller，1995，p. 45）。

　　总而言之，后现代主义者对现代所说的进步心存疑虑。他们指出，正是现代性对事实和理性的赞美导致了世界战争、集中营、大屠杀、贫穷、种族主义、工业化、官僚制度、都市化以及其他许多灾难。对于后现代主义者来说，这种状况意味着现代性的失败，但是，或许更重要的是，它暗示了现代研究对"真实"世界的理性理解的失败。我们日益发现，那些看起来是"真实"的恰恰是不真实的，是象征性的、错觉的，或者纯粹是虚构的，在许多情况下是被操纵的旨在误导他人的虚构。因此，对任何外显的事情都应该加以怀疑和质问，尤其是当它表现了占统治地位的主流观点时——这种主流观点可能会把那些没有能力为自身的利益去操纵现代生活的象征意义的人排除在外。后现代主义反映出一种对现代理性理解的错误希望的摒弃。

在公共行政中的应用

　　后现代的立场吸引了不少公共行政学学者。这里我们将简单探讨三本在公共行政领域中具有代表性的后现代主义思想著作。佛科斯和米勒在他们的著作《后现代公共行政》（*Postmodern Public Administration*）中指出，美国今天的代议民主既不是代议的，也不是民主的。相反，据说民主商议的合法化功能已经被一套与经验毫无关系的符号所取代了。在这样的状况下，自上而下的官僚系统已经开始支配政治过程，以排除真正的对话，公共行政领域至少部分地为这一发展提供了思想上的支持。因此，佛科斯和米勒认为，摆脱这种状况的第一步就是承认类似官僚等级制的这种结构是由社会创造的，而不是永恒不变的自然世界的一部分。

　　同样，佛科斯和米勒也认为，公共政策并不是对客观状况的理性探索的结果，政策话语天生就是政治的。它"不是科学，而是隐喻、明喻，以及类推，战略上精巧的争论，以及带有修辞色彩的开场白之间的冲突成了政策实际上的决定性因素"（p. 113）。甚至，政策讨论中对于普适性"真理"的应用颠覆了"生活经验"的意义。作为一种替代，佛科斯和米勒提出了"可靠话语"的重要性（米勒后来也将此称之为"话语气质"）。通过这种可靠话语、大众公众商议会以这样一种方式发生——排除那些只为自己服务的人的虚假要求、那些不愿意关心话语的人的要求以及来自那些"免费搭乘者"的要求。公共行政人员的作用就是帮助建立和维护这种可靠的话语，通过这种帮助，大多数市民的价值观将得到倾听并被顾及。观点一定会面临彼此的对抗，而观念也可能会有冲突。但是，由包容、专注，以及理解这些规范支撑的论坛，将提出重申民主规范的可能性。

　　戴维·法默（David Farmer）在《公共行政的语言》（*The Language of Public Administration*）（1995）和《杀死国王》（*To Kill the King*）（2005）中提出的方

法稍有不同。法默第一次提出，现代公共行政理论建立了一种语言，通过它，人们可以理解公共官僚制、它的可能性以及局限性。正像其他语言的功能那样，公共行政理论包含了多种假设、途径、担心，以及愿望，正是这些指引我们去理解并实践公共行政的道路。但是，法默认为，传统的公共行政理论尽管为公共服务领域中已经取得的成功作出了令人瞩目的贡献，但是对提升公共官僚制所发挥的作用却是有限的。具体来说，现代理论很难提出一些诸如如何激发公共官僚制的积极性以获得企业的利益之类的问题。公共行政理论是一个现代性的范式例子，强调的是计划和工具的理性、科学和技术的依赖，以及层级的权威。

和这些理论不同，法默指出，一种思考公共行政和官僚制的新思路有助于超越现今思考的局限性，并为改善公共服务开创新的可能性。法默具体介绍了一种"反射法"来揭露那种使今天的公共行政理论受到局限的假设。反射性解释旨在通过探讨这个领域语言特征的因果关系来引发并运用我们对公共行政的理解。"这是一门考察一套假设和社会结构（它们构成了我们得以进行观察的理论透镜）的艺术，它可以推测一套或者数套可供选择并使我们得以观察的社会构建假设（这些假设形成了其他的理论透镜）。焦点是在透镜或者可供选择的透镜上，而不是我们通过透镜'看到'的客体上；我们的注意力则放在观察行为和观察对象的选择上。"（Farmer，1995，p. 12）

> 一种思考公共行政和官僚制的新思路有助于超越现今思考的局限性，并为改善公共服务开创新的可能性。

法默因而提出了能够引导公共行政理论的后现代重建的四个"利害"或关注的所在。第一种是想象力，这个词曾经一度被认为是美学世界的特有财产，但是现在却成了更广泛的领域所需要的特有禀性。法默认为，想象力作为想象这个动词的名词形式，能够和我们经常在马克斯·韦伯以及其他许多主流公共行政理论家们的著作中遇见的术语"合理化"相提相论。在政府行为中注入活跃的想象力，可以带来一种全新的、带有研究和更多可能性的模式，而这类模式又不会受制于理性化的约束。要关注的第二项是"解构"。法默认为，解构可以帮助我们揭示一些支撑现代公共行政理论的假设（以及现代公共行政理论对类似官僚、效率等一些术语的依赖），并帮助我们理解当代政治和当代官僚制的符号性特征。

第三种是"非领域化"，法默认为，这个词指的是以思考尤其是"科学"思考得以进行的方式清除置于理解中的编码、坐标和方格。后现代主义的方法认为科学仅仅是诸多话语体系中的一种，因此应该使我们的思考更自由地去探索新的和有创造力的可能性。第四种，也是最后一种关注对象，法默通过"变样"这个术语来探讨公共行政中的道德世界，"变样"意味着一种对行政人员应该如何与他人相处这一问题的基本关注。在讨论这个问题的时候，法默最终鼓励一种在公共行政体系内的反制度和反行政的态度，即以一种后现代的怀疑论（如果不是直接反对的话）去审视所有现存的政府制度和公共官僚机构（更多有关"反公共行政"的概念，参见

Farmer，1998)。

另外一本在公共行政领域中延伸了后现代主义的方法的著作是《公共行政的合法性》(*Legitimacy in Public Administration*)（1997），作者是 O. C. 麦克斯怀特 (O. C. McSwite)［他的笔名还有奥林·怀特和辛西亚·麦克斯文 (Cynthia Mc-Swain)］。麦克斯怀特追溯了公共行政管理领域中合法性问题的历史，特别关注了我们之前曾经探讨过的弗雷德瑞奇和费纳的争论，并指出，我们对行政国家中民主责任如何才能得到维持这个问题的理解，已经被我们无法具体说明民主过程给弄糊涂了。由于我们无法领会民主究竟如何运转，所以我们无法解决合法性的问题。用一种折中的方式来说，我们已经变成麦克斯怀特所说的"理性人"，也就是说，我们已经选择了去遴选一个理性的领导人，然后相信他们能够采取合理的行动。但是这意味着理性人最终必须由自己来作决定，或充其量得到一些咨询和一些正式的输入手段（比如投票）。他们的行为总是带着某种封闭性，而不是话语的理念所暗示的那种开放性和合作性。

站在后现代主义的立场上，麦克斯怀特得出了这样的结论，即在公共行政或者美国政府中将不会有有意义的变化发生，除非我们能看到：(1) 在不依靠理性的情况下，行政将有可能怎样行动；(2) 怎样和相异的观点达成妥协（即变样的问题）。麦克斯怀特对解决这些问题的理论"解答"提出了质疑，并提供了一个实践性的第一步——彼此敞开心扉。"这种替代的方法就是去倾听，让别人能看到你的内心，像接受你自己一样去接受其他人。这并不是和理性转型一样的理性终结。当人类状况的现实是：当我就是你的时候，理性通过在其思辨中把个人和他们的生命变成一个客体而把我们彼此之间隔绝了开来。"(pp. 276-277)

虽然后现代主义对世界的观点展现了一种对当代人类状况的复杂和多面的评价，作为结果的一部分，这种观点的使用是非常困难的，但是，这里很清楚地包含了对公共行政人员有用的经验。当然，后现代主义的著作中对行政世界占统治地位的理性的质疑比其他批判理论更强烈。此外，追求后现代主义途径的公共行政理论家已经看到了理性的假设（或者唯理性）和很多公共行政内在性质之间的联系。在许多方面，我们已经探讨过的这三本后现代主义的公共行政著作都得出了相似的结论（尽管它们看上去有些重要的不同）——后现代世界中的生命极有可能揭示我们每个人相互间的依赖性，进而对统治的模式提出更高的要求，即要求这个模式建立在各方（包括公民和行政人员）人士之间真诚和开放的话语系统基础上。虽然后现代的公共行政理论家对传统公共参与的方式提出了怀疑，担心传统的方式可能变成一种受控制的讨论而不是真实的话语，但是，看来需要对加强公共对话有一种一致意见，以重新振作公共官僚制并恢复一种公共行政领域合法性的感觉。

女权主义理论的变化

在公共行政理论中，女权主义的研究方法的建立与话语理论的建立有密切的关联。尽管在公共行政中女性问题的研究已经覆盖了多样性、同等工资、升迁阻碍等问题，但有见地的女权主义理论仍超越了这些范围，并试图建立公共组织的不同模式。凯瑟·福格森（Kathy Ferguson）的早期著作《女权主义反对官僚制》（*The Feminist Case Against Bureaucracy*）（1984）就揭示了不论是在官僚机构内部还是在反映公民和公共组织的关系中，都天然地存在着有利于大男子主义的权力和权威体系。因此，福格森提出了一种新的组织理论来反对传统的偏见。她认为组织内部的权力应该成为组织本身的能量，团队被结构化之后，单个个人的个性不再重要，而组织结构也不应该允许个人运用权力去主导团队中的其他成员（p. 180），与此对应，公民身份也应该在"对话、商讨和决策的共享过程中"得到重新诠释（p. 174）。

相似的是，卡米拉·斯泰沃斯（Camilla Stivers，1992）也认为，公共组织理论假定了行政的发展基于男性主义的控制下。斯泰沃斯的分析认为，"思维的男性化"使得组织本身产生了异化，受制于男性思维的控制，并且她提出了一个女权主义的替代模式。在这一模式下，我们应该同时接受严谨和适度这两个概念，而非二者选其一。同时，我们必须认识到如果没有对话、可行化和共同活动这些要素，我们将不得不屈服于受主导和被控制。斯泰沃斯所提倡的"疯狂的耐心"既包括行政人员应具备的耐心，同时也包括那些拒绝处理一切相关问题的"疯狂"。

有意思的是，女性领导理论的研究结果有些复杂。这些理论的一个共同结论在于，人们对于两性领导风格的评判标准是不一样的，人们用是否具有主动性来评估男性领导者，而不用这一标准来评价女性领导者（Bartunek et al.，2000）。根据这一研究结果，较之于其他的男性、女性领导者，那些有教养的、随和的女性领导者更容易为人们所接受；而主动型的女性领导者则较少受欢迎。此外，斯泰沃斯和其他女权主义研究者还提出以下问题："女性领导人是否更容易使科层制模糊化，因为领导人界定了工作情境，指导其他成员朝正确的方向努力，使自己的目的和组织高度融合，从这个意义上说，这是否就是我们需要的领导？"（Stivers，1993，p. 133）

有些学者认为，从社会、文化、组织等多个角度对于两性关系的持续讨论可以帮助我们完善科层组织结构的最终模型。例如，帕特里斯·布泽内尔（Patrice Buzzanell）认为，在组织的语境下，授权与集权、传统与非传统的互动、沉默和表达引起组织内部张力的问题，都无关性别间的冲突，无关组织内产生两性不平等的关系结构，也无关组织异同的复杂交错。在这种情况下，两性关系本身的结构化描述才是值得研究的（Buzzanell，2001，pp. 532-533）。

新公共服务

登哈特夫妇用来替代新公共管理的理论——"新公共服务"（2003）——来自以下两个灵感：（1）民主政治理论（尤其当它涉及公民之间以及公民与他们的政府之间的关系时）；（2）公共行政理论中更具人文主义传统的方法对管理和组织设计

的研究。

> "新公共服务"来自以下两个灵感：（1）民主政治理论（尤其当它涉及公民之间以及公民和他们的政府之间的关系时）；（2）公共行政理论中更具人文主义传统的方法对管理和组织设计的研究。

公民、社群以及新公共服务

麦克·桑德尔（Michael Sandel）［《民主的不满》（*Democracy's Discontents*）(1996) 一书的作者］追溯了美国政治生活的两个传统。第一个传统是根据程序和权利来描述国家和公民之间的关系，桑德尔认为这一传统在最近几年中已经广为传播。在这个观点看来，政府通过两个手段来实现它对公民的责任：一是通过适当的程序去保证政府行为符合民主的原则（通过选举、代表、正当的程序以及其他设计）；二是通过个人的权利，例如，言论自由的权利以及个人隐私的权利都受到保护。这个观点告诉我们，公民的任务就是去建立一种能够选择他们自己的追求的能力，而这种追求需要和他的兴趣一致并且需要尊重其他人同样行事的权利。这种观点建立在"自利"的基础之上，这种观点认为政府的存在仅仅是协调社会中一些具体的个人和团体的利益，仅仅是提供一个能够使自利得到体现和裁定的舞台。很明显，这个观点是公共选择的经济学和新公共管理的基础。

另一种有关民主的公民地位的观点把个人看作是在自治过程中扮演更积极作用的分享者。公民的任务超越了自利而迈向更大的公共利益，这是一个角度更广泛、更长期的观点。很明显，这种对公民地位的解释对个人提出了更多要求。它要求（其他姑且不论）公民具有"一种公共事务的知识，一种归属感，一种对整体的关切，一种与自身的命运休戚与共的社群道德契约。因此，分享自我统治，要求公民具备或者去获得某种特征品质或者公民的美德"（Sandel，1996，pp. 5-6）。

这种观点的关键是一种所有公民能够、也必须参与其中的共同事业的观念。这种共同的事业（我们通常叫作公共利益）不是私人利益的简单叠加，更不能与"被启发"的自利相提并论。这个观念无疑大大超越了那种建立在个人自利基础上的政治。"实际上，它和我们的私人利益几乎没有关联，因为它更关心整个世界，世界超越我们而存在，在我们生前死后它都存在，这个世界在一些具有自己固有目的的活动和制度中体现着自己，这些目的经常和我们短期的、私人的利益相左。"（d'Entreves，1992，p. 154）在这种政治传统中，只有当公民能够根据公共利益行动，社会的广泛利益才能从独立的、孤立的存在中脱离出来，转变成一种美德和完整的存在。向社会奉献的过程最终将使个人变得完整。在我看来，这种观点最确切地支撑了新公共服务。

这个观点在最近美国有关社群概念中的利益复兴（这是对公共服务的又一贡献）中被清楚地反映了出来。两个大党的政治领袖、不同阵营的学者、畅销书作家以及受欢迎的评论员不仅同意社群在美国已经开始退化，而且承认我们绝对需要恢复一种社群感。虽然人们对美国是否存在过真正的社群、为什么社群会失效，以及怎么才可能恢复社群这些问题存在分歧，但是所有人都同意社群是一个有价值的目标，社群可以在共同的事业和共同的承诺中把人们集合起来。美国社会变得日益多样化，或者可能正是因为这个事实，社群才被看作是能够带来统一和整合的方法（Bellah et al., 1985, 1991；Etzioni, 1988, 1995；Gardner, 1991；Selznick, 1992）。

　　社群到底意味着什么？当不同的作者聚集在社群的不同方面的时候，约翰·加德纳（John Gardner）——美国健康、教育和福利部的前部长以及共同事业的创始人——的著作在清晰度和说服力方面所做的努力值得效仿。加德纳以这样的方式来描述社群的本质，"一个好的社群中的每个成员都富有人情味地对待他人，尊重人和人之间的差异，并重视彼此之间的真诚正直。一个好的社群会培养合作和相互依赖的氛围。所有的成员都有这样的共识，即他们彼此都相互需要。社群中有一种归属感和认同感，以及一种相互负责的精神"（Gardner, 1991, p.18）。社群是建立在关心、信任，以及团队工作的基础之上的，它由一个有力和高效的体系系着，以进行合作、沟通并解决冲突。

　　近来所谓的"社群运动"有助于澄清学术界和大众对需要社群的思考，也有助于澄清我们作为某个社群成员应该承担的责任。爱米泰·埃佐尼（Amitai Etzoini）教授（通长被认为是社群运动的创始人）根据三个特点来定义社群：（1）一个将人们联结在一起并互相制约的情感网络；（2）对一整套分享的价值、规范和意义的承诺；（3）相对较高的"回应性"。（Etzoini, 1995, p.5）真正的社群是那些在互相理解和互相承诺追求共同分享的利益中把人们凝聚在一起的社群。共同事业的严肃性表明了社群成员所具有的权利和责任的重要性。举例来说，是否行使陪审团审判的权利取决于我们担任陪审团成员的愿望。许多个人和团体最近看起来似乎更关心扩大他们的"权利"（这个词日益成为他们的个人欲望和利益的代名词），埃佐尼认为，注意力同样也需要投向公民的责任。不幸的是，太多的人今天看起来过于渴望行使他们的"权利"，而拒绝对他们的行动承担责任，尤其是那些可能有助于改进社群的行动。

　　有趣的是，社群主义者对社群和政府的关系给予了相当的关注。社会学家罗伯特·贝拉（Robert Bellah）和他的同事在他们的著作《善的社会》（*The Good Society*）（1991）中认为，今天，一些个体发现受到了社会、政治、经济和宗教等不同制度的束缚，所有这些制度不管怎么看，对我们来说都是有吸引力的，但所有这些制度都在向我们施加其独特的影响。我们对此的典型反应就是利用这些制度来为我们的个人利益服务。但是贝拉和他的合著者认为，我们今天的自由（尽管存在于制度之内并受制度保障）也要求我们去追求我们共同的利益。"今天，我们对一个有责任心的公民所提的问题是，我们仅仅对自己的善负责，还是对我们共同的善负责？"（Bellah, 1991, p.81）。如果答案是后者，那么我们就要求有一种更新的社会责任感，这种社会责任感将使我们共同参与对话和决策过程，这种参与将使我们关注我们所共有的、而不是把我们搞得四分五裂的东西。通过个人的公民角色，社群的精神特质将在与一个民主政府的合作中得到恢复。

另一个与重建民主的公民身份以及新公共服务有关的主题和"市民社会"一词联系在一起。就像很多人提出的那样，公民和政府之间必须有一套健康、积极的"调节机制"，这个调节机制能够聚焦公民的期望和利益，同时为公民在更大的政治系统中更好地行动提供经验。家庭、工作团体、教会、市民协会、邻居团体、志愿者组织、俱乐部和社会团体，甚至运动队，都有助于在个人和大社会之间建立联系。在一些较小的团体（总体上可能可以被典型地称作"市民社会"）中，人们需要在社群利益的环境下解决他们个人的利益。只有在这些小团体里，公民才会参加那种彼此的对话和商议，而这种对话和商议不仅是社群建构的本质，更是民主本身的实质所在。

最近，市民社会的观念和哈佛大学的罗伯特·帕特南（Robert Putnam）的著作联系在了一起。帕特南从一个长达 20 年的对意大利亚国家政府的研究中产生了最初的关注。在这个研究中，他指出在民主治理方面最健康的政府正是那些市民社会积极支持的政府（Putnam，1993）。最近，帕特南在一篇被广泛引用和具有迷人标题的文章——《独自打保龄球》（Bowling Alone）（Putnam，1995）——中对美国进行了相似的分析。就像其他关注市民社会的学者所做的那样，帕特南首先从这样一个论点出发：美国民主传统的实质是有一批热心公益的公民，他们在各种各样的团体和协会中发挥着积极的作用。哪里的社群致力于公益，哪里改进教育、城市贫穷、犯罪和卫生保健的前景就更乐观。如果把这一论点扩大到广阔的政治系统，这个论点就是：只要存在积极和高度运作的市民社会，那么无论是美国的民主还是其他地方的民主都很有可能获得成功。

但是，根据帕特南的观点，近年来，公民参与的水平出现了实质性的下降。根据国家的调查数据，帕特南认为，美国人正在失去对这些团体和组织（它们在传统上一直是积极的市民社会的基础）的兴趣。无论是根据想参加宗教团体的人数来测量，还是根据工会成员人数、家长—教师协会的人数、市民和互惠组织或者其他的人数来看，帕特南得出了这样的结论：那些能够很明显地影响人民大众和个人生活的社会联系正在减少。事实上，在一个帕特南认为有点古怪的证据下，帕特南注意到，今天，当比以往任何时候都多的美国人开始打保龄球的时候，在有组织的联盟中打保龄球的人数却开始大幅下降。今天，美国人正在独自打保龄球！

帕特南用"社会资本"这个词——和自然资本或者人力资本相对——指那些社会生活中"促进共有利益的协调和合作的诸如广播网、道德规范，以及社会信任等方面"（Putnam，1995，p. 67）。如果美国的社会资本正在减少，那么我们有充分的理由去关心这种减少对大众生活尤其是对民主政府的消极影响。如果美国大众生活的质量有赖于地方和个人的公益活动，那么公益活动的消退可能预示着国家层面民主治理的退化。另一方面，一些强化社群市民生活的活动可能有深远的积极意义。

新公共服务中的公共行政

当然，公共行政领域的理论家和实务者已经选择了新公共服务的主题，这不仅基于他们对政府专业人员和市民两者之间关系的理解，而且还基于公共机构中的领导和管理方法。许多人已经开始关注公益活动，并探讨公共组织的成员如何才能为"官僚"与公民创造更多的对话和商议的空间。切利·金（Cheryl King）、卡米拉·斯泰沃斯和他们的合作者在主编的《政府就是我们》（*Government Is Us*）（1998）一书中，提出了三种可能有利于公共行政人员重新看待公民和公民身份的变化。第一，与传统行政工作者的"习惯思维"不同，他们提出行政人员应该把公民看作是真正的公民（而不仅仅是投票者、委托人，或者"顾客"），与他们分享权力并减少控制，并相信合作的效率。第二，与管理主义追求更高的效率不同，他们寻求的是更好的回应性，以及通过鼓励市民参与，来增加公民的信任。〔在理查德·博克斯的《公民统治》（*Citizen Governance*）（1998），约翰·托马斯（John Thomas）的《公共决策中的大众参与》（*Public Participation in Public Decisions*）（1995），约翰·布雷森（John Bryson）和芭芭拉·克罗斯比（Barbara Crosby）的《为了共同的善的领导》（*Leadership for the Common Good*）（1992），以及切利·金和丽萨·赞内蒂（Lisa Zanetti）的《转型中的公共服务》（*Transformational Public Service*）（2005）这些著作中，追求这个目标的一些特殊的方法得到了引述。〕第三，他们警告说，不能把积极的参与看作是一种实质上提高个人生活的替代品，尤其是对那些没有工作并面临复杂和困难的社会问题的人来说。

一种特别有意思地处理这些问题的方法来自于关于政策研究的著作，正像我们看到的，这些著作对市场、选择，以及自利问题抱有很大的偏见。与此不同的是，彼得·迪龙（1997）认为，政策科学现在已经背离它们最初打算支持民主过程的目的，实际上，它现在正在削弱民主。迪龙进而提出了"分享的政策分析"，使分析家和公民共同解答一些重要的社会问题。这种方法将把政策分析从实证主义那里挽救出来，并为政策科学更加民主的模式的发展提供可能。在迪龙看来，政策科学面对的最关键的问题是"没有民主视觉的空洞"（empty without democratic vision）（1997，p. 11）。

在"现实世界"中，大量关于公益活动的重要实验已经开始了。其中最为广泛引述的实验是佛罗里达州奥伦奇县进行的"公民优先"计划。在县主席林达·切平的引导下，"公民优先"以这样的理念开始推进：以公民身份行动的人必须表明他们对较大社群的关心，对非短期利益的事务的承诺，以及为邻居和社群发生的事承担个人责任的责任心。所有这些都是界定有效的和负责的公民身份的因素。"这些品质是我们必须在整个社会中传播的，传播的前提是，在与政府的关系中，我们必须首先是公民。"但"公民优先"与另一问题相联系。切平评论道，"从人民乐意承担（公民的任务）来说，那些……政府中的人也必须愿意倾听，并愿意把公民的需要和价值放在决策和行动的首要位置上。他们必须以新的和革新的方式主动出击，理解公民正在关心什么。他们必须让那些公民相信政府将对为他们和他们的孩子提供美好生活的要求作出回应。换句话说，政府工作人员首先应该把公民的需要放在优先位置上。"

> 那些……政府中的人也必须愿意倾听，并愿意把公民的需要和价值放在决策和行动的首要位置上。他们必须以新的和革新的方式主动出击，理解公民正在关心什么，他们必须对公民的需要和利益作出回应。

很明显，"公民优先"的观念和许多政府人士改善"顾客服务"（这一用语近来很流行）的努力有许多相似之处，但是"公民优先"的观念认识到了把公民当成"顾客"的局限性。"公民优先"观念对依据私人部门模型的顾客满意和依据公民身份模型的公民满意作了区别，然后指出，政府最终必须更加关心公民的需要和利益，并对这些需要和利益作出回应。当人们以顾客身份行事时会有一种做法；而当他们以公民身份行事时会有另一种做法。顾客基本上关注的是他们的期望和愿望以及这些需求如何能迅速得到满足。而公民关注的是公共的"善"以及这个社会的长期结果。"公民优先"的观念就是鼓励越来越多的人担负作为公民的责任，并鼓励政府对公民的愿望更加敏感。"公民优先"是一条双通道，在这条通道中，负责的治理的特征是，政府与公民成为朋友，积极的、参与性的、负责的公民团体支持政府，并实现高效率的治理。"公民优先"提倡的是一种互惠的回应性。（Chapin and Denhardt，1995）

最后，在公共机构的领导和管理方面，新公共服务表达了一种对民主价值的全新关注。在这样一种表达中，许多作者旨在进入公共行政领域的核心，通过从传统对效率和业绩的专注到对民主的回应性平衡的关注来重铸他们的基本观点。例如，加里·温斯黎和詹姆斯·沃尔夫（James Wolf）以下面的方式表达了公共行政必须在新公共服务中起作用的观点："考虑到美国政治系统面对的挑战和问题，这一政治系统所需要的公共行政不仅是政策的有效执行者，同时也是治理过程中的合法行动者，两者必须通过深化公共行政的民主特征才能最终实现。"（1996，p.21）同样，弗雷德里克森在《公共行政的精神》（*The Spirit of Public Administration*）一书中也认为，"公共行政者有责任去建构组织和大众之间的关系，以孕育共同的善这个进化中的概念发展"（1997，p.52）。

O.C.麦克斯怀特的著作《公共行政之邀》（*Invitation to Public Administration*）也涉及了这一主题，他认为，应该鼓励公务员思考同公共服务相关的个人利益与利益表达的问题。只有深刻反思了公共服务的意义，"公共服务才是一种有启示意义的工作，因为……公共服务的工作包含着涉及自我、他人和许多真实生活中难以处理的问题。不论规定公务员做什么，这一工作的最终意义都在于保护和延伸公共利益。而现在与这一终极意义背道而驰的东西就来源于公务员受到诟病的生活和对此的反应式拯救"（2002，结语部分）。

新公共服务中的领导

新公共服务发展过程中的一个特别重要的主题就是公共组织中领导的变动性。蒙哥马利·范·瓦特（Montgomery Van Wart）在其《公共服务中的领导动力学》（*Dynamics of Leadership in Public Service*）（2005）一书中研究了这一问题。通过对领导的特质、技能、行为等的观察，瓦特分析了领导理论从早期的管理学的和交易的方法到魅力型领导和转型理论的发展。一个明确的结论是，传统的科层化的领导正在向共享型的模式转变，而这一模式给予了公共行政语境足够的关注。

例如，杰弗里·卢克（Jeffrey Luke，1998）考察了领导的类型，这些领导类型对于提出和解决诸如改善学校、保护自然资源、减少城市贫穷等重要的社会问题来说是必要的。卢克所谓的"催化型的领导方式"包含了把问题提交给大众以及政策议事日程，使多种意见不同的人参与到问题中来，鼓励多种不同的行政策略和选择，以及维持行动并保持行动的势头。戴维·卡纳维尔（David Carnavale，1995）则探讨了组织内的领导，指出"可信赖的领导"是建构一个可信赖的政府的关键。在他看来，"所有运作良好的组织中的领导的目标就是减少下级的依赖，并在单个工作者和小组中建立一种自我领导能力"（1995，p. 55；也可以参阅 Denhardt，1993，Ch. 4）。或许最重要的是，拉里·特里（Larry Terry）在《公共官僚机构的领导》（*Leadership of Public Bureaucracies*）中指出的，作为领导的行政人员必须维护他们所代表的制度的完整性，这些制度体现了十分重要的大众理想。出于这个原因，特里指出了行政人员在捍卫公共服务价值（这是行政人员所代表的制度的一部分）中的重要作用。最后，登哈特夫妇在《领导之舞》（*The Dance of Leadership*）一书中提出，领导是一种艺术，领导者应该明白在工作中应如何表现出艺术特质。例如，艺术化的领导应该明确组织中的工作进度，和团队保持一种活力。

在一本名为"街道层次的领导"（*Street Level Leadership*）（1998）的书中，珍妮特·文扎特（Janet Vinzant）和莱恩·克罗瑟斯（Lane Crothers）对领导问题作了有趣的探讨，他们检查了街道这个层次的公务员的工作，例如警察和社会服务工作者，然后对在这个层次上日益困难和具有挑战性的工作性质进行了评论［参见史蒂芬·梅纳德-穆迪（Steven Maynard-Moody）和麦克·马修诺（Michael Musheno）的《警察、教师和律师》（*Cops，Teachers，and Counselors*）（2003）。他们特别提到，"由于公民期望、管理系统和政治气候等方面的变化，以及工作者遇到的问题日益恶化"（Vinzant and Crothers，1998，p. 141），街道工作者的裁量权的范围已经扩大。由于这个原因，文扎特和克罗瑟斯主张运用领导这一概念作为评估街道行动的业绩和合法性的框架。这一分析的核心还是公共服务问题。

最后，特里·库珀在他的《公共行政中的公民伦理》（*An Ethics of Citizenship for Public Administration*）（1991）一书中把领导者、行政人员和公民的关系集合在了一起。库珀认为，公民的概念不仅包括了权利，而且包括责任，因此作为公民行动的个人必须在社会改革中发挥积极的作用。公民需要在行动中追求共同的善，并且和政治系统的核心价值观——政治参与、政治公平、正义——在行动上保持一致。当一个公民成为一个公共行政人员后，他就要承担"公民—行政人员"的责任，他不再仅仅是一个公民，而且要为所有的公民工作。这样，公民身份的伦理基础就变成了公共行政人员的伦理基础。他的终极义务就是"以增强社群生活的共同的善的方式提供公共产品和服务，并通过这个方式形成人的品质和公民的美德"。

当公共管理者寻求把他们的组织变成公共服务的榜样的时候，这些理论会怎样引导他们的工作？我撰写的《追求意义》（*The Pursuit of Significance*）（1993）一书对管理策略作了回顾，这些策略正在被世界范围内一些最好的（可能甚至也是最革命的）公共管理者使用，以提高组织的质量和生产力。这本书建立在对澳大利亚、加拿大、英国和美国最杰出的公共管理者的采访和对话的基础上，它试图探讨这些管理策略的理论支柱，而这种探讨又是根据具体的管理实践来进行的。对这些管理者的著作进行回顾，可以发现下列共同点：对价值的许诺、服务大众、授予和分享领导权、务实的渐进主义，以及最重要的献身公共服务。在上述方法中，最引人注目的变化是它们反映了对价值和意义的探究，这些价值和意义正是高层公共管理人员动机的一部分。这些想法并不是仅仅根据商业模型去贯彻的，而是反映了公共服务最显著的方面。

概述新公共服务

登哈特夫妇提出新公共服务理论，以替代旧公共行政和新公共管理理论。他们认为，新公共服务理论主要有两方面基础：一是提升公共服务的价值和尊严；二是重新主张公共行政的重要价值观，包括民主、公民身份和公共利益。基于这些，登哈特夫妇将新公共服务概括为以下七个主要原则：

（1）服务于公民，而不是服务于顾客：公务员不仅要关注顾客的需求，而且要着重关注公民，与公民建立信任和合作的关系。新公共服务试图鼓励越来越多的人去履行他们作为公民的责任，进而特别关注公民的声音。因此，新公共服务被看做是公民身份的一种形式和延伸。而公民身份也不仅是一个合法身份，更是责任和道德感的集合。扮演公民角色的人必须关注更大的社区，必须致力于一些超出短期利益之外的问题，并且必须愿意为他们的邻里和社区所发生的事情承担个人责任。另一方面，政府也必须关注公民的需要和利益，共同致力于建设一个公民社会。

（2）追求公共利益：公共行政官员必须促进建立一种集体的、共同的公共利益观念。这个目标不是要找到由个人选择驱动的快速解决问题的方法，更确切地说，是要创立共同的利益和共同的责任。在新公共服务中，公共行政官员不是公共利益的单独主宰者，相反，公共行政官员应该被视为在一个包括公民、团体、民选代表以及其他机构在内的更大治理系统中的关键性角色。这个观点强调政府的重要角色在于确保公共利益居于支配地位，确保公共问题的解决方案本身及其产生的过程都符合正义、公正和公平的民主规范。把政府视为实现这种价值的工具，最重要的含义之一就是，政府的目标从根本上不同于企业的目标。这些差异使得那种仅仅把市场机制和关于信任的假定用作一种自利算计的观点在政府目标领域站不住脚。尽管有许多特征可以将政府和企业区分开，但是政府增进公民权和服务于公共利益的责任是最重要的差异之一——而且它是新公共服务的基石。

（3）重视公民权利胜过重视企业家精神：致力于为社会作出有益贡献的公务员和公民能够比具有企业家精神的管理者更好地促进公共利益，因为后者的行动似乎表明公共资金就是他们的资产。在新公共服务中，行政官员的角色不再是为顾客划桨或是掌舵，而是为他们服务。公共行政官员们在复杂的政策网络体系下工作，他们的职责之一就是将公民纳入政策制定和执行的全过程中——通过真正的积极参与，这种参与不仅仅是一种告知，更是一种容纳。新公共服务的提倡者认为，目前在政治学和行政学中都提倡自我利益，但是民主精神的重现才是真正有利于社会、有利于社会成员的。当然，毫无疑问，这需要政府部门在法律与职责的框架下，提供高质量的公共服务。然而，这一努力的基础就是对公民权概念和公民—政府关系的理解。

（4）思考要有战略性，行动要具民主性：满足公共需要的政策和项目可以通过集体努力和合作过程得到最有效并且最负责的实施。公民参与不应该仅仅停留在政策议题的形成上，而应该拓展到政策的执行上。在新公共服务中，公民参与不仅限于设置问题，公共组织还应该致力于加强和鼓励公民参与政策制定和执行等各个环节。通过这一过程，公民开始参与治理，而不再仅仅要求政府满足他们的短期利益。相应地，从这个角度而言，新公共服务的运行机制类似于社区合作，而非市场体系下的运作。换句话说，公民参与不是为了节约成本，而是一种建立社区的举措。所以公民和公务员都有责任共同界定问题、解决问题。

（5）承认责任并不简单：公务员应该关注的不仅仅是市场，他们还应该关注法令、宪法、社区价值观、政治规范、职业标准以及公民利益。公共服务中的责任问题很复杂，它意味着要对一个复杂的外部控制网络中的竞争性规范和责任进行平衡，它涉及职业标准、公民偏好、道德问题、公法以及最终的公共利益。换言之，公共行政官员应该关注我们复杂治理系统中的所有竞争性规范、价值观和偏好。责任并不简单，它也不可能被当作简单的事。在登哈特看来，通过只关注一小部分绩效测量的方法或者试图模仿市场的力量——或更糟的是，只躲在中立专长的概念之后——来使民主责任的本质简单化，这本身就是一个错误。这样做会引起人们对民主本质、公民角色以及致力于为公民的公共利益服务的公共服务产生怀疑。新公共服务承认，公务员职业是一项社会需要的、有挑战性的、并且有时是英勇的事业，它意味着要对他人负责，要坚持法律，道德、正义和责任。

（6）服务，而不是掌舵：就公务员而言，愈发重要的是要利用基于价值的共同领导来帮助公民明确表达他们的共同利益并满足他们的利益要求，而不是试图控制或掌控新的社会发展方向。在新公共服务中，领导是以价值为基础的，而且领导会影响到整个组织和社区。这种对公共行政官员角色认识的变化对于公务员面临的各类领导挑战和责任具有深远的意义。公共行政官员必须了解和管理的内容就不只是其项目的要求和资源。为了服务公民，公共行政官员不仅要了解和管理他们自己的资源，而且还要掌握其他的支持和辅助性资源的情况并合理使用它们，还要使公民和社区参与这一过程。他们既不试图控制，也不假定自利的选择可以替代对话和共同价值。总之，他们必须以一种尊重公民权和授权公民的方式共享权力，同时要带着激情全神贯注地真正地实施领导。

（7）重视人，而不是重视生产率：如果公共组织及其参与其中的网络基于对所有人的尊重而通过合作和共同领导来运作的话，那么，从长远看，它们就更有可能取得成功。公共部门管理者对于利用"公共服务的心境"具有一种特殊的责任和独一无二的机会。人们之所以被吸引去从事公共服务，是因此他们被公共服务的价值观所驱动。这些价值观——为他人服务，使世界更美好、更安全，使民主运转起来——体现了一个社区中的公民意义的精华。

目前，主导公共行政学界思想和行动的新公共管理理论，认定政府和各类行动者是以自我利益为基础作出决策、采取行动的。在这种视角下，政府的角色在于借用市场力量来帮助个人作决策并提高效率。公民被视作顾客，而问题也被简化为个人动机的处理。希望公务员，就如企业家这样的风险承担者，达成最佳交易并减少成本。

相比之下，新公共服务认为公共行政应该基于以下共识，即公民的参与和认知对于民主治理至关重要。在这种视角下，行为方式不仅事关个人利益，还涉及价值观、信仰和利他性等方面。因此，公民身份不仅重要，而且是可以有所作为的。作为政府拥有者的公民，要能够为了追求更高的"善"的价值观参与到公共事务中。相应地，公共利益也超越了个人利益的累加，新公共服务寻求的是在广泛对话和公民参与基础上的价值共享与共同利益。而公共服务本身也被视作公民身份的延伸，并因服务他者、追求公共目标而受到鼓励。

结 论

新公共服务（它源自组织人本主义和新公共行政，并在哲学上受到行动理论、批评理论以及后现代主义发展的支撑）已经被大量的具有革命精神的公务员表达出来，这些公务员运用前面提到的一些想法实质性地改进了对公众的服务。但是新公共服务的核心（也就是管理人员承担的工作核心）是公共服务的概念，一种重要的和其他理论相区别的观念。这些管理者及其同行的工作至关重要，因为它反映了一种对把世界变得更美好的承诺，一种对去做有价值的、有意义的事的承诺。罗伯特·贝拉以及他的同事们在他们的著作《心的习惯》（*Habits of the Heart*）中提到，这种对公共服务的承诺不仅是必需的，而且在处理重要的公众问题时具有连接公民和专家的力量。他们这样写道："国家的转型……应该集中力量把一种公民感带入政府本身的运作中去。我们需要——其他姑且不论——重新理解专业之上的伦理意义，不仅要根据技术技能、而且要根据那些专业人士对复杂社会所作的道德贡献来理解这一伦理意义。把政府的观念从以科学管理为中心转变为以伦理责任和关系为中心，这正是我们工作的一部分。"（Bellah et al.，1985，p.211）与新公共管理

（它建立在诸如个人利益最大化的经济观念之上）不同，新公共服务建立在公共利益的观念之上，建立在公共行政人员为公民服务并确实全心全意为他们服务之上。从这个角度上看，新公共服务为今天和未来的公共行政者提供了一种明智而有力的看法。

> 与新公共管理（它建立在诸如个人利益最大化的经济观念之上）不同，新公共服务建立在公共利益的观念之上，建立在公共行政人员为公民服务并确实全心全意为他们服务之上。

参考资料

Adams, Guy B., and Danuy L. Balfour, *Unmasking Administrative Evil*. Rev. ed. Armonk, N. Y.: M. E. Sharpe, 2004.

Bartunek, Jean M., Kate, Walsh, and Catherine A., Lacey. "Dynamics and Dilemma of Women Leading Women," *Organizational Science* 11, no. 6 (2000): 589-610.

Bellah, Robert, Richard Madsen, Williamm Sullivean, and Steven M. Tipton. *Habits of the Heart*. Berkeley: University of California Press, 1985.

Bellah, Robert, Richard Madsen, William Sullivan, and Ann Swidler. *The Good Society*. New York: Knopf, 1991.

Berger, Peter L., and Thomas Luckmann. *The Social Construction of Reality*. New York: Doubleday, 1966.

Bernstein, Richard. *The Restructuring of Social and Political Theory*. New York: Harcourt, Brace, Jovanovich, 1976.

Box, Richard. *Citizen Governance*. Thousand Oaks, Calif.: Sage, 1998.

Bryson, John, and Barbara Crosby. *Leadership for the Common Good*. 2nd ed. San Francisco: Jossey-Bass, 1992.

Buzanell, Patrice. "Gendered Practices in the Workplace." *Management Communication Quarterly*, 14, no. 3 (2001): 517-537.

Carnavale, David. *Trustworthy Government*. San Francisco: Jossey-Bass, 1995.

Chapin, Linda, and Robert B. Denhardt, "Putting Citizens First in Orange County, Florida." *National Civic Review*, 84, no. 3 (Summer-Fall, 1995): 210-217.

Cooper, Terry L. *An Ethic of Citizenship for Public Administration*. Englewood Cliffs, N. J.: Prentice Hall, 1991.

Dahl, Robert A., and Charles E. Lindblom. *Politics, Economics, and Welfare*. Chicago: University of Chicago Press, 1976.

deLeon, Peter. *Democracy and the Policy Sciences*. Albany: State University of New York Press, 1997.

Denhardt, Janet V., and Robert B. Denhardt. *The New Public Service*. Armonk, N. Y.: M. E. Sharpe, 2003.

Denhardt, Robert B. *The Pursuit of Significance*. Pacific Grove, Calif.: Wadsworth, 1993.

Denhardt, Robert B., and Janet V. Denhardt, *The Dance of Leadership*. Armonk, N. Y.: M. E. Sharpe, 2006.

d'Entreves, Maurizio Passerin. "Hannah Arendt and the Idea of Citizenship." In *Dimensions of Radical Democracy*, edited by Chantal Mouffe. London: Verso, 1992, pp. 146-168.

Etzioni, Amitai. *The Moral Dimensions*. New York: The Free Press, 1988.

Etzioni, Amitai. *The New Communitarian Thinking*. Charlottesville: University of Virginia Press, 1995.

Farmer, John David. *The Language of Public Administration*. Tuscaloosa: University of Alabama Press, 1995.

Farmer, John David. *Papers on Anti-Administration*. Burke, Va.: Chatelaine Press, 1998.

Farmer, John David. *To Kill the King*. Armonk, N. Y.: M. E. Sharpe, 2005.

Fay, Brian. "How People Change Themselves." In *Political Theory and Praxis*, edited by Terence Ball, pp. 200-233. Minneapolis: University of Minnesota Press, 1977.

Ferguson, Kathy. *The Feminist Case Against Bureaucracy*. Philadelphia: Temple University Press, 1984.

Fox, Charles J., and Hugh T. Miller. *Postmodern Public Administration*. Thousand Oaks, Calif.: Sage Publications, 1995.

Frederickson, H. George. *The Spirit of Public Administration*. San Francisco: Jossey-Bass, 1997.

Gardner, John. *Building Community*. Washington, D. C.: Independent Sector, 1991.

Habermas, Jurgen. *Knowledge and Human Interests*. Translated by Jeremy J. Shapiro. Boston: Beacon Press, 1970.

Habermas, Jurgen. *Theory and Practice*. Translated by John Viertel. Boston: Beacon Press, 1974a.

Habermas, Jurgen. "The Public Sphere." *New German Critique*, 3 (1974b): 49-55.

Habermas, Jurgen. *Legitimation Crisis*. Translated by Thomas J. McCarthy. Boston: Beacon Press, 1975.

Habermas, Jurgen. *Communication and the Evolution of Society*. Translated by Thomas J. McCarthy. Boston: Beacon Press, 1979.

Harmon, Michael M. *Action Theory for Public Administration*. New York: Longman, 1981.

Harmon, Michael M. *Responsibility as Paradox*. Thousand Oaks, Calif.: Sage Publications, 1995.

Hart, David K. "The Virtuous Citizen, the Honorable Bureaucrat, and Public Administration." *Public Administration Review*, 44 (1984): 111-120.

Horkheimer, Max. "Traditional and Critical Theory." In *Critical Theory: Selected Essays*, translated by Matthew J. O'Connell et al., pp. 1188-1234. New York: Seabury Press, 1972.

Horkheimer, Max. *Eclipes of Reason*. New York: Seabury Press, 1974.

Jay, Martin. *The Dialectical Imagination: A History of the Frankfurt School and the Institute of Social Research, 1923-1950*. Boston: Little, Brown. 1973.

Jun, Jong S. *Rethinking Administrative Theory*. Westport, Conn.: Praeger, 2002.

King, Cheryl Simrell, Camilla Stivers, et al. *Government Is Us*. Thousand Oaks, Calif.: Sage Publications, 1998.

King, Cheryl Simrell, and Lisa Zanetti. *Transformational Public Service*. Armonk, N. Y.: M. E. Sharpe, 2005.

Luke, Jeffrey. *Catalytic Leadership*. San Francisco: Jossey-Bass, 1998.

Maynard-Moodly, Steven, and Michael Musheno. *Cops, Teachers, and Counselors*. Ann Arbor: University of Michigan Press, 2003.

Marcuse, Herbert. *One-Dimensional Man*. Boston: Beacon Press, 1964.

Marcuse, Herbert. "Industrialization and Capitalism in the Work of Max Weber." In *Negations: Essays in Critical Theory*, translated by Jeremy J. Shapiro, pp. 201-226. Boston: Beacon Press, 1968.

Maslow, Abraham. *Toward a Psychology of Being*. New York: D. Van Nostrand, 1962.

Masolw, Abraham. *The Farther Reaches of Human Nature*. New York: Viking Press, 1971.

McCarthy, Thomas J. *The Critical Theory of Jurgen Habermas*. Cambridge, Mass.: M. I. T. Press, 1978.

McSwite, O. C. *Legitimacy in Public Administration*. Thousand Oaks, Calif.: Sage Publications, 1997.

McSwite, O. C. *Invitation to Public Administration*. Armonk, N. Y.: M. E. Sharpe, 2002.

McSwite, O. C. Epilogue to *Invitation to Public Administration*. Available at http: //www. mesharpe. com/mcswite. htm

Miller, Hugh T. *Postmodern Public Policy*. Albany: State University of New York Press, 2002.

Miller, Hugh T. , and Charles J. Fox. *Postmodern "Reality" and Public Administration*. Burke, Va.: Chatelaine Press, 1997.

Pranger, Robert J. *The Eclipse of Citizenship*. New York: Holt, Rinehart and Winston, 1968.

Putnam, Robert D. *Making Democracy Work: Civic Traditions in Modern Italy*. Princeton, N. J.: Princeton University Press, 1993.

Putnam, Robert D. "Bowling Alone. " *Journal of Democracy*, 6, no. 1 (January 1995): 65-78.

Ramos, Alberto Guerreiro. *The New Science of Organizations*. Toronto: University of Toronto Press, 1981.

Sandel, Michael J. *Democracy's Discontent*. Cambridge, Mass.: Belknap Press of Harvard University Press, 1996.

Schutz, Alfred. *The Phenomenology of the Social World*. Translated by George Walsh and Frederick Lehnert. Evanston, Ill.: Northwestern University Press, 1967.

Scott, William G. , and David K. Hart. *Organizational America*. Boston: Houghton Mifflin, 1979.

Selznick, Philip. *The Moral Commonwealth*. Berkeley: University of California Press, 1992.

Spicer, Michael. *Public Administration and the State*. Tuscaloosa: University of Alabama Press, 2000.

Stivers, Camilla. "The Public Agency as Polis. " *Administration and Society*, 22 (May 1990): 86-105.

Stivers, Camilla. "'A Wild Patience': A Feminist View of Ameliorative Public Administration. " In *Public Management in an Interconnected World*, edited by Mary Timney Bailey and Richard T. Mayer, pp. 53-74. New York: Greenwood Press, 1992.

Stivers, Camilla. *Gender Images in Public Administration*. Newbury Park, Calif.: Sage Publications, 1993.

Terry, Larry. *Leadership of Public Bureaucracies*. Thousand Oaks, Calif.: Sage Publications, 1995.

Thomas, John Clayton. *Public Participation in Public Decisions*. San Francisco: Jossey-Bass, 1995.

Van Wart, Montgomery. *Dynamics of Leadership in Public Service*. Armonk, N. Y. ; M. E. Sharpe, 2005.

Vinzant, Janet and Lane Crothers. *Srteet-Level Leadership*. Washington, D. C: Georgetown University. Press, 1998.

Waldo, Dwight. "Organization Theory: An Elephantine Problem. " *Public Administration Review*, 21, no. 4 (Autumn 1961): 210-225.

Wamsley, Gary L. , and James F. Wolf, *Refounding Democratic Public Administration*. Thousand Oaks, Calif.: Sage Publications, 1996.

White, Jay D. *Taking Language Seriously*. Washington, D. C.: Georgetown University Press, 1999.

Whyte, William H. , Jr. *The Organization Man*. New York: Simon & Schuster, 1956.

第8章

作为理论家的实务者

　　至此，我们已回顾了许多对公共行政理论有重要贡献的著作，并意识到——希望如此——许多研究者所涉及的公共组织问题的复杂性是显而易见的。理论当然需要复杂性，它需要我们对方方面面进行审视，期望我们寻求解释和理解，并同时透视过去和未来。但理论也要简单化，要求我们选择对我们有重要意义的论题（并清楚如何去做选择）；要求我们集成和综合所有的关注，并要求我们找到令人满意的、理论联系实际的途径。当每个人都要建构自己的公共行政理论时，我们最终不可避免地会确立一些既简单又复杂的看法。

　　但如何使我们有可能具备既简单又复杂的观点呢？进一步而言，我们怎样才能把诸如政治与行政、效率与回应、事实与价值、自治与责任、理论与实践等明显对立的观点予以整合呢？这样的工作并不容易，正是因为这种在理论构建上看似矛盾的特性，才使公共行政的研究者发现理论是如此地难以驾驭。如果我们能找到一个精雕细琢的、能够回答我们所有问题的、并能为我们的行为提供一个适当而稳固的基础的理论，那该有多好啊！研究者寻求答案（有些理论家甚至佯称他们有答案，以鼓励研究者这么做），但是，对那些寻求行为指导的人来说，并不存在永恒的答案。充其量只存在一些问题和方向——希望这些问题和方向是正确的。

　　关于这点，在许多有关公共行政理论的书中，作者们都指出了该领域早期作品中的一些缺点并试图提供一种新的答案、一种新的公共组织理论。我不试图去建构这样一种理论，相反，我试图对理论建构的过程本身作一些评论，并分享那些一直并将继续对我作为一个行政管理者与理论家建立我自己的公共组织理论来说有重要意义的事情。对于你们，即试图为自己的行动寻求一个满意的框架的读者们，这里也许有你们想探讨的一些问题，至少，我们应该指出我们都必须回答的一些问题。

理论与理论建构

读到这里，你或许发现自己非常关心一些传统公共行政理论家所关注的论题。这种持续不断的关注将使你一再构建与重建你自己的公共组织理论。当你这样做的时候，你所作的选择和你所发展的关系会指导你每天在行政组织工作中的行为。你的理论将为你的行为提供一个体系和方向，你会确立一个观点，这样你会认为自己的工作很有意义。建构一套自己的公共组织理论的过程会成为你事业中最重要或许是最微妙的工作。

理论对实务者的重要性

但是，我在这里所强调的理论重要性当然是为一些有思想的实务者所承认的。举例来说，当我写这本书时，一些在公共行政领域里声誉卓著的人士造访了我校并与我们的老师和学生进行了讨论。他们当中有联邦人事局的局长、圣安东尼奥市市长、得州州政府委员会主席、密苏里州预算局局长等。在每一次讨论中，在没有教员过多提示的情况下，这些实务者都强调了理论在公共行政教育中的重要性。他们似乎认为，公共行政的基本技术只是过眼烟云，在他们工作中长久不衰的是理论体系提供的意义感。一个不错的主管人员和一个杰出的主管人员的差别，并不在于他们的技术技巧，而在于一种对自我及自己所处环境的感觉，这种感觉只有通过深刻的反思，只有通过理论才能获得。

> 一个不错的主管人员和一个杰出的主管人员的差别，并不在于他们的技术技巧，而在于一种对自我及自己所处环境的感觉，这种感觉只有通过深刻的反思才能获得。

在公共行政领域，对全日制研究生或在职研究生进行教育的许多老师也承认理论对实务者的重要性。他们认为，常令他们惊讶的是在职的学生（实务者）比那些尚未就业的学生对理论更感兴趣。也许有人会认为刚毕业的大学生有更多的学术性倾向，而在公共机构工作的实务者也许更注重技术，这样的想法和上述例子刚好相反。我个人对此的解释是，就业前的学生会认为行政生活涉及的都是技术性或技巧性的东西。但在职者却认为这样的技巧只是些入门的技术，真正让人感到困难的事情则与行政制度有关。

因此，在实务者看来，问题并不在于是否要去关心理论，而在于如何发现或建构能为行动提供有用指引的理论。实务者期望得到指导，以更加有效地执行其工作，他们想要一个可以维持其身份的背景。他们想要知道他们正在做的如何才能适应更宏观的情境。但许多实务者认为，对于这个目的而言，现有的理论并不足够。古典公共行政理论家的研究似乎无法用来理解或者解释实务者的经验。

作为一个行政管理人员，我对此深有同感。在我第一次阅读这些著作的时候，我发现几乎没有任何公共组织理论可以给我直接的帮助。当我回顾古典公共行政理论时，我已有的经验并未一下子就变得鲜活和完整起来。然而我感觉到，如果我根据自己的工作经验将他们的理论应用于工作并使它们有意义，那么许多理论家的作品还是可以提升我自身的工作质量的。而建构理论的方法是否有效取决于实务者及理论家反思与学习的能力。

尽管这种说法并未降低理论本身的重要性，但它确实揭示了以往在确立公共组织理论的过程中的一个问题：即在传统或主流的理论与实践模型中，理论是脱离实践建立起来的，然后传给实务者，而实务者则以任何看来可行的方式对它加以使用。实务者并不是理论建构过程中的一部分，理论家也不是组织工作中的一部分。这样的结果就是，理论与实践的结合并不完美的，甚至是完全脱节的。这并非是理论的失败，而是理论建构的失败。

个人学习与理论建构

为了确立一些更加有效的理论建构方法，我们必须对为什么现行的理论建构无法为我们提供需要的指引——不管是正式还是不明晰的理论——做一个清楚交代，我们必须寻求一些能使实务者与理论家相互合作的新的理论建构方法。令人惊讶的是，第一个任务对两者来说也许是最困难的。尽管实务者（以及理论家，不管你信不信）经常抱怨现有的理论不切实际，但他们很难具体说出到底缺少了些什么（应当注意的是，在这些抱怨中，有些针对的是学术研究中过度的量化与大量的专业术语。虽然我自己也是一个理论家，但我不同意这种说法——量化和专业术语既非理论问题又非实践问题）。很多人感到不满但又难以准确说出在理论建构过程中到底哪里出了错。在我的观点中，应该从个人理论建构行动的方法上予以纠正。

让我再以我的经验做一个说明，我不会夜里坐在家中拼命思考我的理论到底哪里出了错。我思考我的实践，思考我没有理解某一具体的部门主管的看法，或我对行政委员会所作的武断决策感到愤怒。但当我想到我的实践，想到一天的工作经历时，我总是将上述回顾作一审视。由于我关注的是未来的行动，这些想法就必然会限制我。毕竟，我知道同样的情况再也不会以同样的方式重复发生。

与此同时，我知道类似的情况也许有时还可能发生。因此，如果我能将日常的即兴经历反映出来并用于未来，我的工作就会更有效。如果我可以分析我的经验，并将其与其他人的经验做比较，如果我可以把现有的研究（包括现有的理论研究）视为指导，那么我就可能确立一种可以指引我未来行动的令人满意的观点。

用更正式的术语来表达以上所说的东西，就是理论与实践在个人的学习过程中似乎是相互关联的。当个人在公共组织中学习和生活时，当他们在这样的组织中体会和探究他人的工作时，他们就建立起了一套对实践特别有价值的经验体系。但是，除非这些经验能被分析、反映并且总结到理论中去，否则它们对行动就毫无用处。建立一个理论意味着去学习一种认识世界的新方法，并为我们的生活和工作建构一个新的实体。理论建构的过程是学习的过程。所以公共组织中的行为方法在包括组织理论的同时也包括学习的理论。

为了突破这些努力所受的限制，我建议努力建构一套公共组织理论，而不是一套政府行政理论，寻求一些行动理论来平衡我们对组织问题和学习问题的关注，并以此来改变思考的方向。让我们根据我们的行政经验以及能够激活那些经验的新的理论建构方法来讨论这些问题。

走向公共组织理论

让我再一次和你们分享我作为一名行政管理者的一些个人感受。当我想到自己是行政管理者时，掠过我脑际的是一种民主责任概念。然而这种概念并不是传统的立法责任理论所描述的那种概念。相反，它指的是一名行政管理者可以回应其工作对象的要求和需要的许多方法。我所要求的民主责任远远超过了过去大多数公共行政理论家所能提供的东西。我不知道可能替代的东西是什么，但我知道它必须认同我这样一个角色：回应、解释、表达甚至唤醒公共利益。它要认识到公共组织是一种不同的类型，因为它们表达的是公共的而非私人的价值观。

我也经常思考这些改变将如何发生，我该如何处理这些改变，我是否总是能认识到这些改变。我很快对为行政"问题"开药方的理论失去了信心，因为我认识到，对行政管理者来说是问题的东西对他人来说则是一种优势，甚至是一种快乐。比如，我和组织中的某位首长有矛盾。但这种矛盾究竟是我的问题还是他的问题呢？对任何一方来说，我相信问题无法简单地只从我的方面加以控制就能解决；相反，为了能持久且有效地解决问题，我的反应必须是沟通并寻求共识。这必定能使行动成为可能。

价值与行动的连接

我对责任和变化的关注受到了我对民主过程与程序的承诺的影响，但是这个理论上的承诺不能离开实现这一承诺所需的心理因素。在我们这个社会，按照平等和参与的民主过程采取行动对管理者来说是很难的，尤其是涉及一些人际间的紧张关系等问题，民主的行政方法会让人在向他人敞开心扉的同时暴露自己的弱点。要采用民主的方法，一个人必须有高度的个人安全感，并对个人的立场和自身状况有充分的了解。他需要有一种非常个人化的理论。

把我们所持的价值承诺和在公共组织中采取的行动联结起来，这意味着我们的行动不仅要有精确性，而且还要有灵活性。这一点使我们回到这样一些有限制性的假设（在第 1 章中已讨论），即公共组织的研究在过去是以公共行政就是政府行政、公共行政首先与庞大的层级制相连为前提的。我们注意到，这些观点不仅限制了公共组织理论家研究的组织设计范围，而且也带来了一个问题：这样的研究是否具有理论一致性？

我们可以根据公共行政的政治与知识遗产来审视这一问题。在我的观点中，公共行政理论在涉及政治问题时一直被明确的或模糊的政策—行政二分法所限制。二分法的观点是：政治决定能指导行政机关的工作，道德责任只能根据民选官员的回应在等级制中加以考虑。由于一些理论家一直满足于把公共行政界定为政府行政，因此他们仍然保留着政策—行政二分法的残余以及二分法所暗含的民主统治的有限看法。

但是根据公共行政理论的知识遗产来看，这个问题被夸大了。公共组织中的那些人对个体生活产生了直接的影响，不仅是因为他们执行上级的命令，也因为他们在追求公共目的的过程中按照自己的意愿行事 。此外，公共组织的成长意味着这些组织仅仅根据其大小、复杂性以及非人格化就可以影响其成员和顾客。因此，公共组织的恰当的道德基础并不体现在行政机构与立法机关的等级关系中，它是一种必须直接面对的基础。

乔治·弗雷德里克森近来已经分析了这个问题。他试图更明确地理解公共行政中的"公共性"一词的含义。弗雷德里克森（1991）认为，一般说来，"公共性"一词的含义因人而异。多元主义者的观点根据利益集团来看公共性，经济学家根据顾客来看公共性，等等。对于公共行政领域而言，弗雷德里克森认为，公共性理论必须包括有效和有责任性的民主治理的多个层面。首先，这样的一个理论不应该仅关心个人或团体，而应该关心公共利益这一概念，特别是在这个观点被宪政条件界定的情况下。第二，公共行政中的公共性概念必须考虑熟悉并参与政治体系运动的"善良的公民"。第三，公共性理论必须包括回应性这一概念，甚至包括对不能有力地表达其自身利益的那些个人与团体的回应性。第四，行政管理者必须是慈仁的。"公共行政管理者将与民选代表和公民一起奋斗，去寻找并表达范围广泛的或普遍的利益，包括促成政府去追求这些利益，而不是自身的利益。"（pp. 415-416）

我们看到，政治学作为一门学科无法涵盖公共组织所关心的全部问题，特别是无法充分考虑的组织与管理上的某些问题。我们也注意到，组织分析的领域是有限的，无法充分涵盖公共组织的道德体系。也有些人认为，公共行政知识只是一种无法获取理论意义的专业，它必须借助其他学科——这意味着理论永远无法与实践一致。

把握公共价值追求中的变化

一门学科，无论从学术还是从实际来说，都是因为既定领域内的理论具备可能的一致性而形成的。现在有可能在公共组织的研究中确立这样的一致性，其途径是强调公共组织成员要把握在追求公开界定的社会价值中出现的变化。这一看法建议通过认识组织体系中变迁过程的重要性以及管理者有效处理这些过程的责任来整合政治学与组织分析（也包括那些对研究有用的其他学科）提供的观点。

同时，这一看法还指出了公共组织成员在影响公共生活方面的重要作用，以及他们以一种与民主标准相一致的方式处理这种影响力的责任感。

以这种方式界定我们的研究，显然是让我们接受公共行政理论的传统关怀，但也指出了应当把公共行政看作是更广泛的公共组织研究的一部分。本书描述的公共组织理论是在这个国家的公共行政理论的传统中确立的。然而，这些著作为我们生活在其中的更广泛的有组织的社会提供了暗示。就庞大而复杂的公共行政组织主宰社会和政治生活来看，我们有必要问，是否所有的组织都应当这样被治理，以维持我们对自由、正义与平等的承诺？这个问题不是"我们应当如何去看待政府机构的运作"，而是"如何才能使各种类型的组织变得更具公共性、更民主、更能表达我们的社会价值"。

> 如何才能使各种类型的组织变得更具公共性、更民主、更能表达我们的社会价值？

当然，今天公共政策的一些主要方面是由所谓的私人部门决定的，公共政策受到了私人部门的严重影响。许多私人组织的发展不论在规模还是在复杂性上都超过了其他国家的政府，也超过了本国先前的政府。当代组织（不管是政府还是非政府组织）对我们社会中每个人的私人生活都产生了巨大的影响。由于民族国家在很多方面要向联合体让步，这使得国家与公民、组织与顾客间的关系显得非常密切。这个趋势表明所有的组织将通过它们的公共性程度（即它们所表达的由公共而非私人界定的公共价值的程度）得到评价。在这样的努力下，公共行政理论，尤其是民主行政理论也许会广泛地成为一种组织模型。

这样的一个观点直接地指出了过去的公共行政理论家经常反对的观点：公共组织应该采取同民主程序相一致的行动并寻求民主的结果。如果我们付诸实践，我们就能勇于表达公共界定的社会价值。尽管这些工作被科学与技术的浪潮一次又一次地搁置到了一边，但是，它对于今天的公共组织领域来说，仍然是非常重要的，因为它最好地表达了我们对这一学科的道德承诺，正是这种道德承诺隐含在实务者难以逃避的人类行动中。

组织和个人学习

　　行政管理者需要在解决组织问题的方法上具有不同寻常的灵活性。他们要能够改变、适应和学习。不幸的是，现有的理论建构方法趋向于限制而不是增加行政管理者的选择。比如，暗含在实证科学方法中的是这样一个观点：一个按法律行动的有组织的社会会表达其在功能上必须履行的责任。这一方法建议的行为模型是层级化的，高度组织化的，而且是专制的（请注意这些几乎都不是民主治理的口号，希望引导公共组织的理论倾向是理解与共识、沟通和参与）。如果回应的范围被如此限制，理论就起着限制而不是建设作用。

　　更重要的是，既存的理论建构方法也许在不恰当地模仿着知识获得过程，这种模仿限制了学习。由于主流社会科学理论把世界看成是脱离我们的参与而存在的，因此它们将注意力集中到了对现存现象的解释与理解上。但是行政世界是根据个体与团体间的行动以及它们之间的互动建构和再建构的。因此，那些主流科学所做的永远"有效"的解释只有在一种特定建构的背景下才有效。它们不允许当然更不会鼓励改变，即使我们也许有可能改变现状。然而，正如我们先前看到的，改变不仅不可避免而且是必需的。这种改变的需要要求一种不同于主流社会科学所规定和模仿的学习方法。

　　同样，近来在用的大多数理论构建方法似乎无法对本章开头提到的一些对立予以整合。一些理论家假设可以以一种决定因果关系的方式来安排社会世界（即行政行为的世界），因而对此全力以赴。他们寻求"正确的答案"。然而，通过确立一种不同的假设——即社会世界充满冲突和变化——我们可以对经常处于紧张状态的对立方进行调解。这样我们便把注意力转向了那些在我们和他人生活中经常起作用的过程、类型以及关系问题。同这些问题打交道，坦然对待这些问题的增多和减少，与时俱进，随时吸取新的教训，所有这些是个人学习所必需的，也是联系理论与实践所必需的。

　　表 8—1 根据三种主要的组织过程简述了公共组织几种不同方式的含义，包括知识获取方式、决策方式以及行为方式。行政管理者必须经常寻求关于世界的信息，必须在理解世界的基础之上作决策，并根据这些决策采取行动，把我们的学习引向这些广泛的组织过程，这样我们就会深化对组织生活的理解。

表 8—1　　　　　　　　　　　　　根据三种组织过程看三种不同的行政模型

	理性模型	释义模型	批判模型
	实证社会科学	释义理论、现象学	批判的社会理论
知识获取方式	控制	理解	解放
决策方式	理性决策过程	感情—直观	价值—批判
行为方式	工具行为	表意行为	教育性行为（应用）

虽然主流理论表明自己是唯一可行的理论，但很多对公共组织的知识和政治遗产作出贡献的人还是提出了一些替代方法方面的建议。公共组织研究的完整性要求我们关注所有范围内对我们而言可行的方法。在知识的获取方式上，行政理性模型在寻求因果关系的解释（建立在对人类行为的客观观察基础上）中运用了实证社会科学的技术。而释义模型试图提供个人对组织行为意义的理解。这种方法认识到公共组织的世界是在社会层面上建构的，因而关注这个世界中主体互动的意义的建构方式。批判模型旨在揭示一些限制我们（不管是社会中的个体还是团体）全面发展的信念或意识形态。理性模型为了控制而寻求知识，释义模型寻求一种可以形成沟通的理解，而批判模型则力图使我们从束缚我们成长与发展的社会限制中解放出来。

三种模型中的每一个模型都暗示了一种特殊的决策方式。理性模型强调理性与认知的过程。决策是在对所掌握的数据与信息的客观分析基础上制定的。然而，释义模型认识到这种客观性不能完全说明人类行为，而且也不应该用来说明人类行为。决策是在人类情感和直觉的基础上作出的。因此，释义模型允许决策制定过程比理性模型使用更多不同的精神方法。最后，批判模型试图通过对个人环境的理性分析（这种分析也许可以提供个人看清世界真相的可能性）来整合这些方法。于是，批判模型提供了对我们所坚持的价值的批判，并提出了一些更明确地建立和获得重要的人类价值（包括首当其冲的自由的价值）的方式。

最后，每个模型暗示了一种特定的行为方式。理性模型建议关注有助于达成组织目标的工具行为。行为的采取引申出控制。释义模型寻求表意性的行为，它使我们表达对规范的承诺，并与他人一起工作，以确立一种更强的人际间的理解感。表意性的行为能让我们这样处理人际关系：接受他人（当他们敞开自己心扉的时候），并消除客观化趋势。最后，批判模型认为个体能将自治与责任、沟通与共识、理论与实际整合成一种开明的方式，通过这种行为方式，人们可以教育自己并互相教育。批判模型提议组织生活应采用一种教育的方法，这一方法表明它能促进而不是限制人的行为。它为人类行为提供了一种启蒙方法，这一方法也许可以用"应用"一词来表达。在应用中，我们再次找到了个人学习与理论和实际之间关系的联结。应用这一概念的意思是，当我们获得关于环境的知识，并用一种批判的态度去审视知识时，我们不得不去寻求一种更有效的沟通，以及因而寻求一种更大的自治和更强烈的责任感。在我看来，在走向行政应用的过程中，正是作为理论家的实务者必须引导他们的理论建构与行为。

> 应用这一概念的意思是，当我们获得关于环境的知识，并用一种批判的态度去审视知识时，我们不得不去寻求一种更有效的沟通，以及因而寻求一种更大的自治和更强烈的责任感。

理论家的新角色

我强调作为理论家的实务者的角色，部分是因为我也是一个行政管理者，但我也声称自己是某种理论家。那么我怎么样看待自己和其他理论家在组织理论建构中的作用呢？显然，我不认为理论家应该把他们所有的时间与精力都放在去寻找那些对真实世界也许重要也许不重要的所谓的因果关系上。理论家应把他们的注意放在实际问题上，其中最紧迫的问题是理解公共组织如何运作才能有利于民主社会。

就为公共组织研究奠定一个健全的基础而言，学术研究具有重要的作用。很坦白地说，许多此类研究并不是针对实务者的，而且也不必针对他们。在实践受到任何影响之前，必须对某些复杂而具体的问题作一审视、收集证据并进行大量的讨论，这是学者、甚至是理论家要发挥的恰当作用，一种实务者既无需担心也不用贬低的作用。实务者不应该（大多数也没有）让理论家变成和他们一样的人，要求理论家像他们那样地去观察世界。他们希望理论家具有较广阔的视野，或者至少能从另外一个角度来看世界。

结　论

就像我们在前面所提到的那样，公共组织现在正面临着一场合法性的危机。公民们正在对我们的制度效力和那些掌权者的意图提出质疑。公民们感觉到公共官员的观点和他们的期望并不一致。治理的削弱、政府赤字以及丑闻的经常曝光，凸显了这一合法性危机。这种状况既需要理论上的回应，也需要实践上的回应。

今天，许多实务者都在经历沮丧、挫折以及疲惫，部分原因应该归结于缺乏理论上的发展。正像弗洛伊德告诉我们的，个人总是按照内在的假设去行动，但是这种假设在某种程度上可能与他所遇到的世界并不一致。于是，临床医生根据病人的症状和不适来提示病人，以使其从生活往事中恢复过来，从而使他能过上更完整、更一致的生活。同样，马克思认为社会采用了一些错误的信仰和意识形态模式，这些错误的模式掩盖了实际上对人的一种压迫。例如，尽管官僚组织的成员生活在异化的环境下，但他们可能只是很模糊地认识到在他们身上发生了什么。他们可能把体验到的异化当作是一种模糊的不舒服的感觉，一种在被误导的框架下的行为症状。

通过深入理解由症状或不适所提供的这些线索的更广泛的情景，个人或者社会团体可能开始认识到作为其行为基础的理论的不足。人们需要一种可以看到事情真实一面的环境，一种可以根据更广泛的情景来观察事物、因而也可以以不同的方式观察到的环境。在心理分析理论中，支持这一努力是临床医生应发挥的作用；在批判的社会理论中，坚持这种努力则是理论家应发挥的作用。公共组织理论家的作用在于帮助行为者建构一种理论，这种理论可以成为一种新的，并且有望是自由的、能动的和沟通的行为的基础。

最后，无论是作为行政人员还是作为理论家，我们共同关心的是为我们的工作确立一些新方法，这些方法不仅能使我们看到实际情况，而且也能看到未来的走向。理论不仅要能反映生活，而且还要能预测生活。好的理论不只是一种分析，它还能综合各种各样的因素并且预测未来。在预测未来的时候，我们必须考虑事实和价值。未来要求我们去作抉择，要求我们能够适应新的环境而不断地变化。未来也要求我们去学习。

从沃尔多到巴纳德，我们知道公共组织既需要思想，也需要热情。现在，在我们行将结束我们的研究之际，我们能够更完整地意识到他们的建议的重要性。沃尔多，作为思想的倡议者，把他的一生献给了对民主行政理论的追求；巴纳德，作为热情的倡导者，要求不仅根据控制而且也根据沟通和共识来理解变化。沃尔多的梦想——民主行政，现在看起来似乎比以往任何时候都更加遥远了。今天，生产力和效率这些语言看起来已经胜过了民主的语言和关怀。但是，正像我们现在所知道的那样，公共制度长期的生存能力——民主制本身事实上经久不衰的生存——要求一种包括民主行政在内的民主治理的理论。与此同时，巴纳德所希望的"组织感"看起来也遥不可及。层级、结构以及命令现在依然是强势用语——它们之所以如此强势，或许是因为我们视它们为理所当然的，而没有理解它们的实质。

沃尔多和巴纳德试图通过提升一些有影响力的管理者的高尚道德来解决这个尴尬的情况。但我们或许应该吸取一个更为重要的教训——那就是公共组织只有在压力和发展的状态下才能生存，因此，个人必须不断地学习以跟上新的形势。这种努力（在这一努力中，理论和实践就像学习和行动一样会很好地整合在一起）不仅要求实务者要以理论家的方式去思考，也要求理论家以实务者的方式去思考，而更重要的是，要求所有的实务者和理论家都能认识到他们对最完整、最充分地表达我们的民主价值所承担的责任。

> 为了所有人都能认识到他们对我们的民主价值的最充分最好的表达具有共同的责任，实务者和理论家都必须不断地学习。

参考资料

Frederickson, H. George. "Toward a Theory of the Public for Public Administration," *Administration and Society*, 22 (February 1991): 395-417.

附　录

行政日志

　　希望开拓公共组织知识视野的研究者和实务者面临的最大问题之一是公共行政领域中理论与实践的脱节。一些原则上可行的东西在实践中并不起作用，学术界人士的理论与公共行政者的世界几乎没有相似之处。行政日志的设计出于一种实践考虑，以在将公共组织的理论与实践结合起来的过程中对读者提供帮助。通过仔细阅读行政日志，读者可以将个人和组织的理论与他在行政环境中思考、感觉和行动的方式结合起来。

　　行政日志建立在学习理论之上。这一理论表明，有关行政的最有意义的学习是个人的经验（当然不仅限于这种经验）。不管我们是研究者还是实务者，我们都有多种不同的经验，积极地运用这种经验有助于我们对组织生活的理解。我们根据自身的行政能力采取行动，阅读和讨论组织动力的理论，对案例进行研究与分析，进行模拟和其他训练活动，对有效的公共行动提出新的想法，甚至是奇思怪想。通过积极反思我们的经验并对之进行概括和归纳，我们可以学到有关组织如何运作以及个人在组织中如何行动的重要的经验教训。

　　行政日志要求我们关注基本的人类过程（它构成了我们行动的基础），而不是眼前的任务（尽管它们很重要，并为学习提供了基础）。我们把要做的事说成任务，把做的方法说成过程。例如，说审批福利申请就是描述一种组织过程。同样，说一个人从事学习就是描述一个任务；说这一学习积极抑或消极就是描述一个个人的过程。重要的是，管理者发现这些过程问题是一些最持久的问题。虽然我们从事的任务每天都在发生变化，但我们仍发现自己面对着一些相同的考虑（如沟通、权力和权威，如此等等）。因此，我们能学到的最重要的东西就是那些与组织过程（这一过程对多种不同的状况都是同样的）有关的东西。

例如，有一位作者指出了六种支撑个人和组织行为的基本的组织过程：沟通、领导和权威、成员的作用和功能、组织规范和组织成长、组织间的动力，以及决策。另一种人类过程的特征强调认知的方式（我们如何获取知识）、决定的方式（我们为何在已有知识的基础上作选择）以及行动的方式（执行我们的选择需要采取哪些步骤）。不管如何，行政日志的立场是，关注组织过程能最好地理解组织活动的动力。

我们的学习过程总是从总结即时经验开始，然后把所总结的经验放到更一般的过程中加以检验。我们中的大多数人做事总是从日常工作开始，有着与任务直接有关的经验。但是，只有当我们进入过程概括领域时，实质性的学习才会发生。在这一领域，我们的经验产生的资料可以与理论或概括结合起来，并有助于解释那一经验。因此，当我们着手未来的任务时，我们已经具备了更多的信息。我们的经验由我们的反思和概括得到了提升，从而使我们得以更有效地行动。

当然，在公共组织中，人们常常埋首于眼前的事，以致他们的注意力一直停留在任务—经验的层次上。他们关注会议限期、参加会议、与各种观点周旋，几乎没有时间去反思，去进行一种由反思带来的内容充实的学习。当然，在这种情况下，一些学习也会发生。然而，行政日志认为，如果我们花时间明确地探讨一下基本的日常经验过程，那么就能更有效地解释我们的经验。

同样，我们需要以一种完整的人格全身心地投入从自身经验中学习的过程。因为，从一种真正的意义上说，我们的自身就是我们要学的对象。我们还要把我们的学习与个性的最深处联结起来，以处理心智问题。我们不仅要关注我们想些什么，而且还要关注我们感觉到什么，不仅要关注我们做些什么，而且要关注我们究竟是谁。出于这一原因，行政日志鼓励我们——当我们进入学习过程的时候——考虑自身的所有方面。行政日志将表明我们对组织生活的理解既受到了我们内在体验的指引，也受到了我们外在体验的指引。

行政日志的形式

行政日志通过使我们从四个不同的观点看待每一种体验，来提供一种超越当前状况和进行更广泛的学习的实际方法。日志的记叙会使我们进入一种放松状态，然后进入日志任何一个看来适合于我们体验的部分。我们首先写下自己的想法，因为它受某一具体部分的兴趣的指引，然后进入另一部分，根据这一部分的标准对相同的想法和事件作一注释，等等。随着我们在不同部分之间不停地来回记叙，我们开始建立起意义和行动之间的联系。当我们开始认识到这种记叙的流动性时，我们便会发现一些能改进我们的学习的新方法，我们可以探索这些新方法影响我们生活的可能性。

日志由四个部分和一个附录构成，我们将在下面作一些简单描述，在本部分的末尾，我们会用一些例子进行详细说明。

1. 外在体验

行政日志的第一部分用来记录我们日常与公共组织有关的体验，这些体验可能包括我们正在从事的行政工作、案例的研究、模拟或其他训练活动，或就是我们的一些印象。在这一部分，我们简单地记录一种具体的体验，以使它能够为之后的反思和概括提供基础。这一体验的描述无须面面俱到，我们只需记录足够我们——当以后回到这一部分时——回忆这一事件的信息即可。不过，尽可能客观准确地记录发生的事情，不对我们的体验作评价是重要的。一种记录的方法是以第三人称叙述，即以局外人的方式来无牵扯地、不作评价地描述来自职位的体验。在这一部分中，记录的关键是明确 、简洁、不作评价。

这个部分可以回答的问题包括：体验所涉环境状况如何？哪些人参与其中？活动的时间有多久？我在这种状况下采取了什么行动？其他人如何表现自己？我对所发生的事的说明是否准确和完整？

2. 反思和概括（外在体验）

紧接外在体验和内在体验部分（第一和第三部分）的是反思和概括部分（第二部分和第四部分）。虽然这些部分的内容不同，但它们相同的方式成为日志的素材。不管在哪种情况下，首要的工作是把此内容聚集在体验之下，以最终超越这一体验。在这一部分，我们旨在更深刻地理解我们所描述的动态状况，以及寻求一些理解个人、团体和组织的线索，随着我们对体验进行反思的不断深入，我们可能会将这一体验和那一体验联系起来，我们或许发现可以根据更大的教训来概括我们一些直接的体验。同样，我们也可以发现一些有助于我们理解体验的重要的理论资料。不管如何，在对体验进行了反思之后，我们旨在吸取更大更持久的教训（经验为它提供了基础）。

与这一部分有关的问题包括：在这种状况下，运作的是何种人类过程？体验与组织过程的六个层面有什么关系，或与获知、决策和行动有什么关系？体验能够对这些相关的事提供什么解释？基于这一体验，对有关组织过程运作的情况我能够提供什么一般性的建议？最近我碰到了哪些有助于解释这种状况的理论资料？我在哪里可以寻找进一步的解释？哪类人可能帮助我继续了解这类事？

3. 内在体验

　　在第一部分外在体验中，我们选择了一种局外人的看法，以便对我们的体验提供一种客观的说明。在这一部分，我们用第一人称，并寻求一种完全主观的说明。我们询问体验怎样在感性、物质、智力以及精神上影响我们。由体验激活的我们内在生活的一些方面应当在这里被记录下来。例如，我们可能感到快乐或痛苦，一下子感到浑身来劲或受到压抑，或者我们认识到一些新的真相或不接受先前的教训。

　　这里我们可能要回答的问题是：我对发生的事有何感觉？我最强烈的情感是什么？此时我的身体感觉是什么？体验过程中有没有什么变化？我感到压力重重还是如释重负？我感到紧张还是放松？我感到是主动出击还是随命运摆布？此时有何种美感？这一体验是否提升到了一般事件之上，是否呈现了一种理性的特征？

4. 反思和概括（内在体验）

　　这一反思和概括部分再次使我们更深地进入我们的体验中，并在直接的体验和一种更开阔的看法之间建立一种联系。这里，我们可能要回答下列问题：如何比较此时我的内在体验与前一时刻的内在体验？此时我体验的一种情感的意义是什么？这些情感与我在其他相同场合体验的情感相比有何不同？同样，此时我该怎样理解我个人当前身体的、思想的和精神的体验？这一体验如何与一些相似的体验相联系？我的内在体验中哪些部分是最重要的？这些最重要的部分常常是最流行的吗？或是否关注了通常会忽略的体验中的一部分？此刻哪种外在来源有助于我理解自己的内在体验？何种诗歌、音乐或文学作品提供了深邃的洞见？我的体验对未来意味着是什么？

5. 附录（成长的阶段）

　　尽管我们大多数的日常工作包含在日志描述的四个部分中，但是有时我们会回溯既往，对确立有关行政的学习采取一种更开阔的看法。附录提供了一个记录这一看法的地方。在附录中开始记录的一个方法就是描述一个使我们能发现自身当前状况的个人和专业发展的特定阶段。这一阶段可能长达数年，因为有些人可能找到了一个新的工作，开始学习有关新组织的知识；这一阶段也有可能短至几天甚至几小时，例如培训。不管怎样，阶段的长短无碍大事，想象使一阶段开始的事件（例如，开始上公共行政管理硕士课程）以及终结这一阶段的事件（例如，完成硕士课程）。可以在附录中记录下这一阶段，然后以下面的问题作为指南来作详细说明：我的生活和工作的哪一阶段是我可以发现自我的阶段？我当前的学习环境如何？什么事件标志着这一阶段的开始和结束？在这一阶段中，我至今基本的经验类型是什么（如果你已经在日志中记录了一段时间，那么日志四个重要的部分就会在回答这一问题或其他问题时提供重要的资料)？我一直在做些什么？我一直在学习些什么？下一阶段我的计划和期望是什么？这些计划和期望以什么方式影响我的学习？我对自己在这一阶段的工作感觉如何？根据自己个人的发展，我最想从这一阶段中得到的东西是什么？

行政日志的写作

为了在行政日志中更有效地记录，我们应当寻找一个可能不会被打扰的时间和地点，我们的工作从沉思默想今天要做的事开始。首先，为了与行政生活的快节奏相一致，我们可能发现我们的脑海中急速地闪过一件又一件事。不过，当我们开始放松，让思绪停顿下来时，想法就会以一种自然的速度流淌。我们对自己的想法会感到更自在，并能更好地感觉、更深刻地体验过程。不久我们就开始关注我们打算作为行政日志的记录起点的某一件事或某一种想法。我们转向日志的评价阶段，开始写下我们的想法，不是用文字笔法，而是直接记下头脑想到的东西。

当然，许多来源将为我们在日志中的记录提供起点。显然，同我们理解公共组织最有关的是我们作为这一团体成员或顾客所具有的具体经验。不过，那些组织外发生的经历（但它又包含在组织内发生的人类过程如沟通、决策中）的体验也许同样重要。最后，案例研究、模拟甚至想象力都可能提供一些进入日志的通道。在每一个这样的事例中，从第一部分外在体验开始，然后按次序进入其他三个部分进行我们的记录是最恰当的。

然而，这一程序绝不意味着这是日志记录的唯一方式。在阅读了一篇有关组织理论的特定的文章，或进行有关这方面的特定的讨论后，我们可以在反思和概括阶段（第二或第四阶段）做些笔记。在注意了理论资料后，我们便进入了体验阶段（第一或第三阶段），询问一下在每一事例中理论对我们以往的体验或对我们推断未来的体验的评价如何。同样，我们也可能受一种激情的体验而开始进入日志的内在体验阶段（第一阶段），接着在其他每一个阶段加以详细说明。不管怎样，在日志某一阶段和另一阶段之间的来回运动对于发现我们的记录形式来说是至关重要的。因此，我们应当对每一次进入作标记，以便在进入其他阶段时提供交叉的参照。

行政日志的目标是为联结事件和反思（它们是我们学习和个人发展的一部分）提供一种基础。出于这一原因，我们将发现日志的一些阶段绝不是不相关的。大量的交叉会产生，每一具体的进入的"恰当"地点并非都很清楚。同样，我们可能首先想到个人进入自我并不反映我们的学习，我们可能对我们的工作感到沮丧，然而，不管在哪种情况下，我们应当记住，当我们开始收集足够的信息来建立一种继续我们的发展的意义时，日志活动的最主要的结果就会产生。在日志记录了一段时间以后，我们可以通过多种不同的进入进行回顾，并发现一些重复出现的问题或主题，这些问题和主题反过来可被用作下一步日志工作的开始。

行政日志的目的旨在使我们从理论与实践的联系的角度来理解公共组织。日志的几个主要部分要求我们从多种不同的有利点来看待体验，从而不仅把这些体验看成是最完整的，而且以将它们与我们的学习整合起来的方式来看待这些体验。通过在一个一以贯之的基础上经历日志的各个部分，我们将发现有关组织的学习有它自己的一种形式，我们确实能够影响自身学习的进程。随着学习的效果越来越好，我们将发现自己所做记录的回报以及从所做工作中获得的快乐。

日志登载的例子

以下两个日志的例子涉及一个公共管理硕士学生参加组织理论和行为这一课程的两种不同体验。注意"进入 1"指的是所有对第一种特定体验的评论，"进入 2"指的是对第二种特定体验的评论。在现实的日志中，所有外在体验的进入将被集合在一起，所有对外在体验的反思和概括也会集合在一起，以此类推。

外在体验（进入 1）

我修的一门课程进行了一次期中考试，班里同学被告知在下次上课时就可以得到老师打分的考卷。在这期间，班里有位同学与教授做了一次私下交谈，交谈中教授告诉了他他的考试成绩。教授还主动告诉他凡参加考试的公共管理硕士班的同学都得了 A 的成绩，只有一人除外。这位与教授私下谈话的学生把这消息告诉了其他几个人。一下子，有关哪个人可能是倒霉鬼的谣言和猜测在同学中开始流传。从那个同学那里直接听到这一消息后，我也传了话。每一个人（包括我自己）都担心自己可能是考 B 的人。

对外在体验的反思和观察（进入 1）

一个同学没考到 A 的焦虑体验涉及了行政过程的许多层次，最重要的是沟通和团体规范。教授的错在于他违反了应该同时向全班宣布成绩的规则。不过，告诉一个人这个人的考试成绩这种做法也没什么错，如果他没有同时说班里除一个人之外都得了 A。那个学生也应受到指责，因为他没有保密，他应该想到传播这一消息会产生的负面影响。前面提到的因素——沟通和团体规范——非常重要，因为相似的事情在任何组织都会发生。必须强调管理者分析其行动或沟通的含义的重要性。教授在这一事件中可能是对学生表示信任和友谊，可能也希望该同学保密。不过，学生没有懂得教授这一表示，他作了一个错误的判断并将消息告诉了同学。

这一事件也与马斯洛的激励理论有关。例如，最初激励教授告诉学生的动机是什么？是什么又激励了学生去传播消息？马斯洛指出人们有一些基本的需要，一些未得到满足的需要会刺激行为。教授最想满足的需要是"社会需要"，它包括友谊和归属感，而学生也许想满足"自我需要"，让同学知道教授器重他，而不是器重其他人，从而提高自己的声望和地位。班里同学受到激励去猜测并产生焦虑，是因为他们的"安全感"和"自我实现"需要受到了损伤。此外，也应该考虑对一个人的行动和沟通的潜在影响的认识。同时也应该注意到全班的反应反映了组织（公共管理硕士课程）的不稳定，这一不稳定对要求全班同学达到一个不合理的学术高标准施加了过分的压力。它对组织产生一种不稳定感、不安全感和不满足感。

内在体验（进入 1）

当那个同学告诉我关于成绩的事时，我个人感到非常不安。就像他告诉的其他人一样，我想我可能是得 B 的那一个。这使我产生了极大的焦虑。在我不知道自己成绩的情况下，我对教授告诉那个同学成绩感到愤怒，我也对这个同学透露了全班的成绩感到愤怒。回首过去，我为自己参与流言的传播而感到羞愧。如果此类情况再发生一次，我就不会再卷入。对成绩的敏感（我还得等四天才知分晓）使我在情感上非常投入，浑身肌肉都紧张，直到我弄清楚自己是不是那个倒霉蛋。

对内在体验的反思和观察（进入 1）

碰到不定状况我会非常紧张。不知道自己成绩的一种不安全感——即便最终表明我得了好成绩——令人苦恼，我也会因有时对他人的糟糕或不完全的判断大光其火。我正在试图做一种认真的努力，以更容忍他人在判断上的失误。从思想上讲，好多年来我已经很清楚地知道沟通的重要性，我试图彻底搞清楚我认为重要的东西以及没有被认识到的问题隐含的意义。研究马斯洛和荣格（Jung）的心理学将有助于理解为什么以及如何激励个人去行动，有助于理解评价在澄清隐含的意义中的重要性。对管理者了解以上提到因素的重要性不能过分强调。

外在体验（进入 2）

在期终考试前几个星期，我被大量的作业压倒了。为了不拖累其他课程我请了一位打字员替我打作业。打字员是我的一位私人朋友，打字报酬很低，因此很难保证在交稿前录入完毕。在出现了两次误差后，我就请了一位专业打字员，他的要价是我朋友的两倍，但他能保证准时交稿。

对外在体验的反思和观察（进入 2）

与打字员的交往使我明白了连续评价许多层面上的服务的重要性。管理者不但要关注服务的质量和数量，而且也要关注可靠性和时间期限。以上提到的评价层次包括非常重要的决策过程，西蒙在他的理性行为模式中指出了一个三步骤的决策过程，这一过程包括：审视现有的备选方案，检查这些方案可能产生的结果，以及选择最佳方案。个人行动模式强调决策过程不应关注解决问题的答案，而应该富有创造力，从多种不同的角度考虑问题，所以可以问"为什么不去做应当做的事？"通过从多种角度检查问题，人们就不会局限于先前存在的替代选择。就打字员例子来说，我考虑了所有现有的备选方案，对价格和缺乏可靠性以及随之而来的窘境作了权衡。最后我决定将缺乏可靠性和随之可能产生的窘境排除在外，多付点钱以换取安心地知道可以及时得到打印好的作业是值得的。在行政领域，同类的事也可能发生在医院里。医院管理者同洗衣中心签订一个洗衣合同。尽管价格可以接受，但不时发生的服务质量问题令该医院的信誉产生问题。因此，管理者应该考虑多付一点报酬以保证服务的可靠性。

内在体验（进入 2）

我对我那位打字员朋友感到极度不安，我希望她能在我交稿前几天把字打完，但她却在限期前 1 小时才交给我。我当初真是惊慌失措、浑身紧张。我父亲曾告诉过我一句谚语："一次被人愚弄，错在人家；两次被人愚弄，错在自己。"这位打字员已经多次没能按时完成录入任务，因而我最终决定另请高明。在作了多付钱请一个可靠的打字员的决定后，我感到如释重负。这一改变使我精神放松，浑身舒坦。我感到重新掌握了失控的状况。在决策过程中，我感到思维活跃，精神焕发，我很喜欢这种感觉而不是那种消极地等待事情发生的感觉。

内在体验的反思和观察（进入 2）

在过去，我曾作过在两者之间进行权衡的类似的决定。我对原理的兴趣也许使我比其他人在决策中更多的使用这一方法。我经常在决策过程中权衡诸如质量、数量、价格、时间以及总体后果此类的因素。在我的生活中，因失去控制导致的挫折感和浑身紧张时有发生。我对此的解决方法是重新获得控制。重新获得控制差不多会减轻我的挫折感和浑身紧张的症状。许多摇滚歌曲的内容涉及丧失控制和无法控制以及由此产生的焦虑和紧张。我个人常常把自己与歌曲联系起来，因为我强烈感到了这种想要控制自己生活的冲动。心理学（尤其是行为心理学和人本心理学）探究人的安全需要和控制需要。有些人可能喜欢在人生道路上跟在人家后面走，感到被人带领有一种安全感。正如费尔珊·西埃特所言："我们都是这辆车上的笨蛋。"当然我个人希望自己是这辆车的驾驶员。

人大版公共管理类翻译（影印）图书

公共行政与公共管理经典译丛

书名	著译者	定价
公共管理名著精华："公共行政与公共管理经典译丛"导读	吴爱明　刘晶　主编	49.80 元
公共管理导论（第四版）	［澳］欧文·E. 休斯　著 张成福　马子博　等　译	48.00 元
政治学（第三版）	［英］安德鲁·海伍德　著 张立鹏　译	49.80 元
公共政策分析导论（第四版）	［美］威廉·N. 邓恩　著 谢明　等　译	49.00 元
公共政策制定（第五版）	［美］詹姆斯·E. 安德森　著 谢明　等　译	46.00 元
公共行政学：管理、政治和法律的途径（第五版）	［美］戴维·H. 罗森布鲁姆　等　著 张成福　等　译校	58.00 元
比较公共行政（第六版）	［美］费勒尔·海迪　著 刘俊生　译校	49.80 元
公共部门人力资源管理：系统与战略（第六版）	［美］唐纳德·E. 克林纳　等　著 孙柏瑛　等　译	58.00 元
公共部门人力资源管理（第二版）	［美］埃文·M. 伯曼　等　著 萧鸣政　等　译	49.00 元
行政伦理学：实现行政责任的途径（第五版）	［美］特里·L. 库珀　著 张秀琴　译　音正权　校	35.00 元
民治政府：美国政府与政治（第 23 版·中国版）	［美］戴维·B 马格莱比　等　著 吴爱明　等　编译	58.00 元
比较政府与政治导论（第五版）	［英］罗德·黑格　马丁·哈罗普　著 张小劲　等　译	48.00 元
公共组织理论（第五版）	［美］罗伯特·B. 登哈特　著 扶松茂　丁力　译　竺乾威　校	32.00 元
公共组织行为学	［美］罗伯特·B. 登哈特　等　著 赵丽江　译	49.80 元
组织领导学（第七版）	［美］加里·尤克尔　著 丰俊功　译	78.00 元
公共关系：职业与实践（第四版）	［美］奥蒂斯·巴斯金　等　著 孔祥军　等　译　郭惠民　审校	68.00 元
公用事业管理：面对 21 世纪的挑战	［美］戴维·E. 麦克纳博　著 常健　等　译	39.00 元
公共预算中的政治：收入与支出，借贷与平衡（第四版）	［美］爱伦·鲁宾　著 叶娟丽　马骏　等　译	39.00 元
公共行政学新论：行政过程的政治（第二版）	［美］詹姆斯·W. 费斯勒　等　著 陈振明　等　译校	58.00 元
公共部门战略管理	［美］保罗·C. 纳特　等　著 陈振明　等　译校	49.00 元
公共行政与公共事务（第十版·中文修订版）	［美］尼古拉斯·亨利　著 孙迎春　译	68.00 元
案例教学指南	［美］小劳伦斯·E. 林恩　著 郏少健　等　译　张成福　等　校	39.00 元
公共管理中的应用统计学（第五版）	［美］肯尼思·J. 迈耶　等　著 李静萍　等　译	49.00 元
现代城市规划（第五版）	［美］约翰·M. 利维　著 张景秋　等　译	39.00 元
非营利组织管理	［美］詹姆斯·P. 盖拉特　著 邓国胜　等　译	38.00 元

书名	著译者	定价
公共财政管理：分析与应用（第六版）	［美］约翰·L. 米克塞尔 著 白彦锋 马蔡琛 译 高培勇 等 校	69.90 元
公共行政学：概念与案例（第七版）	［美］理查德·J. 斯蒂尔曼二世 编著 竺乾威 等 译	75.00 元
公共管理研究方法（第五版）	［美］伊丽莎白森·奥沙利文 等 著 王国勤 等 译	79.00 元
公共管理中的量化方法：技术与应用（第三版）	［美］苏珊·韦尔奇 等 著 郝大海 等 译	39.00 元
公共部门绩效评估	［美］西奥多·H. 波伊斯特 著 肖鸣政 等 译	45.00 元
公共管理的技巧（第九版）	［美］乔治·伯克利 等 著 丁煌 主译	59.00 元
领导学：理论与实践（第五版）	［美］彼得·G. 诺斯豪斯 著 吴爱明 陈爱明 陈晓明 译	48.00 元
领导学（亚洲版）	［新加坡］林志颂 等 著 顾朋兰 等 译 丁进锋 校译	59.80 元
领导学：个人发展与职场成功（第二版）	［美］克利夫·里科特斯 著 戴卫东 等 译 姜雪 校译	69.00 元
二十一世纪的公共行政：挑战与改革	［美］菲利普·J. 库珀 等 著 王巧玲 李文钊 译 毛寿龙 校	45.00 元
行政学（新版）	［日］西尾胜 著 毛桂荣 等 译	35.00 元
比较公共行政导论：官僚政治视角（第六版）	［美］B. 盖伊·彼得斯 著 聂露 李姿姿 译	49.80 元
理解公共政策（第十二版）	［美］托马斯·R. 戴伊 著 谢明 译	45.00 元
公共政策导论（第三版）	［美］小约瑟夫·斯图尔特 等 著 韩红 译	35.00 元
公共政策分析：理论与实践（第四版）	［美］戴维·L. 韦默 等 著 刘伟 译校	68.00 元
公共政策分析案例（第二版）	［美］乔治·M. 格斯 保罗·G. 法纳姆 著 王军霞 贾洪波 译 王军霞 校	59.00 元
公共危机与应急管理概论	［美］迈克尔·K. 林德尔 等 著 王宏伟 译	59.00 元
公共行政导论（第六版）	［美］杰伊·M. 沙夫里茨 等 著 刘俊生 等 译	65.00 元
城市管理学：美国视角（第六版·中文修订版）	［美］戴维·R. 摩根 等 著 杨宏山 陈建国 译 杨宏山 校	56.00 元
公共经济学：政府在国家经济中的作用	［美］林德尔·G. 霍尔库姆 著 顾建光 译	69.80 元
公共部门管理（第八版）	［美］格罗弗·斯塔林 著 常健 等 译 常健 校	75.00 元
公共行政学经典（第七版·中国版）	［美］杰伊·M. 沙夫里茨 等 主编 刘俊生 译校	148.00 元
理解治理：政策网络、治理、反思与问责	［英］R. A. W. 罗兹 著 丁煌 丁方达 译 丁煌 校	待出
政治、经济与福利	［美］罗伯特·A. 达尔 等 著 蓝志勇 等 译	待出
新公共服务：服务，而不是掌舵（第三版）	［美］珍妮特·V. 登哈特 罗伯特·B. 登哈特 著 丁煌 译 方兴 丁煌 校	39.00 元
议程、备选方案与公共政策（第二版·中文修订版）	［美］约翰·W. 金登 著 丁煌 方兴 译 丁煌 校	49.00 元

书名	著译者	定价
政策分析八步法（第三版）	［美］尤金·巴达克　著 谢明　等　译	待出
新公共行政	［美］H. 乔治·弗雷德里克森 丁煌　方兴　译　丁煌　校	23.00 元
公共行政的精神（中文修订版）	［美］H. 乔治·弗雷德里克森　著 张成福　等　译　张成福　校	48.00 元
官僚制内幕（中文修订版）	［美］安东尼·唐斯　著 郭小聪　等　译	49.80 元
民营化与公私部门的伙伴关系（中文修订版）	［美］E.S. 萨瓦斯	59.00 元
行政伦理学手册（第二版）	［美］特里·L. 库珀　主编 熊节春　译	待出
政府绩效管理：创建政府改革的持续动力机制	［美］唐纳德·P. 莫伊尼汗　著 尚虎平　杨娟　孟陶　译　孟陶　校	待出
后现代公共行政：话语指向（中文修订版）	［美］查尔斯·J. 福克斯　等　著 楚艳红　等　译　吴琼　校	38.00 元
公共行政的合法性：一种话语分析（中文修订版）	［美］O.C. 麦克斯怀特　著 吴琼　译	45.00 元
公共行政的语言：官僚制、现代性和后现代性（中文修订版）	［美］戴维·约翰·法默尔　著 吴琼　译	56.00 元
领导学	［美］詹姆斯·麦格雷戈·伯恩斯　著 常健　孙海云　等　译　常健　校	69.00 元
官僚经验：后现代主义的挑战（第五版）	［美］拉尔夫·P. 赫梅尔　著 韩红　译	39.00 元
制度分析：理论与争议（第二版）	［韩］河连燮　著 李秀峰　柴宝勇　译	48.00 元
公共服务中的情绪劳动	［美］玛丽·E. 盖伊　等　著 周文霞　等　译	38.00 元
预算过程中的新政治（第五版）	［美］阿伦·威尔达夫斯基　等　著 苟燕楠　译	58.00 元
公共行政中的价值观与美德：比较研究视角	［荷］米歇尔·S. 德·弗里斯　等　主编 熊缨　耿小平　等　译	58.00 元
公共决策中的公民参与	［美］约翰·克莱顿·托马斯　著 孙柏瑛　等　译	28.00 元
再造政府	［美］戴维·奥斯本　等　著 谭功荣　等　译	45.00 元
构建虚拟政府：信息技术与制度创新	［美］简·E. 芳汀　著 邵国松　译	32.00 元
突破官僚制：政府管理的新愿景	［美］麦克尔·巴泽雷　著 孔宪遂　等　译	25.00 元
政府未来的治理模式（中文修订版）	［美］B. 盖伊·彼得斯　著 吴爱明　等　译　张成福　校	38.00 元
无缝隙政府：公共部门再造指南（中文修订版）	［美］拉塞尔·M. 林登　著 汪大海　等　译	48.00 元
公民治理：引领 21 世纪的美国社区（中文修订版）	［美］理查德·C. 博克斯　著 孙柏瑛　等　译	38.00 元
持续创新：打造自发创新的政府和非营利组织	［美］保罗·C. 莱特　著 张秀琴　译　音正权　校	28.00 元
政府改革手册：战略与工具	［美］戴维·奥斯本　等　著 谭功荣　等　译	59.00 元

书名	著译者	定价
公共部门的社会问责：理念探讨及模式分析	世界银行专家组　著 宋涛　译校	28.00 元
公私合作伙伴关系：基础设施供给和项目融资的全球革命	〔英〕达霖·格里姆赛　等　著 济邦咨询公司　译	29.80 元
非政府组织问责：政治、原则与创新	〔美〕丽莎·乔丹　等　主编 康晓光　等　译　冯利　校	32.00 元
市场与国家之间的发展政策：公民社会组织的可能性与界限	〔德〕康保锐　著 隋学礼　译校	49.80 元
建设更好的政府：建立监控与评估系统	〔澳〕凯思·麦基　著 丁煌　译　方兴　校	30.00 元
新有效公共管理者：在变革的政府中追求成功（第二版）	〔美〕史蒂文·科恩　等　著 王巧玲　等　译　张成福　校	28.00 元
驾御变革的浪潮：开发动荡时代的管理潜能	〔加〕加里斯·摩根　著 孙晓莉　译　刘霞　校	22.00 元
自上而下的政策制定	〔美〕托马斯·R. 戴伊　著 鞠方安　等　译	23.00 元
政府全面质量管理：实践指南	〔美〕史蒂文·科恩　等　著 孔宪遂　等　译	25.00 元
公共部门标杆管理：突破政府绩效的瓶颈	〔美〕帕特里夏·基利　等　著 张定淮　译校	28.00 元
创建高绩效政府组织：公共管理实用指南	〔美〕马克·G. 波波维奇　主编 孔宪遂　等　译　耿洪敏　校	23.00 元
职业优势：公共服务中的技能三角	〔美〕詹姆斯·S. 鲍曼　等　著 张秀琴　译　音正权　校	19.00 元
全球筹款手册：NGO 及社区组织资源动员指南（第二版）	〔美〕米歇尔·诺顿　著 张秀琴　等　译　音正权　校	39.80 元

公共政策经典译丛

书名	著译者	定价
公共政策评估	〔美〕弗兰克·费希尔　著 吴爱明　等　译	38.00 元
公共政策工具——对公共管理工具的评价	〔美〕B. 盖伊·彼得斯　等　编 顾建光　译	29.80 元
第四代评估	〔美〕埃贡·G. 古贝　等　著 秦霖　等　译　杨爱华　校	39.00 元
政策规划与评估方法	〔加〕梁鹤年　著 丁进锋　译	39.80 元

当代西方公共行政学思想经典译丛

书名	编译者	定价
公共行政学中的批判理论	戴黍　牛美丽　等　编译	29.00 元
公民参与	王巍　牛美丽　编译	45.00 元
公共行政学百年争论	颜昌武　马骏　编译	49.80 元
公共行政学中的伦理话语	罗蔚　周霞　编译	45.00 元

公共管理英文版著作

书名	作者	定价
公共管理导论（第四版）	［澳］Owen E. Hughes （欧文·E. 休斯）　著	45.00 元
理解公共政策（第十二版）	［美］Thomas R. Dye （托马斯·R. 戴伊）　著	34.00 元
公共行政学经典（第五版）	［美］Jay M. Shafritz （杰伊·M. 莎夫里茨）等　编	59.80 元
组织理论经典（第五版）	［美］Jay M. Shafritz （杰伊·M. 莎夫里茨）等　编	46.00 元
公共政策导论（第三版）	［美］Joseph Stewart，Jr. （小约瑟夫·斯图尔特）等　著	35.00 元
公共部门管理（第九版·中国学生版）	［美］Grover Starling （格罗弗·斯塔林）　著	59.80 元
政治学（第三版）	［英］Andrew Heywood （安德鲁·海伍德）　著	35.00 元
公共行政导论（第五版）	［美］Jay M. Shafritz （杰伊·M. 莎夫里茨）等　著	58.00 元
公共组织理论（第五版）	［美］Robert B. Denhardt （罗伯特·B. 登哈特）　著	32.00 元
公共政策分析导论（第四版）	［美］William N. Dunn （威廉·N. 邓恩）　著	45.00 元
公共部门人力资源管理：系统与战略（第六版）	［美］Donald E. Klingner （唐纳德·E. 克林纳）等　著	48.00 元
公共行政与公共事务（第十版）	［美］Nicholas Henry （尼古拉斯·亨利）　著	39.00 元
公共行政学：管理、政治和法律的途径（第七版）	［美］David H. Rosenbloom （戴维·H. 罗森布鲁姆）等　著	68.00 元
公共经济学：政府在国家经济中的作用	［美］Randall G. Holcombe （林德尔·G. 霍尔库姆）　著	62.00 元
领导学：理论与实践（第六版）	［美］Peter G. Northouse （彼得·G. 诺斯豪斯）　著	45.00 元

更多图书信息，请登录 www.crup.com.cn 查询，或联系中国人民大学出版社政治与公共管理出版分社获取

地址：北京市海淀区中关村大街甲 59 号文化大厦 1202 室　　邮编：100872

电话：010－82502724　　　　　　　　　　　　　　传真：010－62514775

E-mail：ggglcbfs@vip.163.com　　　　　　　　　网站：http://www.crup.com.cn

图书在版编目（CIP）数据

公共组织理论：第5版/（美）登哈特（Denhardt，R. B.）著；扶松茂，丁力译. —北京：中国人民大学出版社，2011

（公共行政与公共管理经典译丛. 经典教材系列）

ISBN 978-7-300-13497-0

Ⅰ.①公…　Ⅱ.①登…②扶…③丁…　Ⅲ.①管理组织学-教材　Ⅳ.①C936

中国版本图书馆 CIP 数据核字（2011）第 036822 号

公共行政与公共管理经典译丛
经典教材系列

公共组织理论（第五版）

［美］罗伯特·B·登哈特　著

扶松茂　丁　力　译

竺乾威　校

Gonggongzuzhililun

出版发行	中国人民大学出版社			
社　　址	北京中关村大街 31 号		**邮政编码**	100080
电　　话	010 - 62511242（总编室）		010 - 62511770（质管部）	
	010 - 82501766（邮购部）		010 - 62514148（门市部）	
	010 - 62515195（发行公司）		010 - 62515275（盗版举报）	
网　　址	http://www.crup.com.cn			
经　　销	新华书店			
印　　刷	涿州市星河印刷有限公司			
规　　格	185 mm×260 mm　16 开本		**版　　次**	2011 年 4 月第 1 版
印　　张	12.25 插页 2		**印　　次**	2022 年 3 月第 7 次印刷
字　　数	254 000		**定　　价**	58.00 元

Supplements Request Form（教辅材料申请表）

Lecturer's Details（教师信息）			
Name： （姓名）		Title： （职务）	
Department： （系科）		School/University： （学院/大学）	
Official E-mail： （学校邮箱）		Lecturer's Address / Post Code： （教师通讯地址/邮编）	
Tel： （电话）			
Mobile： （手机）			

Adoption Details（教材信息）　原版□　　翻译版□　　影印版 □	
Title：（英文书名） Edition：（版次） Author：（作者）	
Local Publisher： （中国出版社）	

Enrolment： （学生人数）		Semester： （学期起止时间）	

Contact Person & Phone/E-Mail/Subject：
（系科/学院教学负责人电话/邮件/研究方向）
（ 我公司要求在此处标明系科/学院教学负责人电话/传真及电话和传真号码并在此加盖公章。）

教材购买由　我□　我作为委员会的一部分□　　其他人□［姓名：　　　　］决定。

Please fax or post the complete form to（请将此表格传真至）：

CENGAGE LEARNING BEIJING
ATTN：Higher Education Division
TEL：(86) 10-82862096/ 95 / 97
FAX ：(86) 10 82862089
ADD：北京市海淀区科学院南路 2 号
融科资讯中心 C 座南楼 12 层 1201 室　　100080

Note：Thomson Learning has changed its name to CENGAGE Learning

VERIFICATION FORM / CENGAGE LEARNING